퀀트의
세계

퀀트의 세계

금융 데이터
과학자를 위한
퀀트 실무·취업 가이드

홍창수 지음

에이콘출판의 기틀을 마련하신 故 정완재 선생님 (1935-2004)

"『장자』의 「소요유」편에 "適莽蒼者, 三飡而反, 腹猶果然, 適百里者, 宿舂糧, 適千里者, 三月聚糧(교외의 푸른 들판에 가는 사람은 세 끼 식사만 준비해도 돌아올 때 아직 배가 부르고, 백 리를 가는 사람은 하루 묵을 양식을 찧으며, 천 리를 가는 사람은 석 달 동안 필요한 식량을 모은다.)"이라 했다. 길을 가는 사람에 따라 필요한 것이 차이가 나듯 이 책은 저자가 현업에서 보고 겪은 퀀트 Quant라는 직업의 변화 과정을 자세히 설명하고 필수적으로 요구되는 기초 지식과 여러 스킬skill들을 현재 금융업계 최일선에 계시는 분들의 생생한 이야기를 통해 전하고 있다. 따라서 앞으로 금융의 큰 바다를 헤쳐나가야 할 후학들에게 평생을 인도해 줄 나침반이자 항상 옆에 두고 참고할 수 있는 훌륭한 안내서로, 일독을 추천한다."

— **차기현,** 하나증권 부사장

"퀀트는 시장과 세상의 모든 신호를 포착하고sourcing, 신호 사이의 연결고리pattern를 찾아내 설명하는mapping 직무이다. 금융시장에서 퀀트는 각종 이벤트와 넘쳐나는 데이터로 혼탁해진 시야를 모델과 프로그래밍으로 닦아내 선명한 투자방법을 제시해야 한다. 저자의 말을 빌리자면 퀀트의 자질은 수학과 통계에 대한 이해와 프로그래밍 기술, 금융시장에 대한 이해가

5

결합돼야 하고 결과물로 시장을 들여다볼 수 있는 계산기^{pricer}를 만들어 내야 하는 직종이다. 가히 퀀트는 숨겨진 세상의 이치를 찾으려는 도전자이다. 이 때문에 저자의 치밀함과 꼼꼼함, 성실함이 버무려진 이 책은 퀀트 세계에 입문하려는 이들에게 벅찰 만큼 훌륭한 레시피이다."

— **전균**, 삼성증권 연구위원

"우리가 접하는 퀀트 관련 책은 대부분 여러 전략을 구현하는 데 많은 지면을 할애한다. 반면에 이 책은 어떤 전략이 어떤 금융 환경에서 왜 만들어졌으며 어떤 금융기관들이 그 전략을 쓰고 있는지 개괄적으로 설명한다. 설명을 따라가다 보면 어느새 수학적 기초를 바탕으로 합리적인 투자를 지향하는 새로운 패러다임인 퀀트의 본질에 대한 큰 그림이 그려질 것이다. 퀀트를 이용한 투자를 원하는 투자자들은 물론 투자조직을 이끌어 가는 사람들과 그 구성원 또는 구성원이 되고자 하는 사람들에게 유용한 책이다."

— **이성민**, 현대자산운용 퀀트운용본부장

"다양한 금융 퀀트 모델링 기법을 사용하는 포트폴리오 제작할 때 코로나 사태 그리고 러시아와 우크라이나 전쟁과 같이 예측할 수 없고 통제할 수 없는 외부 충격이 올 경우 자산군 간 상관관계가 교란되거나 깨지면서 성과에 문제가 발생하는 경우가 많다. 이는 기존 퀀트 모형의 한계이고 대부분의 모형들이 변동성 행렬과 과거 시계열 데이터에 크게 의존적이기 때문에 발생하는 문제이다. 그렇다면 시계열 딥러닝 모형을 쓰면 해결될 문제일까? 이 또한 과거 데이터Data 의존성 문제에서 자유로울 수 없으며 결국 기술의 문제가 아니라 데이터, 그리고 우리가 예측할 수 없는 외생 변수의 문제일 경우가 많다. 새로운 길을 찾으려면 기존의 길을 알아야 한다. 새로운 길 역시 기존의 길과 맞물려 새로움을 추구할 수밖에 없다. 따라서 무엇보다 중요한 것은 근본이고 토대이다. 모든 학습과 공부가 그렇듯이 정도는 없다. 자신의 끈기와 시간투자만이 전문가가 되는 길이다. 그런 의미에서 이 책은 퀀트에 입문하려는 초심자들이 보기 쉽고 접근하기 쉽게 쓰여진 레시피와 같다고 생각된다. 요행은 없다. 올곧이 자신의 것으로 만들고 싶다면 결국 나를 찾을 수 있는 길을 따라가야 할 것이다."

— **이태영,** 신한은행 인공지능 퀀트(AI통합센터)

"이 책은 대중들에게 조금씩 알려지긴 했지만 워낙 다양한 면이 많아 모호할 수 있는 퀀트라는 특이한 직업에 대해 금융공학, 퀀트 투자, 인공지능 핀테크, 블록체인, 데이터 과학 등 다방면에서 과거를 조명하고 미래를 제시하고 있다. 따라서 퀀트를 잘 모르는 일반인부터 퀀트를 꿈꾸는 학생, 현직 퀀트로 있으며 자신의 나아갈 길을 고민하고 있거나 퀀트와 함께 일하게 될 미래의 동료들 모두에게 다 도움이 될 수 있는 책이다. 금융공학이라는 국소적인 분야에서 출발했지만 4차 산업혁명을 거치며 점점 분야를 확장해 나아가 바야흐로 퀀트의 시대에 살고 있는 요즘, 이 책이 퀀트에 대한 이해를 도와 많은 사람이 퀀트로서 사회에 자리매김할 수 있길 바란다."

— **박창래,** 한국투자증권 퀀트 팀장

"'퀀트 투자'는 이제 대부분의 투자자에게 '가치투자'만큼이나 널리 알려져 있다. 저자가 말하는 퀀트 3.0 시대는 이미 우리 곁에 있으며 많은 이들이 퀀트에 대해 궁금해한다. 투자에 활용할 목적으로 퀀트를 배우기도 하고, 퀀트로 취업하거나 이직을 고민하는 이도 많다. 가치투자에서 사용하는 '가치value'라는 단어만큼이나 '퀀트quant'라는 말도 흔히 사용되지만 그 의미는 애매모호하게 쓰이고 있다. 이 책은 지식과 경험을 갖춘 누군가 퀀트의 개념을 정리해줬으면 하는 내 바람을 이뤄줬다. 투자가 일상화된 시대에 퀀트라는 개념을 알아두는 것은 의미가 있다. 이 책은 그런 목마름을 해결해 주기에 안성맞춤이다. 더욱이 퀀트를 배워볼 수 있는 무료 사이트와 영상들을 모아서 정리하고 안내해 준 저자의 친절함에 다시 한 번 감사드린다."

— 김성일, 『마법의 연금 굴리기』의 저자, 리치고 인베스트먼트 CIO

홍창수(gauss92@naver.com)

경북대학교에서 재무 전공으로 경영학 석사학위를 받고, 한국외국어대학교에서 「장외개별주식옵션의 내재변동성 실증분석」으로 경영학 박사학위를 받았다. 2000년 ㈜외환선물 투자공학 팀 애널리스트로 첫 직장생활을 시작한 이후 리딩투자증권 파생상품운용 팀 옵션딜러, 한국투자증권 리스크 관리부 리스크 퀀트로 근무했다. 한화투자증권에서 장외파생상품 겸영인가 취득에 참여한 이후 금융공학 팀, OTC파생 팀에서 장외파생상품 설계 및 마케팅 담당 차장으로 근무했다. 이후 금융자산평가회사인 ㈜NICE P&I 금융공학연구소 실장으로 근무했으며, 현재는 정보사업본부에서 금융공학 컨설팅 업무를 수행하고 있다. 저서로는 『장외파생상품 실무입문』(서울경제경영, 2014)이 있으며, 번역서로는 『퀀트 투자를 위한 머신러닝·딥러닝 알고리듬 트레이딩 2/e』(에이콘, 2021)이 있다. SCI급 저널인 PLOS ONE을 비롯 국내 유수의 재무금융 및 경영 학술지인 증권학회지, 재무관리연구, 금융공학연구, 경영연구 등에 재무 및 파생상품 관련 논문을 게재했다. 중앙대학교에서 강사로 'R을 활용한 금융공학 실습' 과목을 강의했으며, 한국금융공학회 산학협력위원으로 활동하고 있다.

금융 데이터 사이언스의 시대, 새로운 '퀀트'의 탄생

"인공위성 스푸트니크가 올라가고 국방교육법이 제정된 이래 많은 일이 일어났습니다. 지금 세계의 전체 경제 엔진은 단순한 방어가 아니라 점점 더 수학과 과학에 기반을 두고 있습니다. 바이오 벤처회사인 제넨텍Genentech에서 구글, 골드만삭스에 이르기까지, 수학과 과학은 왕이 되고 있습니다. 이제, 골드만삭스에서는 이러한 과학적 유형을 '퀀트Quant'라고 부르는데, 여러분 중 일부는 퀀트에 대해 들어봤겠지만, 구글에서는 그냥 직원이라고 부르죠. 왜냐하면 그들 모두가 퀀트들이기 때문이지요. 그리고 그것은 미래의 물결입니다. 미래의 '새 물결'이라 생각됩니다."

— **제임스 사이먼스**, 헤지펀드 르네상스 테크놀로지 설립자

금융 데이터 과학에 대해 이야기하고자 하는 핵심은 바로 이것입니다. 투자은행 퀀트 시대를 1.0, 헤지펀드 퀀트 시대를 2.0 시대라고 합시다. 이 시기에는 1%에 해당하는 금융기관만을 위한 금융공학 기술이 사용됐다면, 퀀트 3.0 시대에는 99%에 해당되는 투자자를 위해 존재하는 금융공학 기술이 될 것입니다. 핀테크 퀀트, 디지털 금융 퀀트, 금융 데이터 과학자로 불러도 좋습니다. 기존 소수를 위한 금융 자본주의를 넘어 일반 대중을 위한 금융 소비자주의로 넘어가는 시대에 금융 지식, 데이터 과학, IT 기술이 융합돼 디지털화, 지능화, 공유화, 탈중개화, 분산화 경제를 만들어 내고 있습니다. 이제 이런 기술을 가진 '새로운 금융 인재'만이 살아남을 것입니다.

1999년 말 대구에서 대학원을 마치고, 서울로 올라와 2000년 외환선물㈜ 투자공학팀 애널리스트로 첫 직장 생활을 시작했습니다. 3년간 선물 시황 글쓰기만 하다가 리딩투자증권 선물 및 옵션 딜러로 직접 트레이딩도 진행했으며 그후 한국투자증권 리스크 관리부에서 장내 및 장외파생상품 리스크매니저, 한화증권 금융공학팀 및 OTC 파생 팀에서 파생결합증권 마케터로 근무했습니다. NICE P&I 금융공학연구소에서는 연구 실장으로 20년 이상 장내 및 장외파생상품의 여러 포지션을 맡았습니다. 여의도에서의 오랜 경험이 후배들, 학생들의 커리어에 가이드가 될 수 있겠다는 생각에 주말에 조금씩 작성하여 수년에 걸쳐 써온 글을 세상에 선보입니다.

'신자유주의가 끝나자 금융공학의 인기도 식어 버렸다.'라는 글을 쓸려고 생각한 적이 있습니다. 실제로 2009년 한화증권 금융공학팀 차장으로 근무할 때 매거진 한경비지니스에 저를 비롯한 금융공학 지인들이 '현대판 연금술사 금융퀀트의 세계'라는 제목으로 퀀트의 활약상을 담은 글이 실린 적이 있습니다. 그때는 몰랐지만 2009년 금융위기를 정점으로 금융공학의 인기는 여러 규제와 함께 점차 하강곡선을 그리게 됐습니다.그리게 됐습니다. 2009년 이전 국내에서 '퀀트'는 금융공학 전문가를 칭하는 단어였지만 이제는 퀀트 투자 혹은 헤지펀드 퀀트를 말하는 단어로 바뀌었습니다. 그리고, 2016년 알파고 대국 이후에는 머신러닝 퀀트 혹은 인공지능 퀀트가 더 주목받게 됐습니다.

이 책은 본질적으로 계량적인 혹은 정량적인 분석가를 뜻하는 '퀀트의 세계 및 트렌드'를 살펴보고 퀀트가 되기 위한 공부법, 취업 방법을 조명하고 있습니다. 앞서 소개했듯이 개인적으로 분류하고 있는 기준 즉, 금융공학 퀀트를 '퀀트 1.0', 퀀트 투자 및 헤지펀드 퀀트를 '퀀트 2.0', 머신러닝 혹은 블록체인 퀀트를 '퀀트 3.0'으로 정의하고 이 순서에 따라 책을 기술했습니다. 그리고, 이 분야의 현장의 목소리를 담고자 퀀트 전문가 10명을 섭

외해 퀀트 인터뷰 질문지를 작성하고 답변을 받는 방식으로 진행했습니다. 퀀트 1.0에서는 제가 증권사 금융공학 팀, 금융자산평가사 금융공학연구소 실장으로 경험한 내용을 담았습니다. 퀀트 2.0에서는 퀀트운용 기법으로 트레이딩 하지는 않았지만 증권사 선물, 옵션 딜러로 딜링을 하며 정리하고 고민했던 내용을 기술했으며, 퀀트 3.0에서는 알파고 대국 이후 개인적으로 수년간 판교의 여러 인공지능 기업 또는 강남의 여러 학원에서 배우고 익힌 머신러닝·딥러닝 지식과 더불어『퀀트 투자를 위한 머신러닝·딥러닝 알고리듬 트레이딩 2/e』을 번역한 경험을 책에 반영했습니다.

이 책에 미처 소개되지 못한 논문과 책들은 각주로 달아 더 많은 공부를 할 수 있도록 유도하고 있습니다. 그리고 금융공학, 퀀트 투자, 금융 머신러닝 관련한 유튜브 동영상 URL도 소개합니다. 또한 대학생과 이 분야에 진입하고자 하는 분들을 위해 각 장의 끝에 '퀀트 직무와 취업 Tip'을 실어 취업 가이드의 역할을 할 수 있도록 구성했습니다.

'공부에는 왕도는 없다'는 사실은 늘 느끼고 있지만, 공부에 있어 기본이 되는 원리는 '격물치지格物致知'가 아닐까 생각됩니다. 모르는 단어를 하나씩 깨우쳐 나가면 나중에는 남들에게 선보일 수 있는 책을 한 권 쓸 정도의 지식이 쌓이는 경험을 하게 됩니다. 이 책도 20년의 금융권 경험과 수백 권의 좋은 책, 논문에서 습득한 지식을 정리한 결과물입니다. 이 결과물이 금융권의 후배님 혹은 금융권으로 들어오고자 하는 학생분, 이 분야에 관심이 있으신 분들에게 조금이나마 도움이 된다면 책을 쓰는 동안 느낀 긴 시간의 고생이 이제는 행복으로 바뀔 것이라 생각됩니다. 이 책을 읽는 독자분들에게 감사의 말씀을 전하며 글을 마칩니다.

감사의 글

퀀트 커리어 가이드북을 저술하고자 할 때 현장의 목소리를 담고자 퀀트 인터뷰를 생각했습니다. 처음 인터뷰를 요청했을 때 흔쾌히 응해주신 열 분께 감사드립니다. 윤기선 박사님(웰스파고 은행), 김민재 박사님(NH투자증권), 이상호 박사님(KDB산업은행), 강환국 CFA님, 홍용찬 PB님(유안타증권), 김형식 대표님(크래프트 테크놀로지스), 최용민 본부장님(미래에셋자산운용), 안명호 대표님(Wevest) 차두휘 선임 매니저님(미래에셋증권), 김국진 대표님(Dacon)께 깊이 감사드립니다. 이분들도 같이 책을 만들어주신 분들이라 공저자분들이라 생각하고 있습니다.

아울러, 멋진 추천사를 써주신 차기현 부사장님(하나증권), 전균 이사님(삼성증권), 김성일 이사님(리치고 인베스트먼트), 이성민 본부장님(현대자산운용), 이태영 수석님(신한은행), 박창래 박사님(한국투자증권)께 깊이 감사드립니다. 마지막으로, 늘 묵묵히 내조해준 사랑하는 아내 지영, 두 딸 서진, 지민에게 감사의 마음을 전하고 싶습니다.

| 차례 |

Part.1 퀀트 가이드 - 퀀트 1.0에서 퀀트 3.0까지

퀀트 가이드 -
퀀트 1.0에서 퀀트 3.0까지

들어가며
쿼트의 세계에서 전개될 미래

금융투자의 미래는 '데이터 과학'이다

2018년 3월에서 5월까지 그리니치 어소시에이츠는 미국, 유럽, 아시아 지역 30명의 최고운용책임자CIO, 포트폴리오 매니저, 투자분석가들에게 향후 10년간 투자 관련 리서치 시장이 어떻게 변화할 것인지에 대해 인터뷰했다. 이 설문조사에서 금융전문가들이 수요가 증가할 기술로 예상한 분야는 다음과 같다.

> 1위 데이터 과학
>
> 2위 인공지능 전문지식
>
> 3위 컴퓨터 과학
>
> 4위 공인재무분석사(CFA)
>
> 5위 금융공학 박사학위
>
> 6위 경영학 석사학위(MBA)

최근 5년여에 걸친 기술과 데이터 과학의 향상은 머신러닝, 딥러닝, 자연어 처리 등 인공지능 기술의 진보를 가져왔다. 이제 인공지능은 디지털 도

우미부터 온라인 번역에 이르기까지 우리 일상생활에서 널리 상용화됐다. 현재 투자프로세스의 일환으로 AI를 사용하고 있는 기업은 17%에 불과하지만 데이터에 따르면 향후 몇 년 사이에 현격하게 증가할 것으로 보고 있다. 56%의 기업이 투자 프로세스의 통합 수준을 높이고 추가적인 내부 전문인력을 채용할 것으로 예상했으며, 40%는 AI 관련 예산이 늘어날 것으로 예상했다. 투자자들은 주로 AI가 데이터, 뉴스, 콘텐츠 분석에 가장 큰 영향을 미치는 것으로 본다. 그러나 알고리듬에 공급될 수 있는 데이터가 더 많이 만들어짐에 따라 기술은 향상되리라 예상된다. 그리고 그 기술을 응용해 의사결정능력을 개선하는 방향으로 이어질 것이다. 이런 기대에 비춰 볼 때 향후 5~10년 동안 데이터 과학 기술이 AI 전문지식에 밀접하게 주목받는 직무기술이 될 것이다. 그렇게 되면 앞서 기술 수요에 대한 순위에서 볼 수 있듯이 오늘날 금융 서비스 분야에서 가장 존경받고 인기 있는 두 분야인 금융공학 MBA나 재무학 박사 과정을 밟는 것은 인기가 없어질 것으로 전망된다. 아시아계 자산운용사의 한 포트폴리오 매니저는 포트폴리오 매니저의 역할이 어떻게 바뀔지에 대한 질문에서 "향후 자산운용은 AI, 머신러닝, 빅데이터, 자동화 등을 접목해야 할 것"이라고 밝혔다. 데이터, 분석, 시뮬레이션에 대한 의존도와 수요가 늘어나면서 연구 참여자의 80% 이상이 예상한 대로 향후 이 분야 관련 예산이 증가할 것으로 전망하고 있다.

향후 25년간 '퀀트의 세계'에서 전개될 미래

다음에 제시한 설문조사는 인포마 커넥트라는 회사에서 운영하는 금융공학Quant Finance 분야의 글로벌 커뮤니티인 퀀트마인드에서 2018년 4월에 퀀트를 대상으로 조사한 3가지 조사결과이다. 이 책에서 다루고 있는 5가지 주제(금융공학 모델링 혁신, 퀀트 투자, 금융인공지능, 블록체인, 핀테크)와 일맥상통한 내용으로 앞으로 전개될 퀀트의 미래를 살펴볼 수 있다. 1장에서는 모델링 혁신에 해당하는 금융공학을 다루고, 2장에서는 퀀트 투자, 3장에서는 머신러닝 분야인 금융 인공지능, 4장과 5장에서는 블록체인과 핀테크를 각각 다룬다. 그리고 앞으로 각광받을 분야인 양자 컴퓨팅의 내용도 일부 다뤄 본다. 충분히 예상할 수 있는 조사결과이나 미국의 퀀트를 대상으로 한 전문적인 조사결과이므로 세부사항을 분석해 보는 것은 의미가 있다고 생각한다.

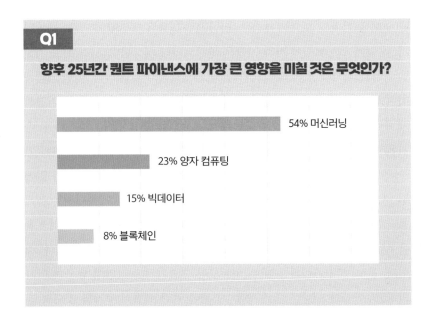

Q1

향후 25년간 퀀트 파이낸스에 가장 큰 영향을 미칠 것은 무엇인가?

- 54% 머신러닝
- 23% 양자 컴퓨팅
- 15% 빅데이터
- 8% 블록체인

향후 25년간 퀀트 파이낸스에 미칠 영향에 대한 질문에서는 54%가 머신러닝, 즉 인공지능이 가장 큰 영향을 미칠 것으로 대답했으며, 23%가 양자 컴퓨팅Quantum Computing[1], 15%가 빅데이터Big Data, 8%가 블록체인Blockchain이라고 대답했다.

---

[1] 양자 컴퓨팅은 금융공학 분야에서 차세대를 이끌 중요한 기술이 되리라 생각한다. 2021년 12월 9일 파생상품학회에서 "양자금융 연구현황과 실무 및 교육을 위한 제언"(최명수, 강형구 공저)에 관한 논문이 발표됐고, 저자가 논문 토론자로 참여했다. 논문과 토론자료를 참조한다면 양자 컴퓨팅과 양자금융에 관한 이해가 높아질 것이다.(https://bit.ly/3gfpF5m)

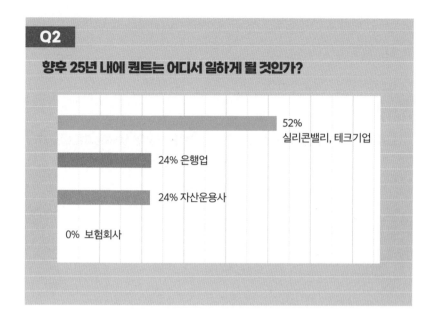

Q2

향후 25년 내에 퀀트는 어디서 일하게 될 것인가?

- 52% 실리콘밸리, 테크기업
- 24% 은행업
- 24% 자산운용사
- 0% 보험회사

새로운 기술을 사용하면서 산업과 업종에 새로운 기회가 열리고 있다. 실제로 미국의 아이비리그 주요 대학 졸업생 중 월가의 투자은행과 실리콘밸리 양쪽에서 제안이 오면 망설이지 않고 실리콘밸리로 향하는 것은 리먼 금융위기 이후 당연한 일이 됐다. 퀀트의 절반 이상(52%)은 실리콘밸리나 테크기업에서 일하게 될 것이라 봤고, 각각 동일한 24%의 응답자가 은행업과 자산관리업에 남을 것으로 봤다. 반면에 보험업에서 일하게 될 퀀트에 대한 응답자는 한 명도 없었지만 조심스럽게 아마존과 같은 테크기업이 보험업을 겸업하게 되는 변화가 있을 것이라는 예상을 해볼 수 있다.

마지막 설문조사는 "2019년 이후 퀀트 파이낸스에서 가장 크게 성장할 영역은 어디인가?"에 대한 것이다. 이 질문은 경력 전환 및 교육 분야를 고려할 때 가장 중요한 질문으로 의사결정에 도움을 줄 수 있다. 응답자 중 44%가 인공지능^AI^이 주도권을 잡고 성장세가 이어질 것으로 봤고, 나머지는 모델링 혁신(22%), 알고리듬 트레이딩(23%)과 같은 전통적인 주제도 성장세를 이어갈 것으로 봤으며, 규제^{Regulation}도 11%나 될 것으로 보는 응답자도 있었다.

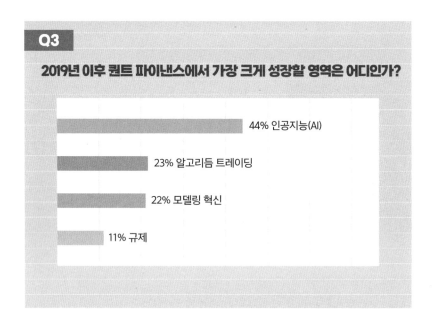

이와 같이 향후 25년 동안 퀀트의 세계가 어떻게 변화할지 설문조사를 통해 예상해 봤다. 물론 기술 변화는 빠르고 지금 25년간의 미래를 예측한다는 것은 무리이다. 그러나 이 세계에서 생존하려면 단기적 또는 중장기적 변화의 방향을 살펴보고 그에 대비할 수 있는 자기훈련이 필요하다. 결국 기술 변화에 잘 적응하는 퀀트가 장기적으로 살아남을 것으로 보인다. 생존은 적응을 의미한다. 이제 이런 퀀트 분야의 트렌드에 대해 시기별/인물별 발전 과정을 살펴보자.

인물로 알아보는 퀀트의 발전 과정

'투자은행 퀀트' 시대, 퀀트 1.0

퀀트 1.0 시대는 투자은행 퀀트 시대이다. 주로 매도, 즉 Sell Side 측면에서 옵션과 이자율상품 등의 금융상품을 팔려고 모델링하거나 프랍 트레이딩자기매매, Proprietary Trading하려고 모형을 개발하는 퀀트를 말한다. 전통적으로 대부분의 금융공학자는 파생상품이나 이자율상품 모델링을 하며 업계에 진출한다. 국내에서도 은행 쪽에서는 이자율이나 FX 상품 모델링, 증권사에서는 주식 관련 상품(주로 주가연계증권) 모델링이 발달하면서 퀀트 수요가 높아졌다. 투자은행 퀀트들은 매우 많지만 여기서는 피셔 블랙, 이매뉴얼 더먼, 나심 탈레브를 소개하겠다.

퀀트 1.0 인물들:
피셔 블랙(Goldman Sachs, 좌), 이매뉴얼 더먼(Goldman Sachs, 중앙),
나심 탈레브(UBS, First Boston, BNP Paribas, 우)

퀀트의 영원한 우상, 피셔 블랙

피셔 블랙Fisher Black은 퀀트들의 우상이다. 금융 경제 분야에서 근무하는 사람이라면 모두가 아는 블랙-숄즈 옵션가격결정모형Black-Scholes Option Pricing Model의 그 블랙이다. 그러나 좀 더 자세히 들어가면 피셔 블랙을 아는 사람은 많지 않다. 피셔 블랙은 1938년에 태어나 하버드대학교에서 여러 번 전공을 바꿔 물리학에서 수학으로, 마지막은 인공지능으로 학위를 받았다. 물론 응용수학을 공부했다는 점에서 사실 큰 전공 변화는 아니다. 딥러닝 분야에서 『Perceptron퍼셉트론』[2] 책으로 유명한 인공지능학자 마빈 민스키 Marvin Minsky의 지도 아래 1964년에 현재 챗봇 분야에 해당하는 시맨틱 정보처리에 대한 "A Deductive Question Answering System연역적 질문 답변 시스템"이라는 논문으로 박사학위를 받았다. 학위를 받고 컨설팅회사인 아서 디리틀Arther D. Little에 합류했는데 이때 금융의 세계로 인도한 사람을 만난다. 잭 트레이너Jack Treynor였다. 비록 잭 트레이너는 노벨 경제학상을 받지는 못했지만 자본자산 가격결정모형CAPM의 공동 개발자로 인정받고 있다. 이후 시카고대학교 교수와 증권가격연구센터CRSP 이사로도 활동했으나 다시 업계로 돌아와 1984년 골드만삭스에 합류해 죽을 때까지 퀀트로서 살았다.

특이하게도 옵션가격결정모형을 실증 분석한 논문이 1972년 『저널오브파이낸스』에 실리고, 이론적 논문이 1973년 『저널오브폴리티컬 이코노미』에 실렸다. 보통 이론 논문이 먼저 제기되고 나중에 실증 논문이 실리는 것과는 반대이다. 1994년 초 블랙은 인후암 판정을 받았고 수술은 성공적이었으며 그해 10월 국제금융공학자협회IAFE 연례회의에 참석해 '올해의 금융공학자상'을 받았다. 그러나 암이 재발해 그 이듬해인 1995년 8월 30일 57세의 나이로 작고했다.

블랙은 금융 분야에서 아인슈타인의 상대성원리에 비견되는 블랙-숄즈 모형 개발 외에도 블랙 모형, 블랙-더먼-토이 모형, 블랙-리터먼 모형을

---

2   실제 퍼셉트론은 로젠블라트에 의해 고안됐다. 마빈 민스키와 시모어 페퍼트는 저서 『퍼셉트론』에서 단층 퍼셉트론은 XOR 연산이 불가능하지만, 다층 퍼셉트론으로는 XOR 연산이 가능함을 보였다. 마빈 민스키는 MIT 인공지능연구소 공동설립자이며 인공지능의 선구자로 꼽히는 인물이다. 민스키는 존 매카시, 클로드 섀넌과 함께 1956년 미국 다트머스 회의에서 인공지능이라는 연구 분야를 만들고 인공지능학회(AAAI)를 키웠고 2016년 88세에 작고했다. 대표적인 저서로는 『마음의 사회(The Society of Mind)』와 『감정기계(The Emotion Machine)』 등이 있다.

단독 또는 공동으로 개발했다. 2002년 미국재무학회는 피셔 블랙을 기리려고 피셔 블랙상을 제정해 운영하고 있다. 블랙은 처음 응용수학자로 시작했으나 깊은 통찰력으로 경제학을 연구하는 경제학자의 삶을 살다가 죽었다. 저서로는 경제학자로의 면모가 여실히 드러나는 자신의 논문을 엮어서 낸 『Business Cycle and Equilibrium경기 순환과 균형』(Wiley, 2009)이 있으며, 전기傳記로는 피셔 블랙을 오랫동안 연구한 보스턴대학교 경제학과 교수인 페리 메를링Perry G. Mehrling이 출간한 『Fisher Black and Revolutionary Idea of Finance피셔 블랙과 금융의 혁명적 아이디어』(Wiley, 2011)가 있다.

더 알아보기

블랙-더먼-토이 모형

채권옵션, 스왑션 등 금리파생상품의 가격 결정에 사용되는 단기 이자율 모형(Short Rate Model)으로 평균회귀와 로그정규분포를 결합한 최초의 모형이다.

블랙-리터먼 모형

1990년 골드만삭스에 근무 중이었던 피셔 블랙과 로버트 리터먼이 포트폴리오 자산배분을 위해 개발한 모형이다. 재미난 일화를 소개하자면 미네소타대학교 박사학위를 받은 리터먼이 1986년 골드만삭스에 입사지원서를 냈다. 면접에서 계량경제학을 그다지 신뢰하지 않았던 피셔 블랙은 "월가에서 계량경제학을 활용해 돈을 벌 수 있는가?"라는 질문을 했고 리터먼은 도저히 트집을 잡을 수 없을 정도로 완벽하게 논리적으로 설명해 취업에 성공했다. 리터먼은 나중에 블랙과 시장균형에 관한 많은 글을 썼고, 골드만삭스의 자산운용 부문을 책임지는 자리에까지 올랐다.

퀀트가 된 이론물리학자, 이매뉴얼 더먼

이매뉴얼 더먼Emanuel Derman은 블랙-더먼-토이 모형으로 잘 알려진 BDT 이자율 모형의 주역이자 변동성 스마일을 모델링한 더먼-카니Derman-Kani 모형의 개발자이다. 앞서 설명한 블랙과 함께 골드만삭스에서 근무한 퀀트 1세대이다. 한때 잠시 골드만삭스를 떠나 살로먼브라더스에도 근무했는데 골드만삭스에 재입사해 1990년부터 2000년까지 로컬 변동성 모형과 변동성 스마일 연구를 개척하고 주식 부문의 퀀트 전략그룹을 이끌었다. 2002년 업계를 떠나 컬럼비아대학교 교수로 임용돼 금융공학 프로그램 디렉터로 활동하고 있다.

2004년에 출판된 자서전 『퀀트: 물리와 금융에 관한 회고My Life as a Quant: Reflection on Physics and Finance』를 보면 입자물리학자로서 대학교 부설 연구소에서 물리학 연구직을 얻으려고 고군분투하는 모습이 상당 부분을 차지한다. 그는 자서전에서 '물리학자의 길', '산업세계', '다시 상아탑으로'라는 3부작으로 생애를 회고하고 있다. 그중 물리학자의 길에서 방황하던 시기가 미국과 소련의 우주개발 경쟁과 군비증강으로 동서냉전이 완화되면서 이론물리학의 인기도 떨어져 나사NASA의 물리학자들이 월가로 진출하던 시기와 맞물린다고 판단된다.

2016년에는 더먼이 오랫동안 연구한 분야인 옵션평가를 위해 실제적인 변동성 특성을 설명하고 있는 『변동성 스마일The Volatility Smile』을 공저로 출간했다.

더먼의 저서 중 『퀀트: 물리와 금융에 관한 회고』(승산, 2007)에 대해 좀 더 자세히 이야기하겠다. 이 책은 『My Life as a Quant』의 번역본인데 17년간 골드만삭스에서 퀀트로서 산 더먼Derman의 자서전으로 물리학자에서 금융공학자로 변신한 그의 인생역정이 고스란히 담겨 있다. "훌륭한 퀀트가 되려면 트레이더, 프로그래머, 수학자의 성격을 두루 갖춰야 한다."라는 말처럼 더먼이 금융공학 분야의 실무자로 활동하며 몸으로 체득한 내용들을 기술해 놨다. 이 책에는 '블랙-숄즈 모형'의 개발 배경, 공동 작업한 '블랙-더먼-토이 모형BDT Model'의 탄생 배경이 재미있게 기술돼 있다. 또 후반부에는 20년 동안 블랙-숄즈 이론에 배치되는 현상인 '변동성 스마일Volatility Smile'에 대한 연구를 하면서 올바른 모형을 찾으려고 노력한 내용들이 자세히 설명돼 있으며, 옵션복제Dynamic Hedging를 과일 샐러드에 비유하는 등 저자만의 번뜩이는 아이디어가 곳곳에 보인다. 게다가 물리학과 금융에 대한 가치를 결정하는 모형에 대한 진지한 성찰까지 읽을 수 있다. 저자는 물리와 금융을 양분하지 않고 신의 섭리에 대한 학문인 물리와 인간세계를 다루는 금융세계를 다음과 같이 설명하며 마무리했다. "경제학과 물리학은 모두 세계를 하나의 모형 안에 끼워넣는다. 다만 신은 세계의 섭리를 자주 바꾸지 않지만 현실의 금융 및 인간세계는 물질세계와 달리 항상 변하기 때문에 그 모형이 얼마나 쓸모 있는지 늘 점검해야 한다."

파생상품 트레이더였으나 월가의 철학자가 된 나심 탈레브

자신의 『인세르토』 시리즈(5권 세트)를 들고 있는 나심 탈레브.
무거워서 운동하는 데 활용할 수 있다(Very heavy, you can use for exercise).
(출처: 본인 트위터 계정 https://twitter.com/nntaleb, 2019. 6. 22)

퀀트 1.0의 마지막 인물은 『블랙 스완Black Swan』의 저자로 잘 알려진 레바논계 미국인인 나심 탈레브이다. 그는 철학 에세이스트Essayist로도 잘 알려진 인물이지만 금융공학 부문에서 옵션 트레이딩과 저서로 유명해졌다. 1960년에 태어나 파리대학교 석사, 와튼스쿨 MBA, 파리 제9대학교에서 1998년에 "The Microstructure of Dynamic Hedging[3] 동적헤징의 미시구조"으로 금융공학 박사학위를 받았다. 이후 21년간 월가에서 파생상품 트레이더, 위험관리 전문가로 활동했으며 확률이론을 통해 철학, 수학, 세상의 문제를 해석하게 됐다. 나심 탈레브가 본격적으로 유명해지기 시작한 것은 1980년대 후반 파생상품 트레이딩이다. 유로달러 선물에 베팅했었는데 탈레브가 매수한 상품은 금리 변동이 작을 때 작게 잃고, 금리 변동이 클 때 크게 버는 상품이었다. 1987년 10월 19일 탈레브는 약 3천 5백만 달러의 수익을 냈는데 이는 그가 그때까지 세웠던 최고 기록이었다. 그는 이때를 회상하며 그것은 "행운"이라고 말했다. 금융공학자들 사이에서는 『블랙 스완』이나 『안티프래질』로 유명해지기 전에 『동적헤징: 표준형 옵션과 이색옵션Dynamic Hedging: Managing Vanilla and Exotic Options』의 저자로 잘 알려진 인물이다. 현재는 뉴욕대학교 폴리테크닉연구소에서 리스크공학 특훈교수로 있으며, 이 분야와 관련된 많은 특강을 진행하고 있다. 탈레브는 2001년과 2018년 사이에 출판된 불확실성에 관한 다섯 권의 철학적 에세이인 『인세르토incerto』[4]를 썼다. (가장 잘 알려진 책은 『블랙 스완』과 『안티프래질』이다. 『행운에 속지 마라Fooled by Randomness』는 운(인생의 무작위성), 불확실성,

---

3   "동적헤징(Dynamic Hedging)"이라는 말로 번역했으나 실무에서는 영문 그대로 "다이내믹 헤징"이라고 한다. 모든 주가연계증권(ELS)의 예를 들면 민감도(greeks)를 다 헤징하는 다이내믹 헤징보다는 델타 위주의 델타 헤징(Delta Hedging)을 한다. 점차 시장이 발달해 증권사 입장에서 변동성 하락으로 손실을 입는 경우가 많아 대부분 베가 헤징(Vega Hedging)을 한다. 발행인자 증권사 입장에서 ELS는 롱 베가(Long Vega)여서 롱 베가에 해당하는 부분을 헤징하려면 장외옵션 매도 등으로 숏 베가(Short Vega) 포지션을 취한다.

4   나심 탈레브가 저술한 다섯 권의 『인세르토(불확실성)』 시리즈는 다음과 같다.
『행운에 속지 마라』(Fooled by Randomness, 중앙북스, 2016), 『블랙 스완』(Black Swan, 동녘사이언스, 2018), 『블랙 스완과 함께 가라』(The Bed of Procrusters, 동녘사이언스, 2011), 『안티프래질』(Antifragile, 와이즈베리, 2013), 『스킨 인 더 게임』(Skin in the Game, 비즈니스북스, 2019)

회복 가능성, 책임을 주제로 다루고 있다.)

'헤지펀드 퀀트' 시대, 퀀트 2.0

퀀트 2.0 시대는 헤지펀드 퀀트 시대이다. 주로 매수, 즉 Buy Side 측면에서 컴퓨터 모형 기반의 알고리즘 트레이딩 퀀트들이다. 대표적인 인물로는 퀀트 헤지펀드를 창업한 시타델의 케네스 그리핀, 르네상스 테크놀로지의 제임스 사이먼스, 디이쇼의 데이비드 쇼를 소개하겠다.

퀀트 2.0 인물들:
케네스 그리핀(Kenneth Griffin, 좌), 제임스 사이먼스(James Simons, 중앙),
데이비드 쇼(David. E. Shaw, 우)

헤지펀드 시타델 창업자, 케네스 그리핀

케네스 그리핀Kenneth C. Griffin은 하버드대학교 경제학과 출신으로 현재 350억 달러를 운용 중인 헤지펀드 시타델Citadel의 창업주이자 CEO이다. 1968년 플로리다에서 태어났으며, 그의 아버지는 GE의 프로젝트 관리자였다. 하버드대학교의 기숙사에서 그의 전공인 경제학 공부와 더불어 열심히 전환사채 차익거래를 하던 대학생은 이때 번 돈으로 22세가 되던 해인 1990년에 헤지펀드회사 시타델Citadel을 창업했다. 시타델이라는 회사명은 "피신을 위한 요새"라는 뜻으로 시장 변동성에도 안전한 수익을 올리겠다는 자신의 의지를 반영한 것이다. 20대에 헤지펀드를 창업해 탁월하게 수익률을 올리며 승승장구하여 현재 매년 수천억 원의 보수를 받는 스타 자리에 올랐다. 이런 이유로 그리핀은 현재도 월가 트레이더들의 로망이다. 헤지펀드 시타델의 상당 부분은 컴퓨터 수학 모형에 기반한 알고리듬 트레이딩이며, 시타델에는 트레이더보다 IT 인력이 더 많다고 한다. 또 모형의 개발, 검증, 실제 거래에 이르기까지 많은 과정을 자동화하고, 고빈도 매매[HFT] 영역을 개척했다는 평가를 받고 있다.

헤지펀드 렌텍(RenTech) 창업자, 제임스 사이먼스

헤지펀드 르네상스 테크놀로지를 설립한 제임스 사이먼스[James H. Simons]는 하버드대학교 수학교수였다. 사이먼스는 신발공장 아들로 태어나 1958년에 MIT에서 수학 학사학위를 받고, 1961년인 23세에 UC 버클리에서 미분기하학[5]으로 수학 박사학위를 받았다. 박사학위 취득 후 주로 국가안보국[NSA], 즉 우리나라의 국정원과 같은 곳에서 암호해독관으로 일했다. 그는 금융 외에도 패턴 인식 연구로도 유명한데 1974년 중국 수학자 천싱선[Chen Xingshen]과 함께 천-사이먼스 이론을 개발했으며, 기하학과 양자역학을 잇는 새로운 이론적 프레임워크를 제공해 '끈 이론[String Theory][6]의 발전에 기여했다.

앞서 소개한 그리핀과는 다르게 스토니브룩대학교 수학과 교수 및 학과장을 하다가 늦은 나이인 38세에 헤지펀드 업계로 진출했다. 자신이 연구한 패턴 인식 이론 등의 순수 수학 이론을 금융시장에 적용해 보려고 헤지펀드 매니저로 직업을 바꿔 1982년에 르네상스 테크놀로지를 설립했다. 르네상스 테크놀로지는 앞 글자를 따서 '렌텍[RenTech]'으로 줄여 부르기도

---

5   미분기하학은 미적분, 해석학, 선형대수학, 다중선형대수학을 기하학에 적용한 수학의 한 분야이다. 19세기 후반부터 미분기하학은 매끄러운 다양체의 기하학적 구조를 일반적으로 다루는 한 분야로 성장했다.

6   끈 이론은 우주를 구성하고 있는 최소 단위를 점같이 생긴 입자가 아니라 끊임없이 진동하는 매우 가느다란 끈으로 보는 물리학의 이론이다.

한다. 렌텍은 정교한 수학적 모형을 사용한 알고리듬 트레이딩을 이용해 수익을 내며, 현재 150억 달러의 자산을 운용 중이다. 르네상스 테크놀로지도 시타델처럼 컴퓨터 기반 모형을 사용해 금융상품의 가격변동을 예측한다. 모형은 수집할 수 있는 많은 데이터를 분석한 다음 예측을 위해 무작위가 아닌 움직임을 찾는 것을 기반으로 하고 있다. 외부투자자에게 폐쇄형인 핵심 펀드인 메달리온 펀드는 창업 이래 2018년까지 매년 39.1%의 평균수익을 달성했다. 널리 알려진 대로 렌텍은 수학자, 물리학자, 신호처리 전문가, 통계학자 등 비재무적 배경을 가진 전문가를 고용하기로 유명하다. 이런 사이먼스의 인생에도 큰 불행이 있었는데 첫째 아들인 폴Paul(당시 34세)은 1996년 자전거를 타다 자동차에 치여 사망했고, 둘째 아들인 닉Nick(당시 24세)은 2003년 발리 여행 중 익사했다. 사이먼스는 현재까지 27억 달러 이상의 금액을 자선 사업과 기부를 통해 사회에 기여하고 있고, 인연이 있는 학교에 발전기금을 내놓거나 개발도상국의 수학자를 돕는 일도 하고 있다. 제임스 사이먼스에 대해 더 자세하게 알고 싶은 독자는 한국판으로 번역된 『시장을 풀어낸 수학자The Man Who Solved The Market』(그레고리 주커만, 로크미디어, 2021)를 참조하라.

헤지펀드 디이쇼 창업자, 데이비드 쇼

자신의 이름 약자가 회사명인 디이쇼D. E. Shaw & Co.를 설립한 데이비드 쇼 David E. Shaw는 1951년에 로스앤젤레스에서 태어났다. 아버지는 플라스마 및 유체역학 이론물리학자였으며, 어머니는 예술가이자 교육자였다. 부모가 12세 때 이혼을 해 계부인 어빙 페퍼Irving Pfeffer 밑에서 성장했다. 쇼가 시장 비효율성으로 돈을 버는 것과 다르게 UCLA 재무학교수인 어빙 페퍼는 시장 효율성 가설을 뒷받침하는 여러 논문들을 썼다. 쇼는 1980년 캘리포니아대학교에서 우등으로 학사학위를 취득하고, 스탠퍼드대학교에서 박사학위를 취득한 후 컬럼비아대학교 컴퓨터 과학과 조교수가 됐다. 1996년『포춘』지에서는 고속high speed 퀀트 트레이딩에서 선구적인 역할을 했기 때문에 그를 퀀트 왕^{King Quant}이라 불렀다. 그는 1988년 증권거래에 퀀트 모형을 기반으로 한 알고리듬 헤지펀드 D. E. Shaw를 설립했다. 현재 500억 달러 이상의 자산을 관리하는 헤지펀드인 D. E. Shaw는 수학 모형과 컴퓨터 프로그램을 이용한 시장이례현상, 위험분석, 시뮬레이션 기반 투자, 복합전략을 기반으로 한 확률 최적화를 이용한다고 알려져 있다. 아마존 창립자 제프 베이조스, 투시그마의 존 오버덱과 데이비드 시겔도 D. E. Shaw 출신이다.

'핀테크·머신러닝 퀀트' 시대, 퀀트 3.0

퀀트 3.0 시대는 핀테크·머신러닝 퀀트 시대이다. 대표적인 인물로는 켄쇼의 창업자 다니엘 나들러, 딥마인드의 창업자 데미스 허사비스, 이더리움의 창시자 비탈릭 부테린을 소개하겠다. 엄밀히 말하면 데미스 허사비스나 비탈릭 부테린은 핀테크 분야의 인물은 아니지만 "인공지능과 블록체인의 대표적인 인물"이라 핀테크 퀀트로 편입해 소개하려고 한다. 개인적으로는 이런 인물들이 이 책에서 추구하는 퀀트들의 새로운 인물상이다.

퀀트 3.0 인물들:
다니엘 나들러(켄쇼, 좌), 데미스 허사비스(딥마인드, 중앙), 비탈릭 부테린(이더리움, 우)

켄쇼테크놀로지 창업자, 다니엘 나들러

다니엘 나들러Daniel Nadler는 폴란드와 루마니아 출신 이민자의 아들로 캐나다 토론토에서 성장했다. 그의 아버지는 교량과 잠수함에서 소리를 이용해 미세한 균열을 찾는 방법을 고안한 기술자였다. 아버지는 자신의 경험을 토대로 나들러에게 시험용 수학이 아닌 진짜 수학을 가르쳤다. 나들러는 영구적인 운동기계(영구기관)에 대한 다이어그램을 스케치하고 그리스 고전을 읽었다. 그는 경제학 박사학위(연구 주제는 "2008년 금융위기에 대한 정치 영향")를 받고 연방준비은행FED에서 연구원으로 일할 때 경제분석을 엑셀Excel에만 의존한다는 사실(아마도 연방준비은행에서 엑셀로 업무를 처리한다는 것이 비효율적이라 느끼고 시스템을 만들어야겠다는 생각을 했던 것으로 보인다.)을 알고 기뻐했고 켄쇼에 대한 아이디어를 생각해 냈다고 한다. 나들러의 말을 직접 들어보자.

"저는 2014년 보스턴 연방준비제도이사회에서 객원 연구원으로 일하면서 켄쇼(책 뒷부분에서 켄쇼Kensho테크놀로지에 대한 자세한 이야기를 한다.)에 대한 아이디어를 생각해 냈습니다. 전 세계 중앙은행 발표, 유럽선거, 유럽위기를 중심으로 중요한 사건이 진행됨에 놀랐습니다. 중동의 혼란 등을 추적하고 그 결과를 분식해 통찰력 있는 분석을 하는 기존의 메커니즘이 없다는 사실에 또한 놀랐습니다. 규제기관이나 은행가 모두 유사한 뉴스가 금융시장에 미치는 영향을 평가할 수 있는 효과적인 방법이 없었습니다. 오래된 뉴스를 파헤치고 수동으로 엑셀 자료만 만드는 것이 유일한 대안이었습니다. 저는 친구들과 함께 일하기 시작했으며, 몇 주 안에 소규모 팀을 구성해 GOOGLE 벤처캐피털 팀으로부터 초기 자금을 조달했습니다. 켄쇼테크놀로지는 2013년 5월에 설립됐습니다."

켄쇼-구글형 검색엔진 워런(Warren):
주요 엔진로직(이벤트 스터디, 자연어 처리 등)

초기에는 골드만삭스가 후원하는 신생기업이었으나 창업 6년 만에 글로벌 신용평가사인 S&P 글로벌이 5억 달러(인수 당시 원달러 환율 1,100원 기준으로 원화 5,500억 원 수준)에 인수하는 기업이 됐다. 나들러는 하버드대학교에서 경제학 박사 과정을 밟으며 여름이면 일본을 방문하곤 했다고 한다. 일본의 여러 사찰을 두루 다니며 명상 수련을 했는데, 회사명인 '켄쇼테크놀로지'도 이런 명상 수련을 하면서 알게 된 것에서 따왔다. 켄쇼Kensho, 즉 견성見性은 불교에서 모든 망념과 미혹을 버리고 자기 본래의 성품을 깨닫게 되는 앎으로 깨달음을 뜻한다. 일반적으로 보는 행위를 "견해"라 말하는데 불교에서는 견해라는 것을 벗어나 새롭게 보는 행위를 "견성"이라 말한다. 견성의 원래 발음은 현성現性이며 그 뜻은 성품이 주체적으로 나타난다는 것을 의미한다.

딥마인드 창업자, 데미스 허사비스

데미스 허사비스Demis Hassabis는 8세 때 체스 상금으로 받은 200파운드로 컴퓨터를 처음 샀고 곧바로 프로그래밍 책을 구입해 독학을 했다. 그는 그때부터 컴퓨터를 자신의 창의력을 최대한 발휘할 수 있는 마법의 기계라 느꼈다고 한다. 허사비스는 15세에 고등학교를 졸업하고 게임 개발사 불프로그Bullfrog에 입사해 17세에 경영 시뮬레이션 게임의 시초라 할 수 있는 '테마파크'를 개발했다. 1993년 영국 케임브리지 퀸스 칼리지로 진학해 컴퓨터공학을 전공하고 졸업 후 게임회사 라이언헤드 스튜디오에 입사해 인공지능 프로그래머로 일했다. 이후 유니버시티 칼리지 런던UCL에서 인지과학으로 박사 과정을 밟았다. 그는 뇌신경망에서 일어나는 기억과 상상의 메커니즘을 연구했는데 2007년 이 연구를 통해 사이언스가 선정한 그해 10대 과학 성과 중 하나로 선정되기도 했다. 2011년인 34세에 인공지능 벤처기업 딥마인드를 설립하고 3년 후인 2014년에 이 회사를 4억 달러에 구글에 매각했다. 구글로 인수된 후에도 인공지능 부문 부사장으로 근무하며 세기적 이벤트로 꼽히는 바둑이라는 복잡한 게임에서 세계 챔피언인 이세돌 9단을 물리친 알파고AlphaGo를 만들었다. 이후 알파고 마스터는 커제 9단을 3:0으로 물리치고, 알파고 제로를 마지막으로 인공지능 바둑을 은퇴했다. 현재 딥마인드는 인공시능 과학에서 가장 어려운 문제 중 하나인 단백질 폴딩Protein Folding을 연구하고 있다. 2018년 딥마인드의 도구인 알파폴드는 43개 단백질 중 25개에 대해 가장 정확한 구조를 성공적으로 예측해 단백질 구조 예측 기술 분야에서 중요한 평가를 받았다. 허사비스는 자신의 전공인 컴퓨터공학과 뇌과학을 무기로 현재 전용 인공지능으로 범용 인공지능을 만들려고 노력하고 있다. "인공지능은 지금까지 인류의 가장 유익한 기술 중 하나가 될 것이지만 중요한 윤리적 문제가 남아 있다."고 인공지능에 대한 자신의 견해를 밝히기도 했다.

인공지능을 연구할 경우 컴퓨터 과학만 해서는 결국 한계에 부딪힌다. 기존 자신의 전공에 다른 전공을 더하는 것이 경쟁력이 있다. 더 깊이 인공지능을 연구하려면 허사비스처럼 '컴퓨터 과학'과 '뇌과학'에 대한 연구가 필요하다.

블록체인 이더리움 창시자, 비탈릭 부테린

비탈릭 부테린Vitalik Buterin은 이더리움Ethereum 블록체인 시스템을 만든 공동 창업자로 1994년 모스크바에서 태어났다. 6세 때 부모가 좀 더 나은 취업 기회를 찾아 캐나다로 이민을 가면서 캐나다에 정착하게 됐다. 초등학교 3학년 때 영재반에 들어가게 됐고 그때부터 수학, 프로그래밍, 경제학에 관심을 갖기 시작했다고 한다. 특히 부테린은 월드오브워크래프트WOW 게임에 빠져 있었는데 어느 날 블리자드가 부테린이 아끼던 캐릭터 기능을 없애버렸고, 중앙집권적 서비스의 문제점을 깨닫고 나서 게임을 중단했다. 2011년 아버지로부터 암호화폐 비트코인에 대해 처음 듣고 비트코인의 매력에 빠져 비트코인을 공부하게 됐으며, 그해 말『비트코인 매거진』을 공동 창간했다. 2013년 부테린은 컴퓨터 과학을 공부하려고 워털루 대학교에 입학했으나 1년 후인 2014년에 자퇴했다. 그는 대학에 다닐 때도 공부보다 암호화폐, 벤처 등에 꾸준히 관심을 갖고 서적을 찾아보거나 글을 썼다. 2013년 비트코인 가격이 급등하며 관련된 주제에 사람들의 관심이 높아지자 그는 암호화폐 관련 개발 사업에 본격적으로 뛰어들었다. 처음 기존 비트코인 시스템을 개선하려고 여러 차례 제안을 했으나 비트코인 커뮤니티 구성원 중 상당수가 비트코인을 금융 부문 외에 사용하는 것을 몹시 꺼려하자 그는 비트코인이 아닌 새로운 독립적인 블록체인 플랫폼을 만들기로 결심하게 된다. 2013년 말 19세에 캐나다 토론토에서 "차세대 스마트 계약과 탈중앙 애플리케이션 플랫폼"이라는 제목의 이더리움 백서^{White Paper}를 발간한다. 이 백서는 탈중앙 분산 응용 프로그램인 디앱^{DApp}을 만들기 위한 새로운 오픈소스 기반 블록체인 플랫폼의 개념을 정립했다. 부테린은 캐나다에서 싱가포르로 건너가 거주하다가 현재는 스위스에 거주 중이다.

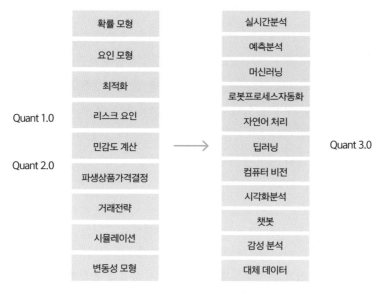

쿼트 1.0과 2.0에서 쿼트 3.0으로의 패러다임 변화

퀀트 3.0 패러다임 변화 - 금융 데이터 과학자와 머신러닝 퀀트

다음 세대의 퀀트는 무엇을 배워야 할까? 퀀트 분야의 미래 인재들이 익혀야 할 기술들을 살펴보자. 첫째, 수학과 통계를 확실히 이해하는 것이 중요하다. 전통적으로 퀀트는 확률미적분, 확률이론, 금융수학에 강한 배경지식을 갖고 있다. 과거에는 수학, 통계, 물리와 같은 이과 분야의 박사학위 소지자를 퀀트로 고용하곤 했으나 지금은 컴퓨터공학과 머신러닝 분야의 전공자들이 점점 더 인기를 얻고 있다. 앞으로 머신러닝에 대한 전문지식을 익히는 것이 필수적이 될 것으로 전망한다.

둘째, 적절한 금융시장 지식을 갖춰야 한다. 머신러닝이나 인공지능이 특정 영역에서 인간의 지식을 넘어설 수 있다고 생각할 수 있다. 그러나 현실은 그 알고리듬들이 그 자체로서 똑똑하다는 것과 실제로 적용하는 것은 거리가 멀다. 이런 것을 금융시장에 실제 구현하려면 금융 도메인 지식이 필수적이다.

셋째, 강한 프로그래밍 기술은 퀀트적인 역량을 발휘하는 데 필수적이다. 과거에는 C++가 가장 인기 있는 프로그래밍이었다. 현재도 레거시Legacy로 구현된 시스템은 대부분 C++ 언어로 구현돼 있으며 고빈도 매매를 위한 시스템도 C++로 구현돼 있다. 전통적인 개발자 중심의 언어인 C++ 외에 최근 머신러닝과 딥러닝의 등장으로 파이썬Python은 C++보다 학습과 사용이 쉬운 통계학습과 데이터 분석을 위한 수많은 라이브러리를 제공하면서 인기가 높아지고 있다.

넷째, 가장 중요한 것은 의사소통, 즉 커뮤니케이션 스킬이다. 퀀트는 풍부한 전문지식뿐만 아니라 대인관계 기술도 뛰어나야 한다. 미래 인재는 다양한 배경의 사람들과 의사소통하고 비즈니스 요구를 정교한 머신러닝 알고리듬과 연계할 수 있는 능력을 갖춰야 하기 때문이다. 머신러닝의 발달로 점점 더 많은 반복 작업이 자동화되고 트레이딩은 알고리듬 트레이딩과 같은 알고리듬으로 대체될 것이다. 그러나 금융시장의 의사결정자는 여전히 인간이며 머신러닝의 실제 적용의 성공은 퀀트가 알고리듬이 제공하는 결과를 프론트 오피스, 고객, 금융감독기관 관계자들에게 얼마나 효과적으로 전달하는가에 달려 있다.

금융 데이터 과학자의 태동

금융산업은 데이터 과학 분야에서 빠르게 성장한 분야 중 하나이며, 금융 데이터 과학자에 대한 필요성 또한 가속화되고 있다. 금융에 적용되는 데이터 과학은 다양한 형태의 금융 데이터에서 통찰력을 추출할 수 있는 시스템 및 프로세스를 구축하는 분야이다. 전통적으로 금융전문가는 통계 데이터 분석, 경제예측, 리스크 관리 등의 형태로 데이터 과학을 해오고 있지만 이제는 데이터 과학의 발달로 금융 데이터 과학이라는 용어가 선진국에서 널리 사용되고 있다. 금융회사들은 데이터를 가공하고 데이터에서 정보를 획득하며 정보에서 추출한 통찰력을 토대로 수익을 극대화한다. 금융 데이터 과학은 리스크모니터링, 지급결제, 사기감지, 고객불만, 핀테크, 소셜 미디어 등에서 사용되고 있다. 금융 데이터 과학자는 데이터 모형을 구축하거나 신용거래 데이터로부터 사기 및 위험한 행동을 식별하는 위험분석을 할 수 있다. 또 은행과 증권사는 고객 서비스 분야에서 데이터 분석용 알고리듬을 사용해 거래행동 데이터를 분석함으로써 고객에게 더 나은 서비스를 제공할 수 있다. 은행은 데이터 과학을 사용해 수익성 향상, 연체가능성, 불만에 따른 다른 금융기관으로의 계좌이동과 같은 다양한 비즈니스 활동을 예측할 수 있다. 제이피모건, 시티은행, 골드만삭스, 도이치뱅크와 같은 금융기관들은 매년 데이터 과학자의 채용을 늘리고 있다.

Chapter.1
퀀트 1.0, 금융공학을 만나다

"결국, 이론이 받아들여지는 이유는 관습에 따른 실증적 검증에 의해서가 아니라 연구자들이 그 이론이 옳고 타당하다고 서로 설득하기 때문이다."

— 피셔 블랙Fisher Black

간략하게 살펴보는 금융공학 이론의 역사

금융공학의 역사에 대해 언급할 때 가장 먼저 이야기하는 것이 있다. 바로 프랑스의 '루이 바슐리에Louis Bachelier'라는 수리물리학자이다. 바슐리에는 1900년에 발표한 그의 박사학위 논문 「투기의 이론Theorie de la speculation」에서 금융시장의 가격변동을 브라운 운동으로 모형화했다. 브라운 운동이란 1827년, 스코틀랜드의 식물학자 로버트 브라운이 물에 떠 있는 꽃가루를 현미경으로 관찰할 때 꽃가루에서 나온 작은 입자가 수면을 끊임없이 돌아다니는 것을 발견한 데서 붙여진 이름이다.

1900 바슐리에	옵션가치평가 및 브라운 운동 연구
1905 아인슈타인	브라운 운동(Brownian Motion) 연구
1944 이토 키요시	확률과정론 기초(확률미적분 Ito의 공식)
1950 둡	마틴게일(martingale) 이론
1952 마코위츠	평균분산모형(Portfolio Selection)
1964 샤프	자본자산 가격결정모형(CAPM)
1973 블랙과 숄즈	옵션가격결정모형(BS Model)
1973 머튼	옵션가격결정모형(Merton Model)
1979 콕스, 로스, 루빈스타인	옵션가격결정모형(Binomial Tree)
1979 해리슨과 플리스카	무재정원리와 마틴게일 측도

그림 1-1 금융공학의 간략한 역사

브라운 운동은 유체(기체 또는 액체) 속에 있는 매우 작은 입자가 행동하는 불규칙한 운동을 말한다. 이에 관해 1900년에 바슐리에가 랜덤워크의 수리적 이론으로 발표했지만 당시에는 그 논문이 학계에서 큰 주목을 받지 못했다. 이 논문에서 바슐리에는 주식의 가격이 시장에 관한 모든 합리적 정보와 예측을 반영한다면 장래의 가격 변화는 예측 불가능할 수밖에 없어 주식의 가격이 랜덤워크를 따른다고 주장했다. 바슐리에 논문이 발표되고 5년 후인 1905년, 이에 관해 스위스 베른에 있는 특허사무소의 심사관으로 근무하던 26세의 아인슈타인은 브라운 운동에 관한 획기적인 논문을 발표한다.

아인슈타인은 원자와 분자의 실재를 확신해서 브라운 운동은 현미경으로 볼 수 있는 꽃가루 입자와 보이지 않는 물 분자와의 충돌이라고 결론짓고, 이 꽃가루 입자들이 움직이는 평균 거리는 '시간의 제곱근에 정비례한다'는 공식을 만들었다. 그는 모든 유체에서는 유체분자들이 주변의 미세한 입자들에 불규칙적으로 끊임없이 충돌하기 때문에 브라운 운동이 일어난다는 이론을 세웠다. 하지만 상대성이론 정립이 급선무였으므로 브라운 운동에 대한 연구를 지속적으로 할 수 없었다.

브라운 운동에 대한 연구는 도쿄대학교 수학과를 졸업한 이토 키요시Ito Kiyoshi에 의해 수학의 새로운 장르로 탄생하게 된다. 현재에는 확률미적분 또는 이토 적분이라고도 부르는데 1942년에 이토는 미분론에 확률론을 더해 확률미분방정식SDE, Stochastic Differential Equation을 발표했다. 확률미분방정식은 주로 수학과 물리학, 생물학에서 이용됐으나 1980년대부터는 환율 및 주가 등의 움직임을 설명하는 수학적 도구로 활용돼 오늘날 금융공학 이론 전반에 지대한 공헌을 했다. 또 이토의 보조정리는 1973년 블랙과 숄즈가 옵션가격결정모형을 구하는 데 결정적인 역할을 했다.

마코위츠는 현대 포트폴리오 이론 분야에서 선구적인 업적을 남긴 것으로 잘 알려져 있으며, 이에 대한 학문적 성과로 1990년에 노벨 경제학상을 수상했다. 그의 현대 포트폴리오 이론은 자산 리스크, 상관관계, 분산투자 등 투자 포트폴리오의 기대수익에 미치는 영향에 대한 연구결과다. 마코위츠는 박사학위 논문 주제로 "주식시장의 분석을 위한 응용수학"을 선택했으며, 이는 코울즈Cowels 재단의 도움으로 진행됐다.

샤프Sharp는 현대 재무이론의 핵심이론이라고 할 수 있는 자본자산 가격결정모형CAPM으로 명성을 얻었다. 그는 금융경제학을 경제학의 한 분야로 올려놓는 데 결정적인 역할을 했다. 샤프는 1950년대 후반에 미국의 최고 핵심 싱크탱크였던 RAND연구소의 연구원으로 일했는데 그곳에서 노벨 경제학상을 공동 수상한 마코위츠를 만나 그로부터 많은 영향을 받았다. 스스로 학계와 현실세계에 양다리를 걸치고 있다고 말했듯이 그는 다수의 투자기관에서 일했으며, 1970~80년대 웰스파고은행이 최초로 내놓은 인덱스 펀드를 개발하고 운용하는 데 깊이 관여하기도 했다.

블랙, 숄즈, 머튼은 뒷부분에서 다시 설명하기 때문에 생략한다. 경제학자 콕스, 로스, 루빈스타인은 리스크중립적인 방법을 쓰면 옵션가격을 계산할 수 있다는 것을 증명하며 이항트리 모형을 개발했다. 해리슨과 플리스카는 마틴게일martingale을 파생상품 가격 결정에 활용할 수 있음을 증명했다. 마틴게일은 "과거 및 현재의 알려진 모든 정보에 따라 미래 결과의 기댓값을 구하면 그것이 현재의 값"이라는 의미다.

누가 내 점심값을 계산할 것인가? 공짜 점심은 없다!

금융공학의 핵심 개념: 차익거래 불가&헤징

파생상품 가격 결정의 기초 개념에는 '차익거래 불가no arbitrage 원리'와 '헤징hedging'이 있다. 두 가지는 서로 관련이 있는데 헤징은 같은 포트폴리오와 관련된 위험을 줄이는 것을 말한다. 만일 포트폴리오에서 위험이 완전히 제거될 수 있다면 이 자산은 무위험 자산이 되고, 차익거래의 기회가 소진된 포트폴리오의 수익률은 무위험 투자의 수익률을 얻어야 한다. 이것이 옵션가격결정 이론의 핵심적인 아이디어이다.

차익거래arbitrage는 현대 금융이론에서 아주 중요한 개념이다. 이는 블랙과 숄즈가 개발한 옵션가격결정 이론(1973년 논문 게재, 1997년 노벨 경제학상 수상)의 초석이 된다. 이 기본적인 개념을 널리 알려진 가벼운 유머로 설명해 보자. 다음의 유머는 시장 효율성 가설에 근거하고 있으며, 이는 현대 금융이론의 초석이 되는 동시에 차익거래 불가 논리와 연결되는 직관적인 이야기로 많이 이용된다. 금융시장에서는 어떻게 반영될 수 있을까? 이미 금융시장(정상시장)에서는 차익거래 가능성이 없다는 가정을 훨씬 합리적인 것으로 받아들이고 있다. 길거리에 10만 원권 수표가 나뒹굴며 누군가가 주워가기만을 기다리고 있는 경우는 없다. 이것은 다시 말해 차익거래의 기회는 없다^{no arbitrage=no free lunch}는 것을 뜻한다. 이론적으로 차익거래는 일물일가의 법칙^{the law of one price}을 확장한 개념이다. 일물일가의 법칙이란 시장에 거래비용 등 불완전 요소^{friction}가 없을 경우 동일한 자산은 동일한 가격으로 거래돼야 한다는 것이다. 예를 들어 미국은 주^{State}마다 담배가격이나 휘발유 가격이 다른데, 거래비용이 없을 경우 상대적으로 가격이 싼 주에서 이들을 매입해 이익을 얻으려는 차익거래가 발생할 수 있다(위의 예는 미국에서 불법행위로 간주되며, 발각되면 벌금 또는 구형에 처해진다. 이것이 차익거래의 거래비용이 된다.). 이처럼 금융시장에서는 각 시장 간 및 상품 간의 특징상 차익거래 기회가 발생하게 된다.

주요 차익거래 전략에는 현물과 선물 간의 프로그램^{Program} 차익거래, 주식예탁증서^{DR} 차익거래, 전환사채^{CB} 차익거래, 환매조건부채권^{REPO} 차익거래 등 무수히 많은 전략이 존재한다. 이 내용은 이 책의 후반부에서 다룰 것이다. 여기서는 금융공학의 기초 개념에서 중요한 헤징^{hedging}에 대해 알아보자. 예를 들어 미래 특정시점에 어떤 상품을 팔고자 하는 기업은 매도포지션을 취해 위험을 헤지할 수 있다. 이를 매도 헤지^{Short Hedge}라고 한다. 만일 상품가격이 하락하면 기업은 그 상품을 원하는 가격에 판매할 수는 없지만 선물 매도포지션으로 이득을 볼 수 있다. 반면에 상품가격이 상승하면 기업은 그 상품 판매를 통해 이익을 획득할 수 있지만 선물 매 도포지션에서 손실을 입는다. 이와 유사하게 미래의 특정시점에 어떤 상품을 구입하고자 하는 기업은 선물 매수포지션을 취해 위험을 줄일 수 있다. 이를 매수 헤지^{Long Hedge}라고 한다. 선물 헤지가 원래의 목적을 대부분 달성하는 것이 아니라는 사실을 간과해서는 안 된다. 선물 헤지는 상품의 미래가격을 일정 수준에 고정시켜 가격변동에 따르는 위험을 줄이는 데 목적이 있다. 따라서 헤지로 발생하는 수수료 또한 거래 시 고려해야 할 요소다.

옵션 요리법(recipe): 블랙-숄즈-머튼 방정식

"1973년 블랙과 숄즈는 IBM 주식과 현금을 갖고 IBM 옵션을 만들 수 있다는 것을 보여줬다. 이는 사과와 오렌지를 혼합해 과일 샐러드를 만드는 것과 같다. 물론 옵션 합성은 과일 샐러드를 만드는 것보다 더 복잡하다. 과일 샐러드는 시간에 따라 고정된 비율로 혼합돼 있지만(사과 50%, 오렌지 50%) 옵션은 시간 변화에 따라 구성 비율이 변화한다. ... 가장 정확한 요리법은 블랙-숄즈 방정식에 따라 옵션을 생성하는 것이다. 블랙-숄즈 공식은 이후에 수행하게 될 요리법의 비용을 알려주기 때문이다. 블랙과 숄즈 이전에는 아무도 간단한 재료를 이용해서 옵션을 만들 수 있다고 생각하지 못했고 공정가를 계산하는 방식을 몰랐다."

- 이매뉴얼 더먼Emanuel Derman

블랙-숄즈-머튼 공식만큼 심대하게 금융이론을 변화시킨 이론적 발견은 그리 많지 않다. 1973년 블랙-숄즈-머튼이 옵션가격결정모형을 발표한 이후 이 모형은 옵션의 가격결정모형과 헤징에 커다란 영향을 미쳤다. 특히 블랙-숄즈-머튼 모형은 기초자산의 수익률의 변동성을 제외한 대부분의 모수가 관측이 가능하다는 장점과 단순한 모형이면서도 모형 내의 각 요소들이 갖는 경제적 의미의 명료함으로 옵션시장의 학자와 실무자에게 널리 이용돼 왔다. 이들은 기초자산과 그것에 대한 옵션을 갖고 옵션복제Dynamic Hedging가 가능하다는 전제하에 무위험 포트폴리오를 구성할 수 있다는 점을 보여줬다. 그리고 그 무위험 포트폴리오는 순간적인 무위험이므로 기대 수익률이 무위험 이자율과 같다는 차익거래 불가 원리No-arbitrage Principle를 적용했다. 리스크 프리미엄Risk Premium이 내포된 투자자들의 기대수익률이 옵션의 가치를 논하는 과정에서 제거된 것이다. 여기서 리스크 프리미엄이란 투자자들의 위험에 대한 보상을 뜻한다. 옵션의 가격은 결국 투자자들의 위험 선호도가 중화된 상태에서 기대수익을 구한 다음 무위험 이자율로 할인이 가능하다는 것을 이론적으로 제시한 것이다.

금융공학의 중심 주제

금융공학 문제를 다루는 주제는 여러 가지로 분류할 수 있다. 소분류로 여러 방법을 사용할 수 있으나 3가지 주요 논제로 금융공학의 연구 주제를 분류해 알아보자.

금융자산 가격 결정

금융자산, 즉 증권은 전통적으로 본원적 증권과 그것에서 파생된 파생증권으로 분류할 수 있다. 본원적 증권으로는 주식과 채권이, 파생증권으로는 선물과 옵션, 스왑이 해당된다. 금융경제학에서 다루는 주요 논제는 '균형접근법Equilibrium Approach'(수요=공급)을 사용해 본원적 가격을 결정하는 것이다. 반면에 금융공학은 '차익거래 모형Arbitrage Approach'을 사용해 파생상품의 가격 결정을 하는 데 더 집중하고 있다. 하지만 최근 경계가 모호해지면서 구분이 어렵고, 때때로 파생금융상품의 가격 결정에 균형접근법이 사용되기도 한다. 균형접근법에 근거한 모형인 자본자산 가격결정모형CAPM은 금융경제학자나 금융공학자 모두에게 필요한 기초 금융이론이라 할 수 있다.

리스크 관리

리스크 관리Risk Management는 보유하고 있는 포트폴리오와 관련된 리스크에 대한 이해에서 출발한다. 예를 들어 T기까지 20% 이상 손실을 볼 확률 $P(W_r / W_0 \le 0.8)$를 결정하는 데 관심이 있다고 해보자. 만일 확률이 받아들이기에는 높다고 판단되면 이 확률을 줄이려고 포트폴리오를 조정할 필요가 있다. 이처럼 금융공학의 주요 연구 주제는 이런 리스크 관리와 관련된 사항과 밀접해 있다. 리스크 관리와 관련돼 많은 기여를 한 기존의 VaRValue at Risk는 리먼브라더스 금융위기 시 꼬리 위험을 간과했다는 비난

을 받고 점차 ES$^{Expected Shortfall}$로 넘어가는 추세다.[1]

포트폴리오 최적화

기본적인 수준에서의 포트폴리오 최적화는 포트폴리오의 성과를 측정하는 목적 함수를 최적화하는 것과 관련된 거래전략을 선택하는 문제다. 포트폴리오 최적화는 마코위츠^{Markowitz}(재무학자이자 위상수학자, 노벨 경제학상 수상)의 포트폴리오 선택론 이래 산업공학 등에서 금융공학을 연구하는 방법론으로 적용돼 왔다. 여기서는 간략하게 금융공학에서 다룰 수 있는 연구 과제에 대해 살펴봤다. 사실상 여기서 다룬 주제 이외에도 금융공학의 연구 과제는 무궁무진하다. 증권설계$^{Security Design}$, 기업재무, 회계, 응용수학(확률이론, 제어이론), 경제와 계량경제학, 리스크 관리에 관련된 문제가 포함될 수 있다.

Sell Side Quant
금융투자회사(증권회사), 투자은행, 상업은행

Buy Side Quant
연(기)금, 보험사, 자산운용사, 헤지펀드

그림 1-2 셀 사이드 퀀트(UBS, 좌) vs 바이 사이드 퀀트(제임스 사이먼스, 우)

---

1   VaR(Value at Risk)는 최대예상손실액으로 주어진 보유기간 및 신뢰수준에서 시장상황 변화로 발생할 수 있는 포트폴리오의 최대예상손실이다. ES(Expected Shortfall)는 주어진 신뢰수준에서 VaR를 초과해 발생할 수 있는 손실의 평균이다. 더 자세한 내용은 『바젤3 시장리스크 신표준방법 해부』(박영사, 2021) 책자를 참조하라. 현재 FRTB를 구축하는 은행권 리스크 퀀트나 리스크 관리 관련 취업을 희망하는 취업준비생은 참조해야 할 책이다.

셀 사이드 퀀트 vs 바이 사이드 퀀트

셀 사이드 퀀트Sell Side Quant는 주로 증권사, 투자은행, 상업은행에서 근무하는 퀀트를 말한다. 증권사에서 수수료 수익을 올릴 목적으로 퀀트 전략을 제공하는 리서치 퀀트(계량분석 애널리스트)부터 주가연계증권ELS과 같은 구조화상품을 모델링하는 퀀트에 이르기까지 다양하다. 전통적으로 퀀트라고 하면 투자은행에서 근무하는 셀 사이드 퀀트가 대표적이다. 반면에 바이 사이드 퀀트Buy Side Quant는 연(기)금, 보험사, 자산운용사, 헤지펀드에서 근무한다. 운용사의 경우 퀀트 펀드 운용을 위해 퀀트 매니저가 활약하고 있다. 또 르네상스 테크놀로지, 시타델, 디이쇼, 투시그마와 같은 헤지펀드의 부상에 따라 이제는 바이 사이드 퀀트가 이 시대를 대표하는 퀀트가 됐다.

투자은행 딜링룸 해부 - 퀀트, 마케터, 트레이더, 상품설계자

투자은행의 퀀트, 마케터, 트레이더, 상품설계자에 대해 살펴보자. 국내에서는 증권사(주로 장외파생상품[2] 겸영인가를 취득한 대형증권사 및 중형증권사)들이 투자은행 업무를 하고 있기 때문에 다양한 역할의 포지션이 필요하다. 마케터는 고객과의 접점에 있다. 고객의 니즈에 따라 회사 내의 헤지운용부서에서 상품을 구하거나 다른 외부(해외투자은행 및 국내증권사 등)에서 상품을 백투백으로 가져와서 팔 수 있다. 마케터는 회사 내 영업점을 대상으로 공모형 상품도 만들 수 있고, 기관이나 법인을 위한 사모형 상품도 만들어 팔 수 있다.

보통 상품설계자는 고객의 니즈에 따라 신상품을 설계 및 구성하는 역할을 한다. 국내에서는 마케터가 이 업무를 겸임한다. 트레이더, 특히 헤지

---

2 장외파생상품에 관한 자료는 저자의 『장외파생상품 실무입문』과 이 책을 요약 정리한 강의노트(265페이지)를 참조하라. 『장외파생상품 실무입문』, 홍창수; 나이스본드아카데미 강연자료, 2016년.(https://bit.ly/3L2SAaP)

트레이더Hedge Trader는 고객에게 돌려줄 상품의 수익을 복제하는 역할을 하며, 기초자산의 움직임에 대한 포트폴리오의 민감도에 따라 기초자산을 사거나 파는 매매행위를 한다. 헤지 트레이더와는 다르게 자기매매 트레이더들도 딜링룸에 존재하는데 이런 트레이더는 시장의 움직임(방향성 및 변동성)을 예측해 매매하는 사람을 말한다. 퀀트는 이런 여러 사람들의 니즈에 따라 이론 모형 및 IT 시스템을 개발하며 독립적으로 또는 IT 부서와 협업해 업무를 수행한다.

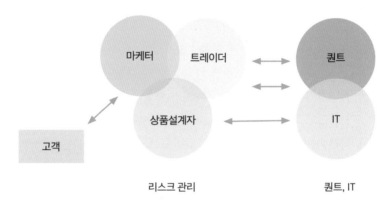

그림 1-3 투자은행 딜링룸 해부(독립업무와 부서 간 협업)

퀀트에게 필요한 일반지식

퀀트에게 필요한 일반지식에 대해 알아보자. 앞서 설명했듯이 퀀트에게는 금융과 관련된 문제해결을 위해 여러 분야의 지식이 요구된다. 일반적으로 **"금융상품 지식, 모델링을 위한 금융수학, 프로그래밍 지식"** 3가지로 나눌 수 있다. 금융상품은 각 개별 기초자산과 파생상품의 특성에 대한 지식이 요구된다. 교과서에 기술된 전통적인 내용보다 현재 시장에서 거래되는 상품뿐 아니라 신상까지 확대해 공부할 필요가 있다. 파생상품 모델링에 필요한 금융수학은 일반적인 재무이론에서 자산가격의 행태 연구를 위한 확률

모형까지 다양한 접근이 필요하다. 채권과 스왑, 주식과 배당, 상품과 편의 수익률, 신용파생상품 등 금융상품에 대한 일반지식이 필요하다. 학생의 경우 경상계열이면 당연히 파생상품론 관련 과목을 수강하면 되고, 경상 계열이 아니면 관련 과목을 신청해서 파생상품 관련 지식을 쌓을 필요가 있다. 직장인의 경우 KOCW나 K-MOOC를 활용해 온라인으로 무료로 학습할 수 있다. 또 파생상품 모델링에 필요한 수학 분야에 대해서는 블랙-숄즈 모형, 이항 모형, 이자율 모형, 수치해석, 동적헤징, 위험중립가치평가 등 다양한 금융수학 방법론이 필요하다. 프로그래밍 지식은 정교한 수학적 방법론과 더불어 최근에 컴퓨터의 발전에 따라 계산금융론 분야가 빠르게 발전하고 있다. 이 책의 뒷부분에서 금융 프로그래밍에 대해 자세히 설명하겠지만 우선 간단하게 서술해 보면 엑셀 VBA에서부터 매트랩^{MATLAB}, C++까지 단계적으로 공부할 필요가 있다. 전통적으로 국내 금융권에서는 위의 3가지 프로그래밍을 초급, 중급, 고급 퀀트 언어$^{Quant\ Language}$로 인식해 왔는데 최근에는 '파이썬'과 'R'의 보급이 확산되고 있다. 이는 대학교에서 상용 프로그램보다는 오픈소스 언어로 통계와 데이터 과학을 처리하는 과목이 늘어난 추세이기도 하지만, 파이썬과 R에 좋은 라이브러리들이 점차 확대돼 금융권 입사자 중에서 파이썬과 R을 업무에 활용하는 사용자가 늘어난 것으로 보인다. 그럼에도 불구하고 여전히 국내 금융권에서는 데이터 분석 도구로 대부분 엑셀을 사용한다. 앞으로는 파이썬과 R의 사용자 수가 더 많이 늘어날 것이다.[3]

이런 프로그래밍을 사용해 전통적으로 금융퀀트가 하는 일은 새로운 파생상품의 가격^{price}과 민감도^{greeks}를 계산하는 일이다. 이와 관련된 가격결정론에 대해 이야기해 보자면 장내파생상품 도입의 첫 단계에서는 블랙-숄

---

3 R 프로그래밍과 파이썬에 대한 [무료 동영상 교육]은 저자가 브런치에 정리한 목록을 참조하라. R 프로그래밍 데이터 과학 동영상 강좌–https://bit.ly/3HWp2ZQ, 파이썬 데이터 과학 및 머신러닝 · 딥러닝 강좌–https://bit.ly/3MxJG5X

즈 모형과 같이 가격결정식 모형을 사용했으나 가격결정식으로는 쉽게 구할 수 없는 복합금융상품과 같은 장외파생상품 도입에는 수치해석 기법을 널리 사용한다. 우선 몬테카를로 시뮬레이션$^{Monte Carlo Simulation}$ 기법은 기초자산의 수에 제약이 없고 경로의존적인 가격 결정에 장점이 많아 실무적으로 많이 사용한다. 단점은 시뮬레이션 횟수에 따라 계산하는 데 오래 걸릴 수 있다. 가격 계산에는 문제가 없으나 정확한 민감도를 구하기 어렵기 때문에 헤지 운용을 위해 프론트에서 사용할 경우 단점을 보완하는 작업이 필요하다. 이에 반해 유한차분법^{FDM4}은 정확한 민감도^{greeks} 산출이 가능하고, 계산속도가 빠르다는 장점이 있어 현업에서 선호하는 가격 결정 방법론이다. 다만 기초자산 2개까지는 문제 없이 수행할 수 있으나 3개인 경우에는 상품의 평가가 어렵다는 단점이 있다. (실제로 불가능하지는 않으나 계산속도가 아주 느리다.)

퀀트에게 필요한 금융수학 - 파생상품 가격 결정 방법론

앞서 설명한 몬테카를로 및 유한차분법 등은 중요한 주제이므로 가격결정론에 대해 좀 더 설명해 보기로 한다. 퀀트가 되려면 파생상품 가격 결정을 위한 수치해석 방법에 익숙해져야 한다. 모든 상품들이 블랙-숄즈 방정식처럼 깔끔하게 떨어지는 해석해를 갖는 것이 아니기 때문에 수치해석은 해석해를 사용할 수 없을 때 사용한다. 옵션가치평가를 위한 수치해석은 편미분방정식을 짧은 시간 주기를 포함하는 다항식으로 전환시키는 것을 기본으로 하고 있다.

수치해석이 갖는 장점은 많은 종류의 소프트웨어를 폭넓게 이용할 수 있으며 알고리듬이 빠르다는 것이다. 단점은 불확실성이 추가될수록 복잡

---

4   유한차분법(FDM, Finite Difference Method)은 수학 및 공학 분야에서 편미분방정식을 풀기 위한 목적으로 가장 많이 사용하는 수치해법 중의 하나이다. 유한차분법은 옵션가격 함수가 만족하는 편미분방정식의 모든 편도함수를 유한차분식으로 해 연립방정식을 구하고, 이 연립방정식을 옵션의 만기시점부터 현재시점까지 차례로 반복적으로 풀어서 옵션가격을 계산하는 방법이다.

하다는 것이다. 대체로 옵션가격을 구하는 수치해석 방법에는 이항트리, 유한차분법, 몬테카를로 시뮬레이션 방법, 수치적분 방법 등이 있다.

이항트리

짧은 기간 동안의 기초자산 가격 경로를 트리 형태로 전개하고 위험중립 가정 하의 파생상품 가격을 결정하는 모형이다. 이항트리는 주식, 선물, 통화 등에 대한 미국형 옵션의 가격을 결정하는 데 널리 사용되는 수치해석 방법이다. 이항트리를 포함하는 수치해석 방법은 블랙-숄즈 공식에 의한 해석해가 존재하는 유럽형 옵션의 가격 결정을 하는 데 이용될 수 있을 뿐 아니라 해석해가 존재하는 않는 미국형 옵션이나 이색옵션 등의 가격도 구할 수 있는 장점이 있다. 참고로 자산평가사에서 전환사채 가격도 구하고 있다.

유한차분법

앞서 설명했듯이 유한차분법은 옵션가치에 대한 편미분방정식을 차분방정식으로 전환시켜 옵션가치를 계산하는 기법으로 파생상품 만기에서 역행해 가치를 계산해 나간다는 점에서 이항 과정과 유사한 기법이라 할 수 있다. 즉 명시적 유한차분법은 삼항트리(Trinomial Tree)와 실질적으로 같은 기법이다. 암묵적 유한차분법은 이 기법보다 복잡하지만 가치의 추정치가 일정한 값에 수렴하도록 주의를 기울일 필요가 없다는 장점이 있다.

몬테카를로 시뮬레이션 방법

기초자산을 금융 모형으로 무작위 시뮬레이션하는 기법이다. 어떤 의미에서 보면 문제의 중심에 근접하는 방법을 찾는 것을 말한다. 시뮬레이션 모형은 현재부터 의사결정 시점까지 기초자산의 가능한 전개 경로를 모두 포함해 계산할수 있다. 일반적으로 사용되는 몬테카를로 시뮬레이션 방법은 각 경로의 최종시점에서 최적 투자전략을 결정하고 손익함수를 계산해 손익함수의 평균을 낸다음 평균치를 현가로 할인해서 옵션의 현재가치를 얻게 된다. 몬테카를로 시뮬레이션은 경로의존적인 옵션의 가치평가에 많이 사용된다.

> **수치적분 방법**
>
> 공학자와 수학자들이 해석해를 풀 수 없는 정적분에 대한 근사 값을 구할 때 사용하는 도구이다. 금융상품의 가격 결정에도 수치적분을 사용할 수 있는데 이는 대부분 옵션가격결정의 해는 적분 형태로 표현할 수 있고 우리가 알고자 하는 손익함수의 기댓값을 수학의 적분 형태로 나타낼 수 있기 때문이다.

퀀트, 내부 언어(Insider Language)에 익숙해져라!

월가에는 월가에서만 통용되는 그들만의 언어가 있다. 일명 월가 용어^{Wall Street Terminology} 또는 jargon(특정업무와 직군에서 사용하는 전문 용어)이라고 한다. 마찬가지로 여의도 금융가에도 여의도 금융가 언어가 있다. 은행 및 증권회사를 비롯한 국내 금융투자회사에도 주로 쓰이는 단어가 있어 실제 일상적인 거래 시 사용되므로 친숙해질 필요성이 있다. 퀀트 특강을 할 때마다 '퀀트가 되려면 준비해야 할 것'으로 항상 강조하는 말이 있다. 항상 맞는 말은 아니지만 꼭 참고가 되길 바란다.

퀀트가 되려면 준비해야 할 것

1. 수학을 즐겨라.
2. 자연과학 분야에서 세계적 수준의 교육을 받아라.
3. 상위수준의 학위프로그램을 찾아라. 좋은 학위는 필수적이다.
4. 금융공학 관련 주요 저자들의 책을 공부하라(Hull, Baxter and Rennie, Wilmott, Joshi 등).
5. 금융공학을 위한 C++의 고성능 개발자가 되라.
6. 자신에게 조언해 줄 수 있는 금융공학 멘토를 찾아라.
7. 인터뷰를 위한 멋진 정장을 준비하라.
8. 금융기관 인턴십을 꼭 경험하라.

금융시장이 원하는 '퀀트의 유형'은 변화한다

퀀트는 분야에 관계없이 프로그래밍 기술과 광범위한 수학적 및 계량적 지식이 필수적이다. 모든 유형의 퀀트가 갖는 공통적인 기술 특징은 다음과 같다.

- 수학, 공학, 물리, 금융수학, 금융공학과 같은 분야 학위(석사 또는 박사학위)
- 컴퓨터 프로그래밍에 능숙
- 논리적이고 분석적인 사고
- 매우 복잡하고 방대한 양의 데이터를 분석 및 해석하는 능력

퀀트 유형에 대한 분류는 마크 조시Mark Joshi의 『Quant Job Interview Questions and Answers, Second Edition』(Pilot Whale Press, 2013) 책과 「On Becoming a Quant」 보고서에 나오는 분류가 일반적이다.[5] 저자도 10년 전부터 그림 1-4와 같이 이 분류체계로 KAIST, 연세대, 가천대, 대학수학회 등의 금융수학과 금융공학 특강에 활용하고 있다. 다만 이 분류체계는 미국이나 영국과 같이 금융시장이 발전한 나라에서 활용하는 것이라 우리나라에서는 다소 다르다. 우선 조시의 분류체계에 대해 이야기한 다음 우리나라의 퀀트체계를 살펴보기로 한다.

- **데스크 퀀트** - 트레이더가 직접 사용하는 가격결정모형 구현
- **모형 검증 퀀트** - 가격 모형을 구현해 프론트 오피스 모형을 검증
- **프론트 오피스 퀀트** - 금융자산 가격계산을 위한 모형 개발 및 관리

---

5 『Quant Job Interview Questions and Answers, Second Edition』은 RBS 퀀트로 근무한 적이 있는 마크 조시 외에 2명의 저자가 저술한 책으로 월가의 실제 인터뷰에서 가져온 300개 이상의 인터뷰 질문이 제공된다. 각 질문에는 전체 세부 솔루션, 면접관이 보는 내용, 예상되는 후속 질문이 포함돼 있다. 다루는 주제에는 옵션가격결정, 확률, 수학, 수치 알고리듬, C++, 인터뷰 프로세스가 포함돼 있다. 이 책은 영미권 투자은행에서 퀀트 인터뷰용으로 많이 보고 있고 참조할 만한 내용이 많으나 한국의 현실과는 조금 다르다고 할 수 있다. 참고로 마크 조시는 2017년에 사망했다. 퀀트가 되려는 사람들에게 건설적인 조언을 많이 한 그의 노력에 깊은 감사를 표한다.

- **리서치 퀀트** - 가격 결정을 위한 새로운 접근 방식 연구
- **퀀트 디벨로퍼** - 금융 분야 개발자 / 프로그래머
- **통계적 차익거래 퀀트** - 데이터 패턴을 식별하고 매매 로직 개발
- **캐피털 퀀트** - 은행의 신용노출 및 자본 요구사항 모델링

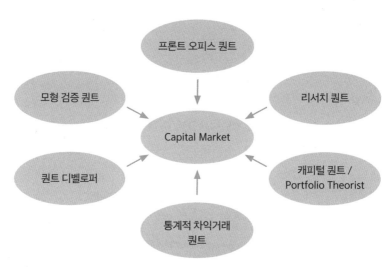

그림 1-4 퀀트의 유형(Mark Joshi의 분류체계)

데스크 퀀트

이제 우리나라의 경우와 비교해 살펴보자. 우리나라도 기본적으로 증권사 및 은행에 프론트 퀀트와 리스크 퀀트가 존재한다. 금융공학 팀이나 투자공학 팀과 같은 프론트 퀀트의 헤드, 즉 팀장이 보통 데스크 퀀트가 된다. 대형증권사의 경우 프론트 퀀트도 좀 더 세분화해 주식, 즉 Equity 퀀트와 주식 외의 이자율, 신용, 원자재 등을 맡는 FICC 퀀트로 팀을 나눠 운영하고 있다. 프론트 퀀트는 금융자산의 가격을 계산하고 관리하는 모형을 개발한다. 트레이딩을 위한 다양한 업무를 지원하며, 비즈니스 측면에서 수학 및 통계기법을 사용해 새로운 투자기회를 발견하는 역할을 한다. 과거

의 사례를 살펴보면 급여면에서 가장 높은 연봉을 받았다. 물론 연봉이 중요하기는 하지만 그보다 대부분의 경우 운용성과에 연동돼 인센티브를 받는 경우가 많고, 어떤 파생운용부서의 경우는 헤지운용 트레이더보다 퀀트에게 더 많은 인센티브를 부여한다고 한다. 이는 트레이더의 경우 이직하면 그만인데 반해 퀀트는 회사를 지속적으로 유지시켜 줄 인프라이자 자원이기 때문이라고 한다.

모형 검증 퀀트

우리나라에서는 모형 검증 퀀트라는 업무를 리스크 퀀트로 통칭해 부르고 있다. 리스크 퀀트는 모형에 대한 검증도 수행하지만 주로 다양한 자산에 대한 위험분석을 수행한다.

포트폴리오의 손실위험을 측정할 경우 VaR$^{\text{Value at Risk}}$, ES$^{\text{Expected Shortfall}}$도 사용한다. 리스크 관리 팀장에게 보고된 주요 분석 결과는 리스크 본부장인 CRO에게 보고된다. 또 스트레스 테스트를 수행해 모형 테스트를 수행하기도 한다.

리서치 퀀트

선진국의 리서치 퀀트의 경우 새로운 금융공학 모형을 개발하는 퀀트이지만 우리나라에서는 이 업무를 프론트 퀀트가 맡고 있다. 2008년 금융위기 전 미국, 영국, 프랑스의 대형투자은행의 경우 각 경기 사이클에 맞는 금융상품 모델링 및 자산별로 연구하는 리서치 퀀트(모형연구 퀀트)가 회사별로 100명을 넘어가기도 했다(BNP Paribas 등). 국내의 경우 리서치 퀀트는 주로 리서치 센터의 퀀트 애널리스트를 말한다. 퀀트 애널리스트는 리서치 센터의 계량분석가로 기업실적 및 지표, 금융모형을 통한 분석을 수행하는 전문가라 할 수 있다.

통계적 차익거래 퀀트

통계적 차익거래 퀀트는 알고리듬 트레이딩 퀀트라고도 부르며, 국내에서는 자산운용사나 투자자문 등에서 활동하고 퀀트 투자를 위한 리서치, 시뮬레이션, 관련 툴 개발, 데이터 관리 업무를 맡고 있다. 따라서 자산운용사의 경우도 점차 통계 패키지와 프로그래밍 툴을 다룰 수 있는 금융 데이터 과학자의 채용수요가 증가하고 있다.

프론트 오피스 퀀트

과거에는 퀀트라고 하면 ELS 헤지운용 모형 개발을 하는 증권사의 프론트 부서의 금융공학 퀀트를 지칭하는 말이었으나(은행의 경우는 주식보다는 FICC 퀀트가 많이 존재했다.) 최근에는 알고리듬 트레이딩 퀀트나 퀀트 투자를 하는 퀀트가 가장 영향력이 있게 됐고 퀀트를 대표하는 단어가 됐다. 아마도 2008년 금융위기 이후 규제에 따라 급속하게 쇠퇴한 투자은행 퀀트보다는 제임스 사이먼스James Simons와 같이 지속적으로 수익을 내는 헤지펀드 퀀트의 부상이 이런 분위기를 조성했다고 생각한다. 투자산업에서 이런 퀀트 모형과 트레이딩 시스템의 중요성이 커짐에 따라 수학적 모형을 사용해 자동화된 프로그래밍으로 거래하는 퀀트 전문가가 귀한 인력으로 자리매김하고 있다.

캐피털 퀀트

은행에서 활약하는 캐피털 퀀트의 경우 국내에서는 리스크 퀀트로 통칭되며 시장 리스크 퀀트와 신용 리스크 퀀트로 업무를 나눠 전담하고 있다. 부서도 시장 리스크 관리 팀과 신용 리스크 관리 팀으로 분리돼 운영되고 있다. 즉 캐피털 퀀트는 바젤규제로 통칭되는 신용 리스크 퀀트의 업무와 동일하다.

퀀트 디벨로퍼

퀀트 디벨로퍼는 투자은행 및 금융투자회사 IT 부서의 엔지니어를 말한다. 국내의 경우는 퀀트 디벨로퍼가 IT 부서에 있는 경우도 있고 프론트에 있는 경우도 있다. IT 부서에 있는 경우 프론트 퀀트와 같이 협업하기도 한다.

프론트에서 모형과 IT 지원업무를 맡는 퀀트 디벨로퍼퀀트 개발자의 경우 프론트 업무만 전담할 수 있기 때문에 근무환경이 더 좋다고 알려져 있다. 또 프론트 퀀트는 C++ 프로그래밍 등 개발역량이 있는 경우가 많기 때문에 퀀트 디벨로퍼의 역할을 겸직하기도 한다.

뒤에서도 다시 설명하겠지만 국내에서 전통적으로 프론트 및 리스크 퀀트가 1세대 퀀트라면, 운용사 및 핀테크회사의 알고리즘 트레이딩 퀀트나 핀테크 퀀트가 점차 2세대, 3세대 퀀트로 부각되면서 퀀트 인력시장이 다변화되고 새로운 붐이 조성될 것으로 생각한다. 요약하자면 국내의 퀀트 유형은 다음과 같이 재정의할 수 있다.

- **프론트 퀀트** - 금융자산 가격계산을 위한 모형 개발 및 관리(Equity 퀀트와 FICC 퀀트로 나눠짐)
- **리스크 퀀트** - 모형검증 업무 및 리스크 분석을 위한 모형 개발 관리(미들 오피스)
- **퀀트 디벨로퍼** - 금융 분야 개발자 / 프로그래머(IT 부서 및 프론트)
- **알고리듬 트레이딩 퀀트** - 수학적 모형을 사용해 자동화된 플랫폼에 거래 알고리듬 프로그래밍 및 트레이딩 지원(증권사, 부티크, 투자자문사 등의 프랍 운용 파트)
- **퀀트 매니저** - 알고리듬 트레이딩 퀀트와 유사해 완전히 분리해 정의하기 힘든 영역이나 주로 자산운용사의 퀀트 펀드 팀에서 모형 개발 및 데이터 분석, 투자 지원업무, 운용업무 수행
- **퀀트 애널리스트** - 리서치 센터의 계량분석 애널리스트
- **핀테크 퀀트** - 로보어드바이저 및 블록체인 등 핀테크 산업에 종사하는 퀀트

앞서의 마케터, 트레이더, 리스크 퀀트, 데스크 퀀트 담당자의 업무 프로세스는 그림 1-5와 같이 입체화할 수 있다. 고객과 접점을 이루는 마케터는 고객 니즈를 파악해 상품화를 시도할 수 있다. 이때 리스크 퀀트는 상품화할 수 있는 금융상품의 위험을 계산하며, 모델 개발을 하는 퀀트와 모델검증을 하는 리스크 퀀트가 업무를 분산해 처리한다. 이런 모델을 더욱 효율

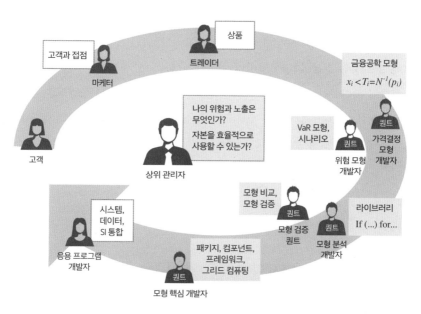

그림 1-5 투자은행 각 주체의 역할과 업무 프로세스

적으로 개발하려고 모형 핵심 개발자와 응용 프로그램 개발자가 시스템, 데이터, SI^{System Integration, 시스템 통합}를 진행하게 된다.

금융공학을 위한 금융 모델링 절차[6] - 금융공학 퀀트 잡

뒤에서도 자세히 설명하겠지만 일반적으로 데이터 분석을 하기 위한 프로세스는 문제에 대한 확인, 데이터 요구사항에 대한 확인, 데이터 전처리, 데이터 분석 수행, 데이터 시각화 순으로 진행된다.[7] 즉 비즈니스가 요구하는 데이터 분석에 관한 문제를 확인한 후 특정문제 해결을 위해 다뤄야 할 데이터의 속성을 확인하고 데이터를 확보하게 된다. 이후 데이터 작업을 수행하는 전처리 작업이 이뤄지면 실제 분석 알고리듬을 실행하는 데이터를 사용할 수 있게 된다. 이런 데이터 분석 절차를 확장해 금융공학 모델링으로 치환하게 되면 다음과 같은 절차로 실제 모델링이 이뤄지게 된다.

금융 모델링을 위한 문제 정의

실무적으로 금융 모델링의 문제 정의는 대부분 시장의 요구에서 출발한다. 금융상품 모델링을 통해 실제 상품이 출시되며, 이런 금융상품이 출시됐을 때 인기상품이 될 시장환경인지 파악해야 한다. 고객성향과 자금의 이동상황에 따라 금융상품의 구성이 달라질 수 있으므로 시장상황별 금융상품 모델링을 달리 가져가는 것이 중요하다. 선진 투자은행의 경우 시장상황별로 수백 개의 금융상품을 모델링해 실제 경기 사이클에 따라 시장에 맞는 금융상품을 출시하고 있다.

---

6 "금융공학 교육을 위한 R 통계 패키지의 활용방안", 홍창수, 백재승, 금융공학산학연구2권.(https://bit. ly/3L2SAaP)

7 데이터 분석 전 과정에 대해 부담 없이 읽을 만한 책으로 『가볍게 떠먹는 데이터 분석 프로젝트』(제이펍, 2021)를 추천한다. 책 제목 그대로 코딩 없이 입문자가 데이터 분석 전반에 걸쳐 다양한 지식을 빠르게 학습할 수 있다.

금융권에서 살아가려면 파생금융상품 공부(파생금융상품 시장구조, 상품구조, 모델링, 규제와 법규)는 필수적이다. 금융공학 모델링 관련 추천 책으로는 각 사용언어에 따라 나눠진다. 매트랩의 경우『파생상품 MODELING I: MATLAB 활용』(아진, 2008), 엑셀 VBA의 경우『엑셀 VBA를 이용한 금융공학실습』(서울경제경영, 2008), 파이썬의 경우『파이썬을 활용한 금융 분석 2/e(한빛미디어, 2022)』과『ELS 평가를 위한 몬테카를로 시뮬레이션과 유한차분법』(이모션북스, 2019), R 언어의 경우『R고 하는 금융 분석』(에이콘, 2017)을 우선적으로 추천한다.

구현 모형의 선정: 모형 선택 및 개발

금융 모형은 계산을 위해 엔진을 개발하기도 하지만 실제 금융 시스템에서 사용할 수 있게 확장성을 고려해 엔진을 개발하기도 한다. 일반적으로 가격계산만을 위해서는 몬테카를로 시뮬레이션 방식의 모형을 선택하고 있으나 옵션 민감도^{greeks}의 안정성을 위해 유한차분법^{FDM} 방식으로 모델링하는 것이 보편화되고 있다. 따라서 유지보수 관점에서 확장성을 고려한 선택인지, 운용목적의 민감도^{greeks} 산출의 안정성을 고려한 선택인지에 따라 파생상품 모형을 선택하게 된다. 또 금융 모형과 더불어 다음과 같은 3가지의 데이터의 상세정의가 필요하다. 첫째, 상품의 통화 및 거래상대방과 관련된 국가의 캘린더 또는 통화별로 지정된 거래규약, 즉 정적데이터$^{Static Data}$가 필요하다. 둘째, 기초자산의 시장가격, 수익률곡선, 변동성 커브등 시장 데이터$^{Market Data}$가 필요하다. 셋째, 주요 거래조건을 명시한 거래조건표(term-sheet에 명시되는 거래정보, 손익구조, 만기 등 거래 데이터$^{Deal Data}$)가 필요하다.

구현언어의 선정

일반적으로 구현언어는 모형 개발을 위한 프로토타입 언어와 시스템 구현을 위한 개발언어로 나눌 수 있다. 프로토타입의 언어는 시제품 개발을 위한 금융 모형 개발에 필요하며 실제 건축의 경우 설계도나 도면이 이에 해당한다고 할 수 있다. 실무적으로는 MATLAB 같은 언어가 많이 사용되나 점차 R과 파이썬^{Python}8의 활용도가 높아질 것으로 예상된다. 이런 개발 로직을 토대로 실제 시스템 구현을 위해 C++로 구현된 엔진이 개발되며 최종 dll과 같은 형식의 파일로 시스템과 유기적으로 활용하게 된다. 이와 관련된 내용을 금융공학을 위한 프로그래밍 언어로 구분해 표 1-1과 같이 정리했다.

표 1-1 금융공학을 위한 프로그래밍 언어 구분

구분	모형 개발을 위한 프로토타입 언어	시스템 구현을 위한 개발언어
언어명	VBA, MATLAB, R	C++, C#, VBA, JAVA, Python (주로 C++로 개발)
설명	시제품 개발을 위한 금융 로직 개발	실제 시스템 개발 (전사, 프론트, 미들 시스템)

금융 모델링 실행: 모형 개발

앞서 구현 모형의 선정에서 설명했듯이 모형 개발 시 기본적으로 정적데이터$^{Static\ Data}$, 시장 데이터$^{Market\ Data}$, 거래 데이터$^{Deal\ Data}$를 고려해 확장성 있게 금융엔진을 개발해야 한다. 실제로 금융 모형은 시간이 흐를수록 점차 복잡해지고 있고 이런 복잡성 때문에 기존에 개발된 엔진을 사용할 수 없는 상황도 발생한다. 때로는 해당 금융엔진을 개발한 개발자가 각주처

---

8 파이썬(Python)은 데이터 분석과 머신러닝·딥러닝 분석 도구로 활용된다. 해외에서는 시스템 개발에도 많이 활용되고 있고, 국내에서도 금융공학 시스템을 비롯한 금융 시스템 구현에 파이썬 활용 빈도가 점차 높아지고 있어 향후 시스템 구현을 위한 언어로 널리 활용되리라 판단된다. 실제 국내에서도 컨설팅에서 파이썬 개발자를 많이 찾고 있는 추세다.

리를 하지 않아 과거에 프로그래밍한 코드를 정확히 알 수 없는 경우도 발생한다. 또 계산속도 문제를 해결하려면 효율적인 프로그래밍이 돼야 하며, 속도개선을 위해 병렬처리를 통한 GPU 엔진을 활용한다. 엔비디아의 경우에는 병렬처리를 위한 GPGPU(GPU의 범용연산)를 사용하며, 인텔의 경우에는 CPU를 통한 병렬 프로그래밍을 가능하게 한 제온/제온파이$^{Xeon/Xeon Phi}$제품이 출시돼 좀 더 빠르고 안정적인 금융상품의 가격계산이 가능하다.

금융 모델링 검증

모형 검증의 경우 모형 로직을 수리적으로 정확하게 풀었는지, 이를 실제로 정확하게 프로그래밍했는지가 검증의 중요한 문제가 된다. 즉 실제 시장의 니즈에 맞는 모형을 수리적으로 잘 해결했는지에 대한 부분과 프로그래밍해 계산된 가격과 민감도^{greeks}가 시장에서 판매되고 있는 상품과 동일한 계산값이 나오는지가 1차적인 검증의 문제가 된다. 금융 모형에서 개발된 계산값을 검증하는 방법으로는 시뮬레이션 값과 유한차분법 값의 비교, 제3자가 개발한 모형과의 비교, 계산값과 상용 프로그램(Numerix, FINCAD 등)과의 비교를 실무적으로 활용할 수 있다.

ELS 운용-평가를 위한 '옵션 내재변동성 곡면' 모델링[9]

저자는 장외개별주식옵션에 관한 3편의 논문으로 박사학위를 받았다. 장외 개별주식옵션은 개별주식 주가연계증권$^{ELS, Equity Linked Securities}$이 활성화되면서 장외에서 거래되는 주식옵션을 말한다. 리먼브라더스 금융위기를 겪고 나서는 지수형 주가연계증권이 주를 이루고 있으나 그 이전에는 주가연계증권이 대표 업종주 위주로 거래되면서 개별주식 30종목 가량이 매일 또는 격일 등 필요에 따라 장외에서 거래됐다. (ELS를 발행하면 증권사 입

---

9   "확률변동성 곡면의 구축과 활용방안에 관한 연구", 안청희, 박창래, 홍창수, 금융공학산학연구1권. 다운로드 https://bit.ly/3L2SAaP

장에서는 변동성 매수포지션이 생기는데 이런 변동성 매수포지션은 상당한 변동성 하락 국면에서는 항상 옵션 북에서의 손실을 가져왔다. 따라서 자체 헤지 ELS의 발행에 따라 장외옵션의 일정 부분을 매도(변동성 매도)하는 것이 일반화됐다. 물론 변동성 하락에 대비해서 헤지를 하지만 이런 변동성 매도가 꼭 바람직하지 않은 결과를 초래한다. 중국증시의 급락으로 장외옵션 매도에서 발생한 손실로 모 증권사가 큰 피해를 입었다.) 지수형 장외옵션(KOSPI200, HSCEI 등)의 경우도 지수형 주가연계증권의 변동성 헤지를 위해 활발하게 거래가 됐다. 장외 개별주식옵션은 거래량이 많지 않아 매일매일의 내재변동성 곡면을 구할 수 없지만 지수형 장외옵션은 유동성이 있어 그림 1-6(우 패널)에서 보는 것처럼 행사가격별로 거래된 것(각각의 흰점으로 표현)을 시각화할 수 있다. 이처럼 금융기관에서 다루는 데이터는 빅데이터[Big Data]도 있지만 모델링을 위해 취급하는 스몰데이터[Small Data 10]도 많다. 이런 스몰데이터는 로 데이터[Row Data]라고도 한다. 여기서 로는 행과 열에서 말하는 로이다.

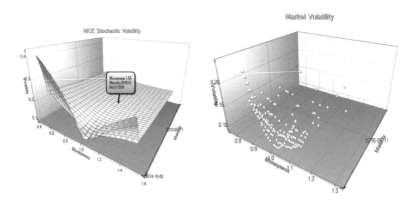

그림 1-6 KOSPI200 내재변동성 곡면(좌)과 시장변동성(우)

---

10 '스몰데이터'는 사람이 이해할 수 있을 만큼 '작은 데이터'이다. 접근이 가능하고 의미 있는 정보를 제공하며 실행할 수 있는 양과 형식의 데이터이다. 아이작 뉴턴의 머리에는 열 개도 천 개도 아닌 사과 딱 '한 개'만 떨어졌다. '빅데이터'는 '기계'에 관한 것이고, '스몰데이터'는 사람에 관한 것이다. 빅데이터는 '상관관계'를 찾는 것이지만, 스몰데이터는 그 이유인 '원인'을 찾는 것이다. – 위키피디아 정의

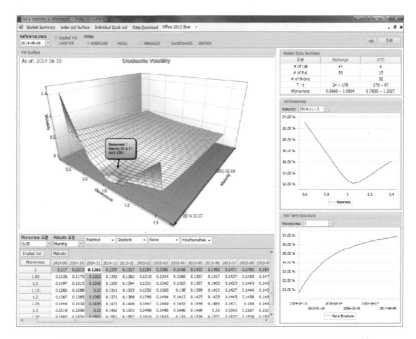

그림 1-7 변동성 곡면 금융 데이터 분석 솔루션: NICE V&I 시스템(출처: NICE P&I)[11]

스몰데이터는 일정한 리서치로 의미 있는 결과물을 도출하게 된다. 스몰데이터에서 의미 있는 결과를 찾으려면 특정한 모형을 사용해 모델링 과정을 겪는다. 거래소에서 거래되는 KOSPI200 옵션의 경우 행사가별로 풍부한 유동성을 자랑한다. 그러나 장외에서 거래되는 옵션인 경우 거래당사자의 수요와 공급에 따라 일정하게 형성되고 있으므로 유동성 측면에서 거래량이 상대적으로 적다. 이런 경우 일별로 거래되는 일부 옵션들을 특정 시점에서 모델링을 통해 만기별로 필요한 행사가를 계산할 수 있다.

---

11 NICE V&I 시스템은 저자가 유가증권 시가평가기관인 (주)NICE P&I 금융공학연구소 실장으로 근무하던 때 모형 팀 소속 연구원들과 개발한 변동성 곡면(Volatility Surface) 관련 정보제공 솔루션이다. 주요 특징으로는 국내 및 해외 대표 5대 지수에 대한 내재변동성 곡면, 국소변동성 곡면, 시장변동성 곡면이 제공되며, 계산에 사용된 장내·외 옵션에 대한 시장정보분석, 개별주식 장외옵션에 대한 시계열 정보를 금융기관에 제공하고 있다.

금융투자회사(증권사, 운용사 등)	Equity Derivatives, FICC / DLS Quant 수요, OTC인가사, 헤지펀드 관련 Quant: 프론트 퀀트, 리스크 퀀트(모형 검증, 탑재)
은행(국민, 신한, 우리, KEB하나 등)	퀀트 수요 비교적 쇠퇴(프론트, 리스크) 이자율, 구조화채권, FX 관련 Quant → 빅데이터, 인공지능, 블록체인 인력수요
한국거래소, 주택금융공사, 금감원	파생상품 분석인력, 장외파생 감독수요 증가, 글로벌 규제(CCP, LEI, TR), 파생상품 모니터링, 파생상품평가 및 규제정책, IFRS 17, 9
자산(채권)평가회사, 컨설팅회사(딜로이트)	채권평가사, 컨설팅 → 퀀트로 이동, 파생상품(신용, 이자율, 주식 등) 가치평가, 로직 개발, 평가, 컨설팅 업무
테크핀회사(카카오, 네이버 등)	금융 빅데이터, 인공지능, 블록체인, P2P 등 로보어드바이저, 트레이딩 로직 개발, 인공지능, 블록체인 개발

그림 1-8 퀀트 인력수요 현황: 금융투자회사, 은행, 금융공기업, 테크핀 등

국내 퀀트 인력수요 - 현황과 전망

국내 퀀트들의 인력수요 현황에 대해 살펴보자(그림 1-8 참조). 시시각각 수요가 변화하고 있지만 큰 트렌드 관점에서 살펴보기로 한다. 우선 앞서 말했듯이 증권사의 경우 장외파생 겸영인가 붐이 있을 때 계속적으로 퀀트 수요가 늘어났다. 초기에 주식파생상품에서 점차 FICC 퀀트 수요가 늘어났다. 은행의 경우는 프론트 퀀트와 리스크 퀀트 수요가 비교적 쇠퇴했다. 기본적으로 이자율 옵션이나 FX 옵션 관련 북 규모가 줄어든 것이 원인이다. 은행에서는 점차 디지털 금융 붐이 일어나면서 빅데이터, 인공지능, 블록체인 관련 핀테크 퀀트 수요가 늘고 있다. 금융공기업과 금융감독을 담당하는 기관의 경우는 파생상품 분석인력을 많이 늘리고 있다. 글

로벌 규제에 대응할 목적도 있고, 파생상품 모니터링, 규제정책 시행 등에 따른 조치이다. 자산평가회사와 컨설팅회사의 경우는 파생상품 가치평가, 글로벌 규제 컨설팅을 수행하며 많은 인력이 필요한 상황이다. 테크핀회사의 경우는 금융 빅데이터, 트레이딩 로직 개발, 로보어드바이저, 인공지능, 블록체인 개발 분야 인력을 늘리고 있는 상황이라 대형 또는 중소형 테크핀회사의 취업 가능성이 높아졌다.

> **더 알아보기**

[금융공학 Career FAQ] 어느 학부생의 금융공학 진로와 취업 질의

20년간 삼성경제연구소(SERI) 금융공학 포럼을 운영하면서 금융공학과 취업에 관한 이메일을 상당히 많이 받았다. 때로는 고등학생의 질문을 받기도 한다. 비교적 최근에 진학과 취업에 관련해 A대 학부생(전공 수학/부전공 경제)에게 보낸 답신 내용을 소개한다.

1. 금융공학이란 분야로 나가면 구체적으로 어떤 일을 하게 되나요? 파생상품 가격을 매기는 것이 금융공학이라고 들었는데 단지 이 역할만 하는 것인지 궁금합니다.

전통적으로 투자은행(국내는 증권사) 같은 곳에서는 트레이딩과 관련한 파생상품/트레이딩 모형 구축이 주 업무였는데 지금은 리스크 관리, 결제계산, IT 계산 등 그 범위가 넓어지고 있습니다. 이제는 금융 빅데이터/금융 머신러닝·딥러닝 분야가 금융공학의 주 업무가 되고 있습니다.

2. 제대로 배우려면 대학원에 진학하라는 이야기를 많이 들었는데 대학원 진학은 필수인가요? 만일 그렇다면 어느 대학원을 추천하시는지요? 카이스트 대학원이 금융공학으로 가장 유명하다는데 다른 응용수학 같은 분야의 대학원은 연관성이 없는 것인지요?

카이스트 금융공학도 유명하지만 여의도에는 서울대, 포스텍 수학과의 금융수학 전공자들도 상당히 많습니다. 연세대, 고려대, 가톨릭대, 가천대 등의 금융수학 전공자들도 시장에 많이 진출해 있습니다. 카이스트, 아주대의 금융공학과나 금융수학 전공이 있는 대학원을 추천합니다.

3. 금융공학 직렬로 나갈 경우 요구되는 역량은 무엇인가요? 영어 구사능력이라든지, 프로그래밍 능력이라든지, 미분방정식을 잘 푼다든지 등

금융공학 업무는 투자은행 업무가 주를 이루고 있어 대외계약서, 해외 담당자와의 미팅이 많기 때문에 영어는 필수입니다. 또 금융 프로그래밍과 금융수학도 당연히 필수입니다.

4. 특별한 자격증이 필요할까요? 보험계리사 2차 과목에 금융공학 과목이 있던데 계리사와 금융공학이 특별한 연관성이 있나요?

계리사 부분의 금융공학 분야는 금융수학/파생상품 내용인데요. 관련성이 높긴 하지만 시험은 시험일 뿐 실무에 있어 특별한 연관성이 있다고 판단되진 않습니다. 금융권에서는 여전히 공인재무분석사(CFA)나 국제재무위험관리사(FRM) 같은 자격증을 인정해 주는 분위기입니다.

5. 금융공학이라는 분야의 일을 어떻게 수행하는지 궁금합니다. 연구논문을 보며 일을 하는지, 기관의 의뢰를 받아서 일을 하는지, 법인에 들어간다든지, 보통 어느 곳을 가는지 궁금합니다.

전통적인 증권사나 은행의 퀀트(가격결정모형 구축/프로그래밍), 증권사 계량 리서치 등 분야가 넓어 정확한 답변을 하기 힘듭니다. 회사가 필요로 하는 업무에 대해 금융감독원 파생상품감독조사, 핀테크 시스템 구축 등 무슨 업무를 할 것인지에 따라 금융공학 업무가 정해진다고 보면 됩니다. 전에는 일반적인 파생상품 가격 결정과 리스크 관리 퀀트 업무가 주 업무였지만 앞서 이야기했듯이 4차 산업혁명 시대를 맞이해 금융 빅데이터 분석이나 로보어드바이저, 핀테크 업무 등으로 그 범위와 역할이 확대되고 있는 상황입니다.

금융기관이 원하는 퀀트의 자질 - 열정, 지식, 경험

금융기관이 원하는 퀀트의 자질은 '열정, 지식, 경험'이다. 물론 이는 퀀트 뿐만 아니라 다른 금융 분야나 모든 직업에서 필요한 요소들이다. 지식에는 앞서 이야기한 프로그래밍, 금융수학, 금융상품 지식이 필요하고, 적절한 관련 학위도 필요하다. 하지만 학사, 석사로도 지원할 수 있는 퀀트 잡job도 존재하므로 박사학위 소지자만 지원할 필요는 없다. 다만 석·박사를 우대한다고 공지가 돼 있다면 지원자 중 석·박사가 합격할 가능성이 높다(최근에는 금융공학과 금융수학 학부생의 금융권 진출이 크게 증가했다). 무엇보다도 채용담당자는 채용 분야에 대한 응시자의 문제해결능력이나 실무 적응 가능성을 보고 채용을 고려하게 된다. 비교적 채용 지원서만으로 채용이 어느 정도는 판가름나지만 지원서의 내용에 과장이 없는지 확인 절차가 필요하므로 면접을 통해 해당 지원자의 경험과 지식, 커뮤니케이션 능력, 태도 등을 보게 된다.[12]

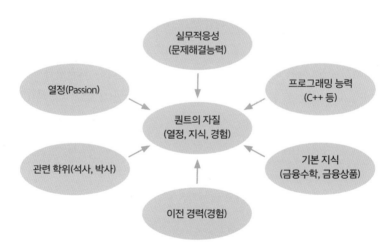

그림 1-9 금융기관이 원하는 퀀트의 자질 – 열정, 지식, 경험

---

12 퀀트 면접 파트는 이 책의 마지막 장인 '마치며 – 경력과 취업을 위한 퀀트 가이드'에서 한국투자증권 투자공학부 박창래 퀀트 팀장이 제공한 '금융공학 퀀트 면접 질문'을 참조하라.

좋은 퀀트가 되는 가장 빠른 길

금융공학 퀀트가 되는 빠른 길로는 채권평가사(금융자산평가사)로서의 취업을 꼽을 수 있다. 현재 증권사 및 은행의 퀀트 중 채권평가사 출신의 퀀트들이 많다. 저자가 근무하고 있는 금융자산평가사인 NICE P&I에는 금융공학연구소, 평가본부, 정보사업본부가 있다. 금융공학연구소에는 모형 팀이, 평가본부에는 구조화파생평가 팀, 스왑평가 팀, 주식파생평가 팀, 메자닌평가 팀이 있다. 채권평가 팀들도 존재하나 앞서 열거한 팀들은 모두 파생상품과 관련돼 있는 팀들이며 실제 시장에서 관찰되는 금융변수파라미터와 모형을 통해 파생상품 및 금융공학 평가를 한다는 점에서 퀀트 업무를 경험할 수 있는 가장 좋은 job이라고 할 수 있다. 현재 금융자산을 평가하는 자산평가사로는 총 5개의 평가사(NICE P&I, 한국자산평가, KIS채권평가, FN자산평가, EG)가 있으며, 여기서 2~3년 정도 훈련받은 경력 직원들이 각기 증권사, 은행, 운용사, 보험사, 연(기)금 등으로 이직을 하고 있다.

곧바로 증권사 및 은행 퀀트로 취업할 수 있는 경우는 드물다. 금융기관은 몇 년간 훈련받은 직원들을 뽑아 안정적으로 운영하려는 경향이 있다. 따라서 앞으로도 퀀트 잡Quant Job을 구할 수 있는 지름길은 채권평가사를 통한 이직이라고 할 수 있다. 실제로 많은 직원들이 경력을 쌓은 다음 이직을 하고 있으며 이에 대해 회사 측에서도 이직한 직원들이 향후 고객이 돼 도움을 받을 수 있다고 생각해 이직을 부정적으로만 보지 않는다.

금융공학 퀀트의 시대는 끝나가고 있는가?

"이제 금융공학은 블랙-숄즈 프레임워크에서 벗어나야 한다."

이 말은 한국금융공학회 산학협력위원회 모임에서 늘 나오는 말 중 하나이다. 피셔 블랙과 마이런 숄즈가 1973년에 개발한 옵션가격결정모형 덕분에 실제로 옵션산업이 꽃을 피울 수 있었고, 수학만 잘하면 이과 출신의

석·박사 전공자들도 금융권에 들어와 퀀트로 활발히 활동할 수 있는 계기가 됐다. 2008년 리먼 금융위기 전까지 신자유주의 물결의 여파에 따라 파생상품의 성장세가 가속됐고, 금융공학 구조화상품이 은행과 증권사를 위주로 활발히 거래됐다. 본질적으로 달라진 것은 없으나 금융공학 퀀트는 이제 다양한 형태의 퀀트로 탈바꿈하면서 새로운 유형과 유행을 만들어가고 있다.

[금융공학 커리어] 금융공학 퀀트 직무와 취업 Tip

주요 취업 분야와 관련 업무

구분	금융공학 관련 업무
증권회사	금융공학 팀, 리스크 관리 팀 등
은행	금융공학 팀, 리스크 관리 팀 등
감독기관	금융권 검사역, 조사역
금융공기업	파생상품 및 규제 관련(TR, IM 등)
컨설팅회사	규제 및 금융 데이터 관련(마이데이터 등)

직무 관련 필요사항

구분	주요 사항
학위	학사, 석사, 박사
포트폴리오	프로젝트(금융상품 평가, ELS 가격 결정 등)
자격증	금융자격증(CFA, FRM 등)
추천사항	인턴, 동아리, 학회, 수업 및 개인 프로젝트

금융공학 퀀트 직무와 취업에 대해 간단히 서술하고자 한다. 퀀트 커리어에 대한 자세한 내용은 '마치며 - 경력과 취업을 위한 퀀트 가이드'에서 자세하게 다룬다. 기본적으로 과거에도 현재에도 금융공학 퀀트의 주요 수요자는 은행 및 증권사의 프론트와 미들 오피스이다. 증권사의 퀀트 잡Quant Job이 활성화된 시기는 2003년 장외파생 겸영인가를 받는 증권사가 생겨나면서부터이다. 대략 2005~2010년이 금융공학 퀀트 잡 활황기였다. 기본적인 원금보장형 상품에 이어 원금비보장형 주가연계증권이 발행되고 현재도 주력 상품으로 자리잡은 스텝다운 주가연계증권ELS이 발행돼 자체헤지를 시도하는 증권사가 많이 생겨나면서 퀀트들의 수요가 증폭됐다. 과거와 같이 폭발적인 수요는 없지만 지금도 기본적인 스텝다운 상품과 그 변형상품들이 계속 나오면서 기존 모형을 유지보수하거나 신상품 개발을 위해 퀀트에 대한 수요가 꾸준한 편이다. 이와는 다르게 은행은 금리와 외환 구조화상품의 유지보수를 위한 퀀트 수요가 계속되고 있다. 따라서 금융공학 퀀트 잡Quant Job을 구하려면 이런 상품에 대한 모델링을 자유자재로 할 수 있어야 한다. 기존 국내에서 유행한 상품에 대한 모델링과 더불어 최근에 인기 있는 상품에 대해서도 모델링을 해보는 것이 필요하다.

증권사는 주가연계증권 모델링에 대한 시뮬레이션 및 유한차분법 관련 인터뷰 질의가 주를 이뤘고, 은행은 금리 구조화 모델링, 특히 헐 앤 화이트 Hull and White 2요인 모형2 Factor Model에 대한 질의 등 실제 모델링에 대한 인터뷰가 주를 이루고 있다. 따라서 이런 모델링에 대해 개인적인 프로젝트를 진행하고 그 결과물을 깃허브GitHub 등의 웹 저장소에 올려 사람들에게 홍보하는 방법도 널리 활용할 수 있는 취업전략이다(당연한 이야기이지만 공개할 필요가 없는 코드는 자신만의 무기로 감춰둬야 한다). 감독기관은 장외파생상품 등에 대한 감독수요가 높아 검사역 및 조사역으로 금융기관의 여러 규제 활동을 할 인력수요가 높다. 또 2008년 금융위기 이후 2010년 G20 재무장관회의에서 합의한 장외파생상품 규제를 위해 중앙청산소CCP,

법인식별번호LEI, 거래정보저장소TR 등 새로운 규제에 대한 수요가 증가했으므로 한국거래소, 한국예탁원 등의 기관에서 장외파생상품 전문인력에 대한 수요도 늘고 있다. 회계법인 관련 컨설팅회사에서도 IFRS 9, IFRS 17 회계 관련 인력, 보험사 신지급여력제도(K-ICS)와 같은 컨설팅 수요, 마이데이터 등 데이터 비즈니스와 관련된 전문인력의 수요가 늘어나고 있는 추세이다. 앞서 이야기했듯이 기존 자료를 토대로 자기만의 모델링 프로젝트를 진행해 많은 사람들에게 검증받는 방법이 가장 좋으며, 인턴뿐만 아니라 학교에서는 동아리, 학회를 통해 관련 프로젝트를 수행하거나 정보를 수집하는 것도 금융기관에서 인정해 주므로 널리 추천하는 사항이다.

더 알아보기

[금융공학 컨설턴트(aka. 퀀트 데이터애널리스트)]

앞서 설명한 컨설팅 업무와 관련된 퀀트 데이터 과학을 살펴보기로 하자. 금융공학 컨설팅이라고 부를 수 있는 직무는 다양하게 존재한다. 대형 회계법인에 소속된 컨설팅 펌(딜로이트, PWC, 어니스트앤영, KPMG)과 대기업 SI업체(삼성 SDS, LG CNS, SK C&C), 중형 SI업체 등 다양한 컨설팅 펌이 자리매김하고 있다. 금융 컨설팅 직무와 필요한 능력 및 성향에 대해 알아보자.

금융공학 컨설팅을 위한 직무

금융 데이터 컨설턴트의 직무는 자산운용 지원을 위한 컨설팅[13], 금융 및 경영 솔루션 제공을 위한 컨설팅, 금융규제 관련 리스크 관리 컨설팅 등 다양하게 존재하고 있다. 시스템 개발이 이뤄지는 경우에는 개발을 위해 필요한 요건을 해당기간 내에 완성해 줘야 하며, 시스템 개발이 이뤄지지 않는 경우에는 단독으

---

13 금융자산 컨설팅과 관련해 한양대학교 김명직 교수의 KOCW 온라인 강좌가 있어 소개한다. 전략적 자산 배분 및 전술적 자산배분, 투자 프로세스(이론적 주식/채권가격결정모형 구현), 전문적인 의사소통과 관련된 다양한 이슈를 다룬다. 재무금융컨설팅 https://bit.ly/33KQxHq

로 컨설팅 업무만 수행한다. (※개발자와 협업해야 하므로 『개발자로 살아남기』(골든래빗, 2022) 책을 추천한다.)

업무에 필요한 능력

금융규제와 비즈니스 애널리틱스(IFRS 17, IFRS 9, K-ICS(신지급여력비율제도), AML(자금세탁방지), FDS(이상금융거래탐지 시스템), CRM(고객관계관리) 등에 관련된 제도에 대한 숙지, 컨설팅 금융업권에 속하는 금융상품, 수리, 통계와 관련된 데이터 처리능력(프로그래밍, 통계패키지, SQL)과 데이터 분석능력이 요구된다.

취업 준비생에게 하는 조언

금융공학 컨설턴트라 불릴 수 있는 퀀트 데이터애널리스트(분석가)는 수요가 계속 증가해 금융공학 취업 분야에 있어 중요한 자리매김을 할 수 있으리라 생각된다. 처음부터 대형 컨설팅 펌에 취업하기는 쉽지 않으므로 금융과 관련된 SI컨설팅 업체, 금융자산평가사의 금융공학 컨설팅 부서에서 경력을 쌓은 후 대형 컨설팅 펌과 SI업체로 이직하는 것이 좋다고 생각된다. 실제 금융자산평가사 인력의 대형 컨설팅 펌 이직이 상당히 늘어나고 있는 추세이다.

더 알아보기

[리스크 퀀트(aka. 모형 검증 퀀트)]

리스크 퀀트는 국내 증권사 장외파생상품 겸영인가가 생겨난 2003년부터 각광을 받았다. 은행의 경우는 일찍이 외환 및 금리 파생상품에 대한 모델링과 검증을 위해 존재하고 있었으나 증권사의 경우는 2000년 초반부터 생겨난 직종이다. 저자도 리딩투자증권 옵션딜러로 활동하던 중 옵션딜러로서의 중압감으로 한국투자증권 리스크 관리부에 지원했다. 당시(2004년)는 한국투자증권으로 합병되기 전이라 동원증권 투자공학부에서 주가연계증권(ELS) 자체 헤지를 위한 프론트 퀀트를 고용했고 그것에 대응하려면 리스크 관리부에 리스크 퀀트가 필요했다. 한국투자증권 리스크 관리부에서 몇 년간 근무하므로 한화투자증권 금융공학 팀, OTC파생 팀으로 이직하는 계기가 됐다. 지금은 모든 회사가 장외파생상품 전용 프론트 시스템과 리스크 시스템을 구비하고 있으나 당시만 하더라도 프론트에 적절한 시스템이 존재하지 않았고(블룸버그나 엑셀로 만든 장외파생 시스템) 리스크 관리 팀에서는 VaR로 유명한 리스크메트릭스사에서 만든 리스크매니저(RiskManager™)로 리스크를 측정하고 있었다. 리스크매니저 시스템도 기본적인 베리어옵션과 같은 일반적인 이색옵션만 지원되던 시절이라 ELS와 같은 상품들을 엑셀(VBA 또는 DLL 활용)로 계산할 수밖에 없었다. 지금은 스텝다운 주가연계증권을 비롯해 복잡한 유형의 ELS도 시스템으로 지원하는 것과 대비된다고 할 수 있다.

리스크 퀀트 주요 업무

프론트 퀀트가 계산한 모델의 가격과 민감도가 정확하게 계산돼 있는지를 검증하고, 각 상품의 위험값, 핀 리스크(Pin Risk) 등의 헤지 문제 등 다양한 리스크에 대해 리포팅하는 업무를 담당하게 된다. 현업에서 유한차분법으로 ELS 옵션의 가격과 민감도를 구했다면, 리스크부서에서는 몬테카를로 시뮬레이션으로 가격과 민감도 값이 동일하거나 유사하게 나오는지 체크하게 된다. 그 외에도 전체 상품에 대한 스트레스 테스팅이나 역스트레스 테스팅 등 리스크 관리 지원업무를 맡는다.

업무에 필요한 능력

리스크 퀀트는 현재도 증권사 및 은행에서 기존 상품의 유지보수를 위해 지속적으로 필요로 한다. 리스크 퀀트는 교과서적인 상품의 모델링뿐만 아니라 시중에서 발행되고 있는 주가, 환율, 금리, 신용 구조화상품에 대한 모델링이 가능해야 한다. 따라서 리스크 퀀트로 취업 후에 프론트 퀀트로 넘어가는 것이 자연스러운 현상이 되고 있다.

KOCW(www.kocw.net)

KOCW는 Korea Open Course Ware의 약자로 2007년부터 온라인 대학 강의로 한국교육학술정보원에서 운영하는 한국형 OCW이다. 국내외 대학 및 기관에서 자발적으로 공개한 동영상, 강의자료를 무료로 제공하며 아이디와 패스워드 없이 언제 어디서나 접속이 가능하다. 금융공학, 파생상품과 관련해 해당 검색어로 찾아보면 많은 강연들을 만날 수 있다. 예를 들어 파생상품이라는 검색어로 동영상 강의를 찾아보면 추천강의가 9개, 대학 강의가 33개, 특강이 6개 등 총 57개의 강좌가 제공된다. 물론 최근의 관심사인 인공지능, 머신러닝, 딥러닝, 블록체인 강연도 좋은 강연들이 많으므로 해당 검색어로 꼭 찾아보길 바란다.

그림 1-10 KOCW.NET에서 '파생상품' 검색어로 관련 강의를 찾아본 화면

유튜브(YouTube)

유튜브로도 금융공학과 금융수학에 대한 양질의 콘텐츠를 제공해 주시는 교수님들이 계신다. 특히 많은 콘텐츠를 보유하고 있는 세 분 교수님의 유튜브를 소개한다. 세 분 교수님은 최신 주제까지도 접근하고 있어 시간 나는 대로 하나씩 강연을 들으면 학술적인 측면, 시사적인 측면 모두 학습이 가능하다. 필히 구독하자!

연세대 이승철 교수님	https://bit.ly/3m4xiOH	금융수학, 머신러닝
한양대 강형구 교수님	https://bit.ly/3zHEBAw	금융공학, 금융인공지능
연세대 김주철 교수님	https://bit.ly/2XTZTh4	금융공학, 머신러닝

퀀트들이 자주 가는 홈페이지/블로그

퀀트들이 자주 참조하는 홈페이지들이 많이 있다. 이러한 홈페이지의 블로그에서는 금융공학 또는 퀀트 투자에 관한 주제를 다룬다. 2장에서 다루는 퀀트 투자와 중복되는 부분이 있으나 개인적으로 많이 참조하는 사이드 중에서 퀀트스타트, 퀀틴스티, 퀀트앳리스크를 추천한다. 각각 금융공학, 알고리듬 트레이딩, 암호화폐 퀀트 투자에 관한 주제로 많은 정보를 제공하고 있다. 이외에도 구글 검색어 Quant Blog로 수많은 퀀트 관련 홈페이지를 찾아볼 수 있다.

퀀트스타트(Qauntstart)	https://quantstart.com/articles	퀀트 투자, 금융공학
퀀틴스티(Quantinsti)	https://blog.quantinsti.com	퀀트 투자, 금융공학
퀀트앳리스크(Quantatrisk)	https://quantatrisk.com/articles	퀀트 투자, 금융공학, 암호화폐

재미있는 금융공학 입문서

피터 번스타인의 저서 『투자 아이디어』(이손, 2006)와 그 개정판에 속하는 『투자 아이디어 에볼루션』(이손, 2009)은 금융 모형과 모형을 개발한 주역에 대한 일화를 재미있게 소개한 고전에 속하는 책이다. 현재 이 책은 한국어판 2권 모두 절판 상태이다. 대학도서관 등에서 찾아보라. 이와 유사한 책인 피터 번스타인의 『리스크』(한국경제신문사, 2008), 제임스 오언 웨더롤의 『돈의 물리학』(에프엔미디어, 2020)도 재미있게 읽을 수 있는 금융공학 및 리스크 관련 서적이다. 또 앞에서 이야기한 이매뉴얼 더먼의 자전적 이야기인 『퀀트』(승산, 2007)와 스캇 패터슨의 『퀀트』(다산북스, 2011)도 퀀트들의 활약상에 대해 알아볼 수 있는 좋은 책이다.

전통적인 금융공학 교과서

전통적인 교과서라 제목을 붙인 데서 예상할 수 있듯이 파생상품 및 금융공학 교과서로 가장 많이 사용하는 것은 존 헐[John C. Hull] 교수님의 『파생상품의 평가와 헷징전략』(퍼스트북, 2014)과 『선물 옵션투자의 이론과 전략』(퍼스트북, 2020)이다. 전자는 주로 학부용으로, 후자는 대학원생 교재로 많이 사용되고 있다. 개인적으로 면접에서 경상계열 학생들에게 파생상품을 배운 적이 있느냐는 질문과 더불어 존 헐 교수님의 책을 읽어 봤는지 잘 물어본다.

금융공학 모델링

금융공학 모델링은 어떤 언어(VBA, MATLAB, C++, R, 파이썬)로 모델을 구현하는지에 따라 다양한 책들이 발간됐다. 앞서 언급한 언어의 순서대로 국내에서는 책들이 많이 발간됐는데 2000년 초·중반에는 VBA를 이용한 금융공학 모델링이 인기를 끌었다. 『엑셀 VBA로 쉽게 배우는 금융공학 프로그래밍』(한빛미디어, 2009), 『엑셀 VBA를 이용한 금융공학 실습』(서울경제경영, 2008), 『엑셀 VBA를 이용한 금융공학』(경문사, 2004)이 그것이다. 이후 MATLAB 모델링으로 넘어가면서 『파생상품 모델링1: MATLAB 활용』(아진, 2008)과 『금융공학을 위한 수치분석 기초』(경문사, 2008)가 좋은 반응을 얻었다. 『파생상품 모델링1: MATLAB 활용』은 주가연계증권^{ELS} 모델링 등 실무적인 관점에서 서술돼 있어 실무자에게 인기가 많았다. 『수치분석 기초』는 이론적 관점에서 공부할 수 있어 좋으나 현재 절판됐다. 이후 C++로 모델링한 『파생상품 C++』(교우사, 2011), 『C++언어를 이용한 파생상품의 이해』(경문사, 2014)가 발간됐다. 현재 대중적인 인기를 끌고 있는 언어인 R과 파이썬^{Python}은 2장 퀀트 투자 모델링 및 트레이딩 분야와 상당 부분 중복되므로 2장의 추천도서로 다룬다.

금융공학 심화 및 금융수학 입문

금융공학 업무를 하게 되면 대부분 투자은행^{Investment Bank}이나 증권사에서 부수적으로 장외파생상품 계약서 업무를 하게 되므로 계약서 실무 관련 책자를 필히 읽어야 한다. 『장외 파생상품 계약 실무』(탐진, 2010), 『장외파생상품 거래계약 해설』(형설, 2014)과 더불어 금융투자교육원과 금융연수원의 ISDA Documentation 강의도 들으면 좋다. 좀 더 심화된 책들은 당연히 원서를 읽어야 하지만 국내에도 원서 수준의 책들이 나와 있다. 대표적으로 최병선 교수님의 『금융파생상품의 수리적 배경』(세경사, 2004)과 『계산재무론』(세경사, 2007)이다. 최병선 교수님의 저작물은 후학을 위해 온라인으로 공개돼 다운로드받을 수 있다.[14] 또 금융수학 입문서로는 김정훈 교수님의 『금융과 수학의 만남』(교우사, 2006), 『금융수학』(교우사, 2005)이 있으며, 이재성 교수님의 『금융수학 개론』(교문사, 2018)도 참조하면 좋다. 저자의 저서 『장외파생상품 실무입문』(서울경제경영, 2014)도 입문서로 참조하길 바란다.

14   서울대학교 경제학부 공개 저장소에서 다운로드가 가능하다. https://bit.ly/3FAMAmV

Chapter.2
퀀트 2.0, 퀀트 투자를 만나다

"당신의 기술이 무엇인지 파악하고 이를 시장에 적용해 보세요. 당신이 정말로 회계에 능숙하다면 가치투자자로 좋을 것입니다. 컴퓨터와 수학 분야에 강하다면 계량적 접근 방식을 사용하는 것이 좋습니다. 전문투자자가 되지 않으려 한다면 지수index에 투자하십시오."

— 에드워드 소프 Edward Thorp

선물회사의 시스템 트레이딩 이야기

퀀트 투자와 알고리듬 트레이딩이 성행하기 전까지는 시스템 트레이딩 System Trading 1 이라는 용어가 각광을 받았다. 인간의 감정이 개입되지 않고 처음 설정한 규칙 기반 트레이딩Rule-based Trading 이라는 점에서 퀀트 투자

---

1   시스템 트레이딩에 대한 개념적 이해를 위해 다음의 최신 서적을 참조하길 바란다. 2권의 책 모두 퀀트 투자의 기초가 되는 내용들을 잘 설명하고 있다. 첫 번째 책은 꼭 참조하길 바란다.
     - 『주식시장을 이긴 전략들』(박상우 저, 원, 2021)
     - 『쉽게 배우는 시스템 트레이딩』(이재헌 저, 한국경제신문, 2020)

와 알고리듬 트레이딩은 같은 개념이다. 다만 퀀트 투자와 알고리듬 트레이딩은 기술적 분석 위주의 매매전략인 시스템 트레이딩보다 펀더멘털 및 기술적 트레이딩 기반의 트레이딩, 딥러닝 기법까지 다양한 계량적 기법을 이용하는 넓은 개념이다. 선물회사는 국채선물, 원달러 선물이 주력으로 취급되는 금융상품인데 주로 거시경제에 베팅하는 매크로 분석과 기술적 분석에 따라 매매됐다. 저자도 지금은 하나은행으로 합병된 외환은행계열 외환선물(KEB Futures Co., Ltd.)에 처음 입사해 국제영업 팀, 시스템 트레이딩 팀, 투자공학 팀에서 근무했다. 2000년에는 대부분의 선물회사가 홈트레이딩 시스템HTS에 시스템 트레이딩을 탑재했는데 이때 시스템 트레이딩 팀에 근무하면서 로직 개발에 참여했다. 주로 기술적 지표 3가지(RSI, MACD, CCI 등) 정도를 혼합해 상품에 맞는 분봉(5분봉, 10분봉, 20분봉, 30분봉 등)을 과거 데이터로 백테스팅backtesting해 수익이 잘 나는 전략을 찾아내는 일이었다. 실제 추천해 준 전략은 상당히 인기가 있었고, 시스템 트레이딩을 위한 고객들이 많아졌다. 급기야 회사에서는 고객의 돈을 일임해 매매하기까지 했다.

실제 선물회사에서 고객자산의 일임매매는 불법이었고, 매매 후 고객에게 주문지를 작성해 받는 방법으로 불법을 회피했다. 아직도 증권사 영업점에서는 일임매매를 하고 매매 후 기록 유지를 위해 주문지에 고객의 서명sign을 사후에 받는 편법을 많이 사용한다. 이를 감사 팀에서 수시로 적발하고 있다. 초기에는 팀에서 만든 전략이 잘 먹혔다. 문제는 30분봉을 비롯한 시스템의 시그널이 나기 전에 다른 곳에서 주문을 먼저 내고 신호가 났을 때 매매를 하면 다른 곳에서 반대매매가 일어나 손실이 나게 됐다는 것이다. 이후 시그널의 신호 주기(20분봉, 25분봉 등)를 바꿔 봤으나 계속 손실이 나 고객의 돈을 운용하는 일을 포기하게 됐다(이후 시스템 트레이딩 팀은 해체됐다). 이런 기술적 분석 위주의 시스템 트레이딩이 이제는 펀더멘털 계량투자에 입각한 퀀트 투자(기술적 분석에 의한 시그널도 포함)로 진화했다. 또한 계량 모형과 더불어 딥러닝 및 머신러닝 기법을 포함한 다양한 컴퓨터 알고리듬에 의한 매매가 가능한 알고리듬 트레이딩으로 발전하게 됐다.

알고리듬 트레이딩, 퀀트 트레이딩, 자동 매매, 고빈도 매매(HFT)의 정의

알고리듬 트레이딩

거래 아이디어를 알고리듬을 통해 알고리듬 거래전략으로 바꾸는 것을 의미한다. 이렇게 생성된 알고리듬 거래전략은 실제 시장에서 좋은 수익을 낼 수 있는지 여부를 확인하려고 과거 데이터를 통해 검증하는 백테스팅을 수행한다. 알고리듬 트레이딩은 수동 또는 자동화된 방식으로 거래할 수 있다.

퀀트 트레이딩

알고리듬 거래전략을 만들고 실행을 위해 고급 수학과 통계 모델을 사용하는 것이 포함된다.

자동 매매

주문 생성, 실행 프로세스를 완전히 자동화하는 것을 의미한다.

거래전략

포지션의 보유 시간에 따라 저빈도, 중빈도, 고빈도 전략으로 분류할 수 있다. 고빈도 매매(HFT)는 일반적으로 1초 미만의 빠른 시간에 자동화된 방식으로 실행되는 알고리듬 전략이다. 이런 전략은 매우 짧은 시간 동안 거래포지션을 유지하며 매일 수백만 건의 거래를 실행해 거래당 아주 작은 이익을 얻으려는 목적으로 거래한다.

알고리듬 트레이딩

알고리듬 트레이딩Algorithmic Trading은 제임스 사이먼스의 르네상스 테크놀로지의 매매전략으로 유명해졌다. 거래주문을 수행할 때 진입시간과 가격결정 또는 특이한 형태의 거래주문을 컴퓨터 프로그램을 사용해 자동으로 수행하는 형식이다. 펀드 매니저, 기관투자자, 전문투자자 등은 이를 통해 큰 물량을 작게 잘라 주문처리함으로써 시장충격과 거래비용을 줄이고 안정적인 수익률이라는 목적을 달성할 수 있다. 알고리듬 트레이딩은 시장전략, 시장 간intermarket, 차익거래arbitrage 또는 추세추종매매 등으로 인간의 감정을 배제하고 매매의 진입과 청산을 기계적으로 수행하게 함으로써 시장 변화에 원칙적인 대응이 가능하고 비용 절감을 달성한다. 알고리듬 트레이딩은 기존의 시스템 트레이딩과 유사하지만 다른 점도 있다. 시스템 트레이딩이 거래시점 포착에 집중해 오히려 가격상승 시 매수함으로써 시장충격을 유발할 수 있으나 알고리듬 트레이딩은 매수량 조절과 같은 알고리듬을 추가함으로써 거래비용을 최소화할 수 있다. 즉 알고리듬 트레이딩은 지표를 통해 매매신호를 포착해 자동으로 주문하는 시스템 트레이딩 방식에 시장 환경에 따라 주문수량과 처리방식을 자동화한 주문관리 기능을 더해 수익률의 극대화를 노린 것으로 볼 수 있다. 이는 현재 주요 선진국에서 널리 보편화된 거래방식으로 최근 일부 국가의 거래소들은 자동화와 알고리듬 트레이딩 방식을 이용한 새로운 거래 시스템을 준비하고 있는 중이다.

그림 2-1은 알고리듬 트레이딩 시스템의 구성요소를 보여주고 있다. 외국의 알고리듬 트레이딩 서적에 많이 나오는 알고리듬 트레이딩을 위한 가장 유명하고 핵심적인 구성요소이므로 꼭 숙지하길 바란다. 알고리듬 트레이딩은 최첨단 '퀀트 리서치', 최첨단 '거래전략', 최첨단 '거래기술'의 강력한 조합을 통해 수익을 발생시킬 수 있다.

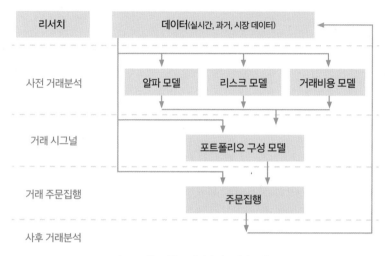

그림 2-1 알고리듬 트레이딩 시스템의 구성요소

알파 모델

알파 모델Alpha Model은 증권을 결정하는 전략을 사용한다. 기본적으로 2가지 유형의 알파 모델이 있다. 기본적 분석과 기술적 분석이다. 매우 간단한 예제 전략은 3 미만의 주가수익비율PER 또는 가격이 20일 이동 평균가격 이상인 주식을 거래하는 것을 말할 수 있다.

리스크 모델

리스크 모델Risk Model은 알파 모델의 위험 노출을 선택하고 크기를 조정하는 것이다. 앞서 언급한 알파 모델이 매수할 주식을 하나만 찾는다고 가정하면 모든 계란을 한 바구니에 넣는 것이 옳은 것인가? 아마도 아닐 것이다. 또는 발견된 대부분의 주식이 동일한 산업에서 나온다고 가정해 보자. 모든 것을 하나의 산업에 투자하는 것이 현명한 것인가? 밀레니엄 초반의 IT 산업에 대해 생각해 보면 그 질문에 대한 답을 얻을 수 있다. 리스크 모델은 무엇보다 전체 포트폴리오에 대한 상대적 주식포지션 크기와 단일 산업에 대한 노출을 제한할 수 있다.

거래비용 모델

거래비용 모델Transaction Cost Model은 3가지 주요 영역으로 구성된다. 수수료, 슬리피지slippage, 시장충격이다. 일반적으로 수수료는 다소 분명하지만 슬리피지와 시장충격에 대한 설명은 필요하다. 슬리피지는 거래가 시작된 순간부터 실제로 체결될 때까지 주식가격이 변화된 경우(내가 주문한 가격과 실제 체결된 가격의 차이)이다. 슬리피지는 음수 또는 양수가 될 수 있다. 시장충격은 거래가 주식가격에 미칠 수 있는 영향을 나타낸다. 비유동성 주식이나 소형주를 거래한 사람은 사소한 주문조치도 가격에 상당한 영향을 미칠 수 있다.

포트폴리오 구성 모델

알파·리스크·거래비용 모델을 결합해 대상 포트폴리오를 결정한다. 기존 포트폴리오와 목표 포트폴리오 사이의 차이는 무엇을, 얼마나 거래해야 하는지이다. 포트폴리오 구성 모델Portfolio Construction Model이 블랙박스의 가장 중요하고 핵심적인 부분이다. 적절한 전략이 없으면 블랙박스의 다른 부분은 의미가 없으며 비즈니스 가치가 없다.

주문집행

주문집행, 즉 거래실행은 계획된 거래가 시장에서 수행되는 것을 의미한다. 최적의 가격으로 주문을 이행하는 것이다. 시간우선의 시장(같은 가격일 경우 선착순으로 체결)에서는 속도가 유일하며 거기에 종종 주문크기와 같은 다른 요소가 작용한다. 그렇기 때문에 다양한 시장규칙을 최대한 활용하려고 스마트 알고리듬을 사용한다.

퀀트 투자란 무엇이고, 왜 퀀트 투자를 하는가?

대부분의 퀀트 매니저들은 수학적 알고리듬을 사용해 다양한 주식의 가치평가에 대한 체계적인 평가를 수행한다. 퀀트 투자는 팩터 투자가 기본인데 이런 전략들은 투자자들이 일반적인 행동의 함정을 피할 수 있도록 하는 목표로 구축된다. 즉 투자 과정에서 감정적인 입력요소를 제거하려고 고안된 것이다. 반복이 가능한 프로세스를 활용해 반복적인 과거 패턴을 밝히는 객관적인 분석을 생성함으로써 투자 결정을 개선할 수 있다. 일부 사람들은 퀀트 전략이 역사적 자료, 즉 과거 자료에 너무 많이 의존하고 있다고 생각한다. 그러나 신중한 연구와 통계적 방법을 활용하면 많은 잠재적인 약점을 보완할 수 있다.

표 2-1 퀀트 전략과 펀더멘털 · 정성적 전략의 비교

퀀트 전략(계량분석 포함)	펀더멘털 · 정성적 전략
특정 요인을 바탕으로 체계적인 수학 알고리듬을 채택해 정서적 입력을 제거하도록 구축됨	애널리스트의 기본적인 주식 특성을 조사 분석해 이를 기반으로 투자전략 구축
잠재적 수익을 식별하는 연구된 아이디어에 대한 확신에서 도출된 성과	투자관리자의 차별화된 의견과 특정 유가증권 보유자의 개별적 특징으로 도출된 성과
다양한 주식의 분석 폭이 확대됨	특정 증권에 대한 분석의 심도가 확대됨

보다 전통적인 능동적이고 근본적인 투자접근법은 일반적으로 상향식 분석과 회사이익 및 경제성장 예측을 기반으로 한다. 펀더멘털 분석은 경영의 질과 대차대조표와 같은 요소를 조사한다.

퀀트 투자 핵심 용어 정리

대부분의 퀀트 투자 모형은 투자전략이 서로 비슷해서 겹치기도 하고 고유한 특징을 가질 수도 있다. 다음은 중요한 핵심용어를 정리한 것이다.

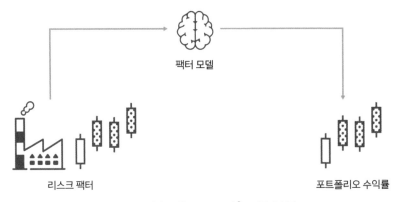

팩터 모델

리스크 팩터   포트폴리오 수익률

그림 2-2 팩터 모델(Fator Model)[2] – 직관적 설명

알파

알파alpha는 특정 벤치마크와 비교한 투자성과 척도이다. 벤치마크 지수에
대한 포트폴리오의 초과 수익률이 포트폴리오의 알파이다. 알파가 양수이
면 투자가 벤치마크를 능가한 것이고, 음수면 포트폴리오 실적이 저조한
것이다(간단하게 설명하면 초과 수익률이다).

베타

베타beta는 시장 전체와 비교해 증권 또는 포트폴리오의 변동성을 측정한
것이다. 일반적으로 베타가 1보다 크면 포트폴리오나 증권이 시장보다 변
동성이 크다는 것을 나타내고, 1보다 작으면 투자가 상대적으로 변동성이
적다는 것이다(간단하게 설명하면 시장 수익률이다).

백테스팅

백테스팅backtesting은 과거 데이터를 사용해 해당 전략의 효과를 테스트하
는 프로세스이다. 백테스팅 결과는 일반적으로 전략의 위험에 대한 수익을

---

2   팩터(factor)란 주식 수익률에 영향을 미치는 특성이나 요인을 의미하며, 팩터 모델은 '팩터'의 움직임을
     사용해 '포트폴리오 수익률'을 설명한다.

계량화하는 데 도움이 되는 샤프 비율, 소르티노 비율과 같은 지표를 통해 성능을 평가한다. 결과가 좋지 않으면 전략을 수정, 조정, 최적화해 원하는 결과를 얻을 수 있다.

최대 손실폭

최대 손실폭^{MDD} 또는 최대 낙폭은 포트폴리오 위험을 평가하는 주요 척도 중 하나이다. 거래 또는 투자기간에 개별투자상품 또는 포트폴리오의 가치는 여러 번 감소한다. 이런 가치감소를 손실폭이라고 한다. 손실폭 값의 최댓값은 포트폴리오가 발생할 수 있는 최대 손실폭의 추정치를 제공한다. 최대 손실폭은 포트폴리오의 최고점에서 최저점까지의 최대 손실을 정의한다.

연환산 수익률

연환산 수익률^{CAGR}은 연평균 성장률로 번역되기도 하는데 쉽게 말하면 연복리 수익률을 뜻한다. 연환산 수익률은 투자한 이후 가장 최근 시점까지 최대 누적된 수익률을 연 단위로 파악하기 위한 것으로 일반적인 투자뿐만 아니라 퀀트 투자에서 널리 이용한다.

샤프 비율

성과지표로 널리 사용되는 샤프 비율$^{Sharp\ Ratio}$은 투자자산 또는 거래전략의 표준편차 단위당 초과수익을 측정한다. 샤프 비율이 높을수록 위험 단위당 더 많은 수익을 얻는다. 따라서 투자자가 추가수익을 얻으려면 더 많은 위험을 감수해야 한다. 예를 들어 포트폴리오의 연간 수익률이 12%라고 가정해 보자. 무위험이자율이 7%이고 포트폴리오의 표준편차가 8%인 경우 샤프 비율은 다음과 같다.

$$샤프\ 비율 = (12\% - 7\%) / 8\% = 0.625$$

통계적 차익거래

통계적 차익거래는 액티브 퀀트 거래전략 중 하나로 유가증권 간의 관계를 바탕으로 잘못된 가격을 찾는 평균회귀 방식을 이용한 것이다. 가격이 정상으로 돌아오면 이익을 얻으려고 관련 주식을 매도한다. 통계적 차익거래는 재무비율을 사용해 고가의 자산을 식별한다.

스마트 베타 전략

스마트 베타 전략은 ETF 및 뮤추얼 펀드와 같은 패시브 투자수단을 체계적으로 관리하는 데 이용된다. 주식에 가중치를 부여할 때 시가총액을 사용하는 대신 포트폴리오의 위험조정 수익률 개선을 위해 다른 요소를 사용할 수 있다.

팩터 투자

팩터 투자Factor Investing 모형은 역사적으로 성과가 좋은 하나 이상의 특성을 공유하는 주식을 선택하는 데 사용된다. 팩터란 꾸준히 시장대비 초과 수익률을 낼 수 있는 요인을 말한다. 일반적인 요인에는 가치, 모멘텀, 시가총액, 성장이 포함된다. 보다 구체적인 요인에는 주가수익비율PER, 잉여현금흐름Free Cash Flow, 자본 수익률과 같은 비율이 포함된다. 퀀트 투자 팩터 모형은 일반적으로 각 메트릭스를 다양한 메트릭으로 스코어링한 다음 주식순위를 매기는 데 사용되는 총 스코어를 계산한다. 팩터 투자는 다음 절에서 살펴보기로 한다.

이벤트 중심 차익거래

이벤트 중심 차익거래는 일반적으로 이벤트 전후에 발생하는 가격 패턴을 이용한다. 이벤트에는 수익 발표, 경제 데이터 발표, 기업활동과 규제변경이 포함된다. 주식의 가격 움직임이 전형적인 패턴을 따르는 경우 유가증권을 사고파는 방식을 연구함으로써 수익을 창출한다.

글로벌 매크로 전략

글로벌 매크로 전략은 세계 각국의 거시경제 상황을 분석해 수익기회가 발생하면 주식, 채권, 외환, 상품시장 등에 미치는 영향을 예측해 수익을 올리는 매매기법이다. 소로스펀드가 글로벌 매크로 헤지펀드로 유명하다.

리스크 패리티

리스크 패리티Risk Parity 전략은 개별 유형의 자산이 서로 다른 유형의 환경에서 어떻게 행동하는지에 따라 자산군 전체의 포트폴리오 위험 균형을 유지한다. 한 자산군의 변동성과 손실은 항상 다른 자산군에 의해 상쇄될 것이라는 아이디어에서 착안한 것이다. 이 접근방법은 시간이 지남에 따라 더 나은 위험조정 수익을 창출할 수 있다.

퀸트가치펀드

퀸트가치펀드는 체계적인 접근 방식을 사용해 각 회사의 손익계산서 및 대차대조표가 핵심으로 사용된다. 이런 자료를 토대로 집계된 점수가 계산돼 주식매매를 위한 순위가 결정되는 것이다. 이와 같은 체계적인 가치투자접근법은 매우 효과적이나 투자에 장기적인 시간이 필요하다.

인공지능 및 빅데이터 기반 전략

이 전략은 최신 유형의 퀸트 전략이다. 최근까지 자산운용업에서 사용되지 않은 기술과 데이터를 사용해 새로운 알파를 찾으려는 시도를 하고 있다.

퀸트 투자의 간략한 역사

퀸트 투자의 시작은 1950년대로 거슬러 올라간다. 해리 마코위츠가 포트폴리오 이론으로 증권의 위험과 수익을 연결시킨 연구가 그 태동이라 할수 있다. 마코위츠의 연구결과에 따라 윌리엄 샤프, 잭 트레이너, 존 린트너, 모신은 개별증권에 대해 베타beta로 측정된 기대 수익률과 증권 위험

간의 관계를 입증하는 이론을 개발했다. 이것이 잘 알려진 자본자산 가격 결정모형CAPM이다. 기업규모, 가치, 모멘텀이 금융 분야 학계에서 인기를 끌면서 이상 징후들 중 많은 것들이 오늘날 흔히 사용되는 팩터에 대한 전조가 됐다. 팩터 투자는 파마와 프렌치가 3팩터 모형을 발견한 것이 토대가 돼 1990년대 후반과 2000년대 초반에 인기를 끌었다. 이 새로운 모형은 그 뒤에 나온 퀀트 연구의 많은 기준이 됐다. 네 번째 주요 요인인 모멘텀을 추가한 것은 1990년대 후반 카하르트Carhart에 의해 도입됐는데 그 결과 4팩터 모형이 됐다. 행동 금융의 아버지로 알려진 본트와 탈러의 연구는 주식시장이 예상치 못한 뉴스에 과민반응하는 경향이 있다는 것을 알아냈다. 따라서 모멘텀이 생기는 것은 투자심리의 표현으로 특징짓는 경우가 많다. 이후로 추가적인 팩터들이 도입됐고 더 나은 팩터를 찾는 것이 많은 퀀트 분야 학자들과 실무자들의 관심이 되고 있다.

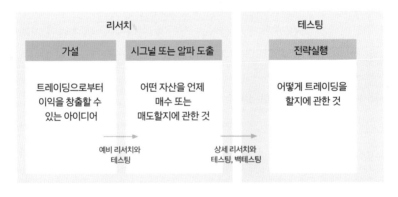

퀀트 투자 워크플로(Work Flow)

그림 2-3 퀀트 투자의 일반적인 절차

퀀트 투자 전략은 어떻게 구현하는가?

퀀트 투자 전략을 구현하는 단계에 대해 알아보자. 기본적으로 좋은 가설을 만들어야 좋은 퀀트 투자 시스템을 만들 수 있다. 그림 2-3에서와 같이 가설은 트레이딩에서 수익을 얻을 수 있는 아이디어를 말한다. 가설, 즉 아이디어는 여러 단계의 엄격한 테스트를 거친다. 좋은 가설을 설정하려면 뉴스, 책, 블로그, 기존의 전략, 컨퍼런스, 학술연구 등을 참조해 진행해야 한다. 가설을 세우고 나면 리서치 단계가 이어진다. 리서치 단계에서 이익이 나는 수익을 얻으려면 어떤 자산을, 언제 포지션을 취할지를 결정한다. 이 단계 후에는 얼마나 많은 돈을 투자할지, 어떤 조건에서 포지션을 청산하고 잠재된 위험이 있는지를 결정한다. 이를 백테스팅^{backtesting}이라고 한다. 백테스팅은 과거 데이터를 사용해 트레이딩 환경하에서 발생할 수 있는 것들을 시뮬레이션^{simulation}해 봄으로써 실제 수익이 발생할 수 있는지를 확인해 보는 것이다. 실제 연구논문도 이런 가설을 제기하고 가설을 테스팅(검증)해 보는 절차로 이뤄진다.

저자가 증권사 파생상품운용 팀 선물옵션 딜러로 활동하던 시절 이런 방식(아이디어 개발과 실제 매매 적용)으로 본인만의 아이디어를 데이터로 적용해 보고 큰 수익이 날 전략을 찾던 지인이 있었다. 좋은 전략을 찾았다고 자주 이야기했지만 이런 전략을 실제 매매에 이용해 진행하다 대개 일주일 정도 지나면 전략이 먹히지 않는다고 어려움을 호소하곤 했다. 이렇게 아이디어를 통해 검증 과정을 거쳤음에도 실제 매매에서 지속적인 수익을 발생시키지 못하는 이유는 다음과 같다. 백테스팅 과정에서 전략이 과거 데이터에 너무 과적합됐거나 혹은 다른 변수를 고려하지 못했거나 데이터가 너무 짧거나 해서 지속적인 수익을 내지 못한 것이다. 자산운용사의 퀀트운용본부도 이런 과정(가설 설정 → 시그널 또는 알파 도출 → 백테스팅 검증 → 전략실행)을 통해 전략을 도출해 새로운 퀀트펀드를 출시하게 된다. (이런 과정을 혹자는 '가설매매'라고도 부른다.) 물론 가설 설정과 시그널 또는 알파 도출 사이에는 '예비 리서치와 테스팅', 시그널 또는 알파 도출과 전략 실행 사이에는 '더 상세한 리서치와 백테스팅'이 요구된다는 점을 주목할 필요가 있다.

상세한 퀀트 투자 전략 구현

앞의 내용을 토대로 퀀트 투자에 대해 좀 더 자세히 살펴보기로 하자. 모든 퀀트 투자는 실증분석을 히는 논문 작성과 같이 가설(아이디어)이 있고 그 가설의 테스트를 위해 데이터를 통해 모형을 구축한 후 테스트해 의미 있는 결과를 도출하게 된다는 것을 살펴봤다. 최근에는 이런 가설-분석절차(귀납법적 접근)보다 빅데이터를 이용해 데이터에 내재된 패턴 또는 상관관계를 알고리듬으로 분석(연역법적 접근)하는 방식으로 진행되고 있다.

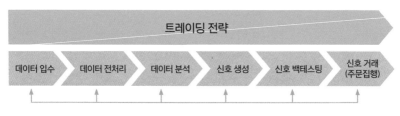

그림 2-4 알고리듬 트레이딩을 위한 세부절차 – 6단계

- 데이터 입수
- 데이터 전처리
- 데이터 분석
- 신호 생성
- 신호 백테스팅
- 신호 거래(주문집행)

일반적으로 습득이 가능한 데이터의 정제에서 표준적인 데이터셋을 구성하게 되며 투자대상이 되는 유니버스를 적정한 룰에 따라 스크리닝하게 된다. 이후 팩터 가중치와 점수화를 통해 모형(알고리듬)을 구축하고 시뮬레이션과 백테스팅 절차를 통해 의미 있는 결과를 도출하며 의미 있는 데이터의 상호 연관관계를 탐험하는 단계를 거친다.

더 알아보기

앞서 언급한 기본적인 알고리듬 트레이딩의 전반적인 내용(기본서)은『손에 잡히는 퀀트 투자 with 파이썬』(위키북스, 2022),『파이썬을 이용한 알고리즘 트레이딩』(한빛미디어, 2021),『실전 알고리즘 트레이딩 배우기』(에이콘, 2021)를 참조하라. 인공지능 트레이딩은 저자가 공역한『퀀트 투자를 위한 머신러닝 · 딥러닝 알고리즘 트레이딩 2/e』(에이콘, 2021),『퀀트 전략을 위한 인공지능 트레이딩』(한빛미디어, 2020),『파이썬 증권 데이터 분석』(한빛미디어, 2021)을 참조하라. 실제로 기본 알고리듬 트레이딩과 인공지능 알고리듬 트레이딩 책 모두 파이썬 프로그래밍, 파이썬 데이터 분석에 대해 기본적인 소양을 갖고 시작하는 것이 바람직하다. 대부분의 퀀트 투자 책들이 중간까지 파이썬 기초문법, 넘파이, 판다스, 맷플롯립 등 파이썬 데이터 과학을 다룬다.

퀀트 트레이딩 전략의 트렌드[3]

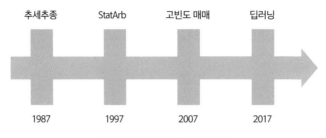

그림 2-5 트레이딩 전략의 트렌드

추세추종 전략[4]

추세추종 전략Trends Following은 기술적 지표와 관련된 이동평균선, 채널 돌파, 가격수준 변화에 대한 추세를 따르는 가장 보편적인 알고리듬 트레이딩 전략이다. 이 전략은 어떤 예측이나 가격에 대한 예상을 하지 않으므로 구현하기가 쉽다. 거래는 요구되는 추세의 출현에 기초해 일어나며 예측 분석의 복잡성 없이 알고리듬을 쉽게 구현할 수 있다. 추세추종의 간단한 예를 들면 20일 이동평균선Moving Average이 60일 이동평균선 위로 올라가면 100주를 매수하고, 20일 이동평균선이 60일 이동평균선 아래로 내려가면 100주를 매도한다. 여기서 이동평균선을 추세trend의 기준으로 삼았다. 다음에 소개되는 터틀과 같은 추세추종매매 전략을 핵심전략으로 매매하는 증권사 트레이더가 2000년 초에 있었는데 이 트레이더는 아침에 출근해서 선물매매 수량과 자동 손절매 주문을 걸어두고 골프를 치러 갔다고

---

3   라세 헤제 페데르센은 헤지펀드 운용전략에 관한 자신의 저서 『효율적으로 비효율적인 시장』(이현열 역, 워터베어프레스, 2021)의 계량적 주식투자를 설명하는 장에서 퀀트 투자의 3가지 유형으로 '펀더멘털 퀀트 투자', '통계적 차익거래 퀀트', '고빈도 매매 퀀트'로 유형을 분류하고 있다. 개인적으로 견해를 덧붙이자면 헤제 페데르센의 분류에 인공지능을 금융에 이용하는 퀀트인 'AI 퀀트(또는 머신러닝 퀀트)'까지 추가해 4가지 유형으로 퀀트를 분류하고 싶다.

4   추세추종은 대표적인 퀀트 전략이다. 모멘텀 전략(절대 모멘텀)이라고 할 수 있으며 제시 리버모어, 리처드 데니스 등 전설적인 트레이더들이 많이 사용하던 전략이다. 헤지펀드 AQR의 설립자인 클리프 애즈니스, 『듀얼 모멘텀』의 저자 게리 안토나치도 모멘텀 전략의 전문가이다. 모멘텀 전략과 관련해 체계적인 학습을 위해 『듀얼 모멘텀 투자 전략』(서태준, 강환국 옮김, 에프엔미디어, 2018)을 추천한다.

한다. 방향이 맞으면 수익이 나고 방향이 틀리면 특정손실만 나기 때문에 회사에 있을 필요가 없었기 때문이다. 이런 추세추종매매는 큰 추세가 나는 경우 추세가 없는 시점에서 난 손실을 만회할 수 있지만 큰 추세가 언제 발생할지 모르기 때문에 박스권 장세가 몇 년간 지속되면 추세추종 트레이더는 대부분 사라지고 만다.

더 알아보기

추세추종과 터틀 트레이더

1세대 알고리듬 트레이딩이라 할 수 있는 시스템 트레이딩의 기본 전략 중 하나는 추세추종 전략이었다. 추세추종 전략은 트레이딩 전략 중 가장 먼저 나왔는데, 관련해 잘 알려진 이야기는 '터틀 트레이딩'이다. 리처드 데니스(Richard Dennis)와 그의 파트너였던 윌리엄 에크하르트(William Eckhardt)는 실제 광고를 내서 일반인들 중에 실험에 참가할 트레이더를 모집했다. 그들은 1983년과 1984년 심리 및 성격 테스트만을 거친 후 13명의 제자들을 모집했는데 컴퓨터 프로그래머, 농부 등 다양한 직종에 종사하던 주식과는 거리가 먼 사람들이었다. 겨우 2주 동안 추세추종 전략만을 가르친 후 매매에 투입시켰다. 그 제자들을 터틀스(거북이들)라고 불렀다. 터틀(turtle)이라는 이름은 데니스가 거북이 농장을 방문했을 때 거북이를 키우는 방식을 보고 "트레이더도 거북이처럼 얼마든지 성장시킬 수 있겠다."고 해서 붙인 이름이다. 데니스의 투자지침을 따랐던 터틀들은 매매실적에 있어 대성공을 거뒀고(몇 년 만에 평균 1,874% 수익률을 올리며 3,000만 달러이던 자산을 5억 달러로 불린다.) 실험이 끝나고 나서도 그들은 터틀 트레이딩으로 성공적인 투자활동을 했다. 터틀 트레이더의 강점은 포지션 베팅금액과 위험관리이다. 거래할 금액을 결정할 때 시장의 변동성을 사용한다. 시장의 변동성이 클수록 거래당 베팅금액이 줄어든다. 또 위험을 다각화하려고 다양한 자산에 분산 거래한다. 성공한 내용은 『터틀 트레이딩』이라는 책으로 출판돼 많은 인기를 끌었다. 이들을 다룬 책은 『터틀 트레이딩』(이레미디어, 2019), 『터틀의 방식』(이레미디어, 2010)을 참조하라.

통계적 차익거래

앞서도 이야기했듯이 퀀트라고 말하면 대부분 투자은행이 속하는 셀 사이드 쪽의 퀀트 분야로 알고 있다. 그러나 헤지펀드를 위시한 바이 사이드 퀀트 분야가 금융 데이터의 패턴을 분석해 실제적인 매매로 수익을 발생시키는 통계적 차익거래StatArb, Statistical Arbitrage와 같은 분야를 다룬다. 제임스 사이먼스가 경영하는 르네상스 테크놀로지와 같은 헤지펀드는 수학적인 모형을 이용해 시장의 움직임을 컴퓨터로 프로그램화해 이를 근거로 매매에 이용하고 있다. 헤지펀드 분야에서 통계적 차익거래는 글로벌 매크로 전략, 전환사채 차익거래 등과 함께 사용되며, 줄여서 StatArb라고 한다. StatArb 전략을 단순하게 표현하자면 시장의 체계적인 위험수준을 제어한 상태에서 신뢰구간을 벗어나 고평가된 주식을 매도하고 저평가된 주식을 매수하는 페어트레이딩 전략Pairs Trading Strategy에서 진화했다고 볼 수 있다. 물론 페어트레이딩 전략이 주식만을 대상으로 하는 것이 아니라 베타에 노출된 특정 지역이나 섹터에 관련된 포트폴리오 구성을 통해서도 가능하다. 이런 차익거래가 가능한 이유는 각 상품가격이 시장충격에 대해 각기 다른 속도와 강도로 반응하지만 두 상품 간의 가격차이는 일정 수준의 균형상태를 만들어 가기 때문이다. 일반적으로 페어트레이딩의 가장 중요한 점은 매수나 매도할 자산들의 선택이며 이와 관련된 기준은 다음과 같다. 첫째, 펀더멘털 분석을 통해 같은 업종 내에 저평가되거나 성장가능성이 높은 자산을 매수하고 고평가되거나 성장성에 한계가 있는 자산을 매도하는 방법이다. 둘째, 과거 데이터를 통한 통계적 분석으로 두 자산의 괴리도가 크게 벌어졌을 경우 다시 수렴할 것으로 가정해 매매하는 방법이다. 펀더멘털 방법이 장기적인 방법이라면 통계적인 방법은 그에 비해 매우 단기적인 방법이라 할 수 있다. 물론 통계적 차익거래 전략이 페어트레이딩만을 의미하는 것은 아니다. 넓게 보자면 접근방법 면에서 베타 중립전략이며 실행을 위한 시그널 포착을 위해서는 통계적 또는 계량적인 접근방법을 이용하는 전략을 통칭해서 부르는 말이다. 통계적 차익거래는 1980년대 중반 미국에서 시작된 이래로 헤지펀드와 투자은행에서 실행하는 주요 시장중립 트레이딩 전략 중 하나로 자리매김했다. 이런 통계적 차익거래 전략이 증권사 프랍(자기매매) 팀에 존재했으나 실제 국내 주식을 이용한 페어 전략 구성 시 거래물량 등 유동성 측면에서 어려움을 많이 겪었고 매매에 따른 가정들과 다르게 주식이 움직이는 경우도 많아 실제로는 많은 수익을 발생하지 못한 것으로 알려져 있다. 하지만 통계적 차익거래는 금융시장뿐만 아니라 암호화폐시장의 비트코인이나 알트코인(이더리움, 에이다, 리플 등) 간의 거래에서도 많이 활용되고 있다.

> ## 더 알아보기
>
> ### 통계적 차익거래의 대표적 사례 - 페어트레이딩
>
> 페어트레이딩은 시장중립적인 거래전략으로 거의 모든 시장상황에서 이용이 가능하다. 이 전략은 역사적으로 상관관계가 있는 두 증권의 성과를 모니터링해 두 증권 간의 상관관계가 일시적으로 약화될 때, 즉 한 주식은 상승하고 다른 주식은 하락하는 경우 실적이 우수한 주식은 매도하고 실적이 저조한 주식은 매수해 둘 사이의 확산이 수렴되는 것에 베팅하는 전략이다. 페어트레이딩의 실행 시점은 일시적 공급과 수요의 변화, 한 회사에서의 중요한 뉴스보도에 따른 주식 반응 등에 의해 발생할 수 있다. 이런 매매 중 가장 잘 알려진 거래실패 사례는 LTCM이다. LTCM의 실패에 관한 것은 『천재들의 실패』라는 제목으로 번역된 책에서 주요한 내용을 찾아볼 수 있다.

고빈도 매매

고빈도 매매HFT, High Frequency Trading는 금융위기 이전 국내 증권사 프랍 팀에서 성행했으나 금융위기 이후 고빈도 관련 주문사고(KTB투자증권, 한맥투자증권 등), 고빈도 매매 규제에 따라 대부분의 고빈도 매매 팀과 고빈도 트레

이더가 사라지게 됐다. 이 부분에 대해서는 뒤에서 자세하게 다룬다.

머신러닝 · 딥러닝 거래

머신러닝 · 딥러닝 거래Machine & Deep Learning Trading에서 알고리듬은 통계적으로 특정 신뢰구간에서 매우 단기적인 가격 이동 범위를 예측하는 데 사용된다. 인공지능의 장점은 인간이 초기 소프트웨어를 개발하고 AI 자체가 모델을 개발해 시간이 지남에 따라 개선된다는 점이다. 많은 펀드는 데이터 과학자와 퀀트들이 만든 컴퓨터 모델에 의존하지만 대개는 한 번 만들어지면 고정되는 모델이다. 즉 시장의 움직임에 따라 달라지지 않는다. 반면에 머신러닝 기반 모델은 고속으로 대량의 데이터를 분석하고 분석을 통해 스스로 개선할 수 있다. 르네상스 테크놀로지(메달리온 펀드), 시타델, 디이쇼D. E. Shaw와 같은 헤지펀드는 거래를 위해 머신러닝 기술을 사용하고 있다고 알려져 있다. 그러나 이런 머신러닝 기법이 거래에 어느 정도 적용되는지, 펀드의 전반적인 성과에 머신러닝 전략이 어느 정도 사용되고 있는지 알려져 있지 않다. 알려진 사실로는 주문집행에 인공지능 기술(강화학습 포함)을 사용하고 있으며, 광범위한 투자전략에는 이용하지 않는다고 한다. 이는 딥러닝 등 설명이 가능하지 않은 부분이 있어서 성과나 손실 시 실패의 원인을 설명할 수 없기 때문인 것으로 보인다. 딥러닝의 성능은 높아졌지만 왜 그런 결과가 나왔는지 알 수 없다. 따라서 최근에는 '설명가능한 인공지능XAI, Explainable AI'5의 개발과 함께 투자전략에 활용도가 높아질 것으로 판단된다. 추가로 국내 머신러닝 · 딥러닝 운용의 적용과 관련된 이

---

5 설명가능한 인공지능(XAI, Explainable AI)은 인공지능이 연산한 결과는 설명할 수 있는 타당한 근거가 있어야 한다는 것이다. 머신러닝 기술 중 딥러닝은 입력변수와 출력변수의 관계에 있어 최적해를 찾아가는 과정이 블랙박스이므로 어떤 이유로 그런 결론에 이르게 됐는지 알 수 없다. 이런 이유로 국내 금융권에서도 설명가능한 인공지능(XAI)에 대한 연구가 산학협동으로 활발히 이뤄지고 있다. 예를 들어 신용등급이 기존 2등급인 고객이 인공지능을 통해 매긴 신용등급이 5등급이라면 이 5등급이 어떤 이유로 등급이 나오게 됐는지 의문을 품게 될 수밖에 없다. 참고할 만한 서적으로 『XAI 설명가능한 인공지능, 인공지능을 해부하다』(위키북스, 2020), 『핸즈온 파이썬을 이용한 설명가능한 AI(XAI)』(DK로드북스, 2022)를 참조하라.

야기를 해보자면 국내 H증권사 한 곳도 외국인 팀장이 이끄는 머신러닝·딥러닝 트레이딩 팀을 운영했다. 2년간의 로직 개발과 검증 과정을 거쳐 운영됐으나 이후 원하는 수준의 실적이 나지 않았고 현재 해당 팀은 해체됐다.

참고로 머신러닝과 딥러닝의 알고리듬 트레이딩 활용에 관해서는 저자가 공동 번역한『퀀트 투자를 위한 머신러닝·딥러닝 알고리듬 트레이딩 2/e』을 참조하라. 이 책은 머신러닝과 딥러닝 기술을 이용해 알고리듬 트레이딩의 아이디어에서 프로세스를 서술한 좋은 안내서라 할 수 있다. 전략 백테스팅, 오토인코더, 생성적 적대신경망[GAN], 이미지 형식으로 변환된 시계열에 합성곱신경망[CNN] 적용과 같은 최신 내용이 추가됐다. 또 세계적으로 저명한 AI 컨퍼런스인 NeurIPS에서 발표된 최신 금융 딥러닝 연구를 소개하고 있다. 금융 딥러닝에 대해서는 '3장. 퀀트 3.0, 인공지능을 만나다'에서 자세히 알아본다.

오늘날의 퀀트 투자 형태

현재 월가는 퀀트 투자를 대부분 수용했다. 퀀트 기법에는 뮤추얼펀드, 헤지펀드, ETF를 포함하는 대부분의 유형의 투자펀드를 관리하는 데 사용된다. 또 자산배분 및 위험관리, 포트폴리오를 고객의 요구에 맞추는 데도 사용된다.

퀀트 투자의 새로운 영역은 기술을 완전히 수용하는 전략을 만드는 것이다. 인공지능은 자산가격과 다른 데이터소스의 데이터 간 모호한 패턴을 찾는 데 이용된다. 빅데이터는 알파 생성 아이디어로 이어질 수 있는 새로운 데이터소스를 소싱 및 마이닝하는 데 사용된다. 사용자 생성 데이터는 자산가격에 매핑될 수 있는 투자심리를 측정하는 데 사용된다. 퀀토피안Quantopian 6 및 퀀들Quandl과 같은 퀀트 플랫폼은 소스 아이디어를 모으고 퀀트 분석가가 데이터를 협업하고 소싱할 수 있도록 사용되고 있다. 개별 투자자가 퇴직 또는 특정 이벤트를 위해 투자하거나 저축할 수 있도록 로보어드바이저에서도 계량적 모형을 사용해 자본을 할당하게 된다. 트레이더는 소셜 트레이딩 플랫폼을 통해 성과를 확인하고 개별투자자의 자금을 관리할 수 있다. 전통적인 투자자와 퀀트 투자자 간에 경쟁이 계속되면서 퀀트들은 효율적으로 시장에서 수익을 제공하려고 새로운 신호와 데이터 셋을 찾기 위한 끊임없는 도전을 이어가고 있다.

퀀트 투자의 미래

퀀트 투자는 몇 가지 다른 분야에서 발전을 지속하고 있다. 미래에는 이처럼 다른 기술과 플랫폼이 수렴될 것으로 생각된다. 새로운 투자상품 및 자산클래스(예: 암호화폐 및 토큰화된 유가증권)의 도입을 포함한 다른 영역에서의 개발이 새로운 기회를 창출할 것이다. 투자자들이 새로운 시장에 접근할 수 있기 때문에 시장의 지속적인 세계화는 미래에도 중요한 역할을 할 것이다. 가장 큰 기회는 이 책의 주요 주제인 인공지능과 빅데이터에 있다. 이런 기술을 사용하면 애널리스트와 투자자가 전통적으로 사용하지 않는 데이터와 주식가격 간의 관계를 찾을 수 있다. 차량, 인공위성, 소셜 미디어 콘텐츠, GPS 데이터는 모두 잠재적인 주요 수익원이다. 또 감성 데이터는 퀀트 투자의 중요성이 커지고 있는 요소이다.

---

6   퀀토피안은 미국의 대표적인 퀀트 투자 플랫폼이었으나 2020년 서비스를 종료했다. 기존 퀀트 투자 동영상 교육자료는 다른 사람이 백업해 제공하고 있으며 백테스팅 툴도 퀀토피안 홈페이지가 아닌 로컬로 사용할 수 있도록 제공하고 있다. 자세한 내용은 저자가 공역한 『퀀트 투자를 위한 머신러닝 · 딥러닝 알고리듬 트레이딩 2/e』을 참조하라.

표 2-2 퀀트 투자 3가지 주요 개념 정리 - 퀀트 투자, 팩터 투자, 스마트 베타

퀀트 투자	체계적인 방식으로 포트폴리오를 구축하는 데 계량적 데이터 분석 및 규칙 기반 증권 선택 모형을 사용하는 것으로 정의할 수 있다. 포트폴리오 관리자가 유의한 의사결정권자로 남아 있는 펀더멘털 투자와 달리 퀀트 전략은 모형을 증권선택의 주요 요인으로 사용한다.
팩터 투자	학술적으로 입증된 팩터 프리미엄을 활용하는 퀀트 투자의 한 형태이다. 이는 다양한 자산 클래스 내에서 그리고 여러 자산에 걸쳐 구현될 수 있다. 팩터(요인)는 장기적으로 증권의 수익과 위험을 설명하는 특정 증권과 관련된 속성을 나타낸다.
스마트 베타[7]	명시적으로 팩터(요인) 프리미엄을 목표로 하며 기존 시가 총액 가중치 지수(베타)의 대안을 나타낸다. 이론적으로 스마트 베타라는 용어는 모든 종류의 요인 기반 전략을 설명하는 데 사용될 수 있다. 그러나 공개적으로 사용이 가능한 '스마트 베타' 지수를 기반으로 일반적으로 ETF(상장거래펀드)를 통해 판매되는 일반적인 요인 전략과 관련이 높다.

인공지능과 빅데이터는 모두 감성과 예측력을 모델링하는 데 광범위하게 이용할 수 있다. 인공지능의 발전은 질적 요인을 모델링할 수 있게 해준다. 이를 통해 보다 주관적인 요소를 고려함으로써 계량적 자금관리와 기존의 적극적 자금관리 간의 격차를 해소할 수 있다. 결국 업계는 치열한 경쟁이 지속될 것이다. 새로운 퀀트 전략을 발전시키고 찾으려 노력하는 퀀트운용 회사만이 알파를 일관되게 생성해 궁극적으로 생존할 수 있다.

팩터 투자란 무엇인가?

이번 절에서는 우선 퀀트 투자 전략의 유형 중 중요한 내용인 팩터 투자 Factor Investing에 대해 알아보자. 요인투자라고도 하는데 투자가 가능한 증권으로 대상이 될 수 있는 증권의 특성을 식별하고 체계적인 방식으로 특정

---

7   스마트 베타에 관한 자세한 내용은 『스마트 베타』(WATER BEAR PRESS, 2017)를 참조하라. '스마트 베타'는 퀀트 투자의 기초 개념부터 종목 선택을 위한 다양한 팩터와 포트폴리오 구성을 위한 배분전략까지 다루고 있다.

요인을 포착하거나 회피하려고 포트폴리오를 구성하는 것을 말한다. 규칙 기반 프레임워크 내에서 팩터 투자의 일반적인 목표는 시장을 능가하는 포트폴리오를 포지셔닝하는 것이다. 팩터 기반 투자는 포트폴리오의 다각화나 위험통제 메커니즘으로 기여할 수 있다. 팩터 전략은 전체 포트폴리오 비용을 낮추는 효율적인 방법으로 사용된다. 팩터 투자는 많은 자산배분에서 전략적이고 장기적인 요소가 되고 있고 현재 많은 주목을 받고 있다. 그러나 이런 접근 방식이 새로운 것은 아니다. 그 뿌리는 1930년대까지 거슬러 올라간다. 주식영역에서 가장 잘 알려진 스타일 팩터는 가치, 기업규모, 모멘텀, 변동성, 퀄리티(우량주)가 포함된다. '팩터'라는 용어는 거의 모든 데이터를 지칭하는 데 사용되기도 하지만 투자에 대해 이야기할 때는 특정한 팩터를 의미한다. 팩터 투자는 투자성과를 달성하려고 할 때 대규모 자산을 보유한 증권의 직접 관찰이 가능한 특성을 기반으로 실제 포트폴리오에서 추구할 수 있는 요소이다. 좋은 팩터 투자는 거래가 가능한 증권을 사용하며 확장이 가능한 이론과 실증적인 근거를 가져야 한다.

팩터(factor) – 위험과 수익률에 대한 중요한 지표

최근에 팩터 투자가 중요해진 이유가 있다. 첫째, 주로 학계에서 얻은 자산가격 결정 연구의 흥미진진한 발전으로 팩터 기반 전략이 다양한 포트폴리오에서 중요한 역할을 할 수 있는 잠재력을 보여준 점이다.

둘째, 팩터 분석은 종종 이전에 잘 이해되지 않았던 방식으로 포트폴리오 행동을 설명하는 데 도움을 준다. 팩터 접근 방식을 사용하지 않는 포트폴리오에도 마찬가지이다. 팩터는 위험과 수익률을 설명하는 데 도움이 되므로 세분화와 맞춤화가 가능하다. 이런 전환은 수십 년간의 실증연구에 의해 뒷받침되며 자산관리 방식이 발전하는 데 도움을 줬다. 앞서 설명했듯이 팩터 투자는 특정 속성을 기반으로 증권을 선택하는 것을 말한다. 그러나 우리는 어떤 속성을 언급하고 있는가? 팩터 투자자는 위험과 수익률에 대한 중요한 정보를 포함하는 증권의 특징에 중점을 둔다. 이는 거시요인 과 스타일 요인이라는 주요 범주이다. 거시요인은 잘 알려져 있고 직관적 이다.

거시요인

경제　　인플레이션　　정치　　통화　　신용　　실질금리　　유동성

스타일 요인

가치　　기업규모　　모멘텀　　변동성　　배당률　　퀄리티(우량주)

그림 2-6 요인(factor)이란 무엇인가? 거시(macro) 및 스타일 요인

Factor Olympics (Long-Short): Global

2010	2011	2012	2013	2014	2015	2016	2017	2018	2019	2020
Quality 7.4%		Low Volatility 17.5%	Low Volatility 20.4%	Low Volatility 29.4%	Momentum 26.9%	Value 13.9%				
Low Volatility 6.5%	Low Volatility 24.4%	Momentum 11.0%	Momentum 14.1%	Multi-Factor 5.9%	Low Volatility 18.7%	Size 8.3%	Quality 15.5%		Low Volatility 5.7%	
Size 6.3%	Momentum 14.9%	Multi-Factor 5.6%	Quality 9.7%	Value 4.3%	Quality 12.4%	Low Volatility 5.2%	Momentum 10.5%		Quality 4.1%	
Multi-Factor 4.2%	Quality 10.6%	Size 2.9%	Multi-Factor 8.3%	Quality 0.5%	Multi-Factor 10.2%	Multi-Factor 3.1%	Multi-Factor 7.3%	Low Volatility 11.7%	Multi-Factor 0.5%	Momentum 16.6%
Momentum 3.4%	Multi-Factor 7.0%	Quality 0.0%	Size 2.7%	Momentum 0.1%	Size 4.7%	Quality 0.2%	Low Volatility 4.5%	Multi-Factor (1.1%)	Momentum 0.2%	Quality 3.7%
Value (2.4%)	Size (3.6%)	Value (0.9%)	Value (4.9%)	Size (3.2%)	Value (10.9%)	Momentum (10.2%)	Size (0.5%)	Multi-Factor (2.8%)	Size (3.6%)	Multi-Factor (2.8%)
	Value (11.0%)						Value (9.2%)	Size (3.4%)	Value (3.9%)	Size (4.7%)
								Momentum (5.0%)		Low Volatility (10.5%)
								Value (13.1%)		Value (19.2%)

Stock Market (Long-Only): Global

2010	2011	2012	2013	2014	2015	2016	2017	2018	2019	2020
9.8%	(6.2%)	17.6%	32.2%	9.7%	3.8%	7.9%	18.3%	(9.3%)	28.1%	15.8%

그림 2-7 팩터(factor) 올림픽: 연도별 팩터순위(출처 : factorresearch.com)

이는 경제성장과 인플레이션과 같은 요인이 증권가격에 미치는 영향과 관련이 있다. 예를 들어 인플레이션은 금융과 경제환경에 광범위하게 영향을 미치고, 기대 인플레이션 변화는 주식, 채권, 상품가격에 영향을 미친다. 최근 연구의 초점은 스타일 요인으로 이동하고 있다. 따라서 누군가가 오늘날 팩터 투자에 대해 이야기한다면 거시경제요인보다 스타일 요인을 언급하는 것이다.

단일 요인에서 다중 요인까지 - 3요인 모형과 5요인 모형

팩터 투자의 공식적인 기반은 1960년대 샤프, 린트너, 모신이 개발한 자본자산 가격결정모형CAPM을 통해 마련됐다. 벤치마크와 비교해 초과수익을 알파로, 시장위험을 베타로 구분했다. 유진 파마와 케네스 프렌치가 개발한 파마-프렌치 3요인 모형(1992년)에서는 기업규모와 가치 프리미엄이 주식에 대한 시장위험과 결합됐다. 1997년 카하르트는 모멘텀 팩터를 추가해 모형을 확장해서 4요인 모형을 생성했다. 그러나 기업규모와 가치요인에 대한 연구는 1980년대 초로 거슬러 올라간다. 1934년 출판한 그레이엄과 도드의 유명한 저서『증권분석』(리딩리더, 2012)에서는 가치나 퀄리티(우량주)와 같은 요소의 중심에 있는 동일한 개념 중 다수를 다룬다. 따라서 팩터 전략은 액티브 펀드운용에서도 오랫동안 사용돼 왔다.

그림 2-8 '할투!, 할 수 있다! 알고투자' 유튜브(https://bit.ly/3zSuwRc)

대가들의 퀀트 투자 전략 - 마법공식, 듀얼 모멘텀, 변동성 돌파전략

많은 퀀트 투자 책에서 대가들의 퀀트 투자 전략이 소개되고 있다. 여러 가지 퀀트 투자 전략은 이 장의 마지막에 소개돼 있는 '퀀트 투자를 위한 퀀트 입문: 더 깊이 알고 싶은 사람을 위한 추천도서'에서 참조하고 여기서는 대표적인 퀀트 투자 전략 3가지를 소개하기로 한다.

마법공식

조엘 그린블라트 Joel Greenblatt는 여러 책에서 퀀트 투자 전략인 마법공식 Magic Formula으로 시장을 이긴 경우로 가장 많이 소개됐다. 성공적인 헤지펀드 운용자인 그린블라트는 『주식시장을 이기는 작은 책』에서 우량기업의 주식을 싼 가격에 매수하는 방법을 소개했다. 우선 거래소에서 거래되는 전체 종목을 기업규모 순으로 나열한 다음 '자본 수익률'을 기초로 해서 1등부터 마지막 등수까지 순위를 매긴다. 그다음에는 '이익 수익률'도 똑같은 방식으로 순위를 매긴다. 마지막으로 두 순위를 더해서 최종 순위를 구하고 상위 순위 종목 30개를 매수한다. 이 종목들은 1년에 걸쳐 나눠 매수할 수 있다. 1년간 보유한 후 매도하고 이 과정을 반복한다. 그린블라트는 이 방법으로 미국 내 시가총액 상위 3,500개 종목을 대상으로 22년간 (1988~2009년) 매매해 연평균 23.8%의 수익률이 나왔다고 밝히고 있다. 이 성과는 같은 기간 S&P 지수의 연평균 수익률인 9.5%보다 2배 높은 수치이다. 그는 이 전략을 '마법공식 Magic Formula'이라고 불렀다. 이 단순한 전략을 많은 개인투자자와 기관투자자들이 따르며 월가에서 가장 인기 있는 전략 중 하나가 됐다.[8]

---

8   마법공식에 대한 자세한 내용은 『주식시장을 이기는 작은 책』(알키, 2011)과 『주식시장을 이긴 전략들』 (윈, 2021)을 참조하라.

듀얼 모멘텀

듀얼 모멘텀Dual Momentum을 한마디로 정리하면 '달리는 말에 올라타는 것'을 의미한다. 좀 더 자세히 설명하면 듀얼 모멘텀은 '절대모멘텀(자산의 일정기간 동안의 절대 수익률)'과 '상대모멘텀(자산 간의 상대적인 수익률 차이)' 2가지를 이용해 주식과 채권 간의 비중을 조절하는 모멘텀 기반의 자산배분 전략이다. 전통적인 자산배분 전략인 평균분산 최적화나 블랙-리터먼 모형보다 직관적이고 수익률과 하락 방어 효과가 뛰어나다. 국내에도 번역서로 출간돼 소개된 『듀얼 모멘텀 투자전략』의 저자인 게리 안토나치는 절대모멘텀과 상대모멘텀을 결합한 듀얼 모멘텀 전략으로 월가에서 이름을 날린 투자전략 전문가이다. 그의 책에 따르면 듀얼 모멘텀 전략을 바탕으로 만든 글로벌 주식 모멘텀GEM 투자법은 1974년부터 2013년까지 미국에서 연간 17.43%의 수익을 낼 수 있었다. 이 기간 듀얼 모멘텀 전략은 S&P500 지수를 22번 이겼다. S&P500 지수에 미치지 못한 해도 있었지만 평균적으로 오를 땐 더 오르고 내릴 땐 덜 내린 것으로 나타났다.

변동성 돌파전략

변동성 돌파전략Volatility Breakout Strategy은 기술적 분석의 대가인 래리 윌리엄스Larry Williams가 사용했던 전략이다. 래리 윌리엄스의 저서인 『단기매매를 위한 장기 비밀Long-Term Secret to Short-Term Trading』에서 소개한 것으로 일일 단위로 일정 수준 이상의 범위를 뛰어넘는 강한 상승세를 돌파 신호로 파악해 상승하는 추세를 따라가며 일 단위로 빠르게 수익을 실현하는 전략이다. 그의 딸은 17세에 아버지한테 전수받은 트레이딩 기법으로 세계 선물 챔피언십에서 1,000%의 수익률을 올리며 우승을 차지했다. 17세의 나이에 노련한 경쟁자들 사이에서 우승했다는 것은 윌리엄스의 투자전략이 간단하면서도 강력했다는 것이다. 그의 딸은 후에 트레이더가 되지 않고 배우가 됐다.[9] 이와 같이 대표적인 퀀트 전략 3가지를 소개했는데 실제로 이런 전략들이 모든 시장과 상품에 모두 다 좋은 성과를 내는 것이 아니라 시장과 상품(미국시장, 한국시장, 선물, 원자재, 암호화폐 등)마다 다른 성과를 보이기 때문에 엑셀, 파이썬, R과 같은 분석 도구 및 프로그래밍으로 백테스팅을 하는 것이 필요하다. 시중에 주요 매매전략을 테스트한 책들이 많이 나와 있으므로 참조해 자기만의 검증되고 개선된 전략을 구현하는 것이 바람직하다.

더 알아보기

퀀트 대가들의 로직을 프로그래밍 언어로 구현해 보자.

1. 계량분석에 기반한 투자전략 아이디어 발굴
2. 코드 구현 및 과거 데이터로 백테스팅
3. 실제 매매를 통한 검증

퀀트 대가들이 공개해 놓은 책들과 논문이 많이 발간돼 있다. 이런 책들과 논문을 자신이 구현하기 쉬운 언어(엑셀 VBA, 파이썬, R, 매트랩 등)로 로직을 개발해 보자. 예를 들어 듀얼 모멘텀 전략을 파이썬으로 구현해 보고 좀 더 개선된 가속 듀얼 모멘텀도 구현해 보자. 기존에 공개된 전략을 조금씩 파라미터를 바꿔 개선해 보고 자신만의 전략으로 시장에 먹히는지 검증해 보자. 처음부터 자기만의 전략을 개발하는 것보다 대가들의 전략들을 구현해 보고 그 구현한 것이 시장에서 통하는지 확인해 보는 습관이 더욱 중요하다.

퀀트 투자와 펀더멘털 투자의 하이브리드 투자 - 퀀터멘털 접근법[10]

'퀀터멘털quantamental'이라는 단어는 처음 듣는 사람에게는 낯설게 들릴지 모르지만 워런 버핏이 제임스 사이먼스를 만나 주식매매를 하는 것이라

---

9 변동성 돌파에 대한 참고자료로 강환국과 systrader79가 공저한 『가상화폐 투자 마법 공식』(린퍼블리싱, 2018)을 참조하라. 배우 미셸 윌리엄스에 대해서는 위키백과를 참조하라(https://bit.ly/3EVZqMn).
10 퀀트멘털 접근법 = 데이터 중심(data, 퀀트 투자) + 인사이트 중심(insight, 액티브 투자)

가정하면 바로 이해할 것이다. 인간이 잘할 수 있는(물론 워런 버핏만큼은 할 수 없다.) 펀더멘털 투자와 '기계나 데이터'를 적극적으로 이용하는 퀀트 투자가 만난 격이라 생각하면 된다. 즉 퀀트와 펀더멘털^{fundamental}이 합쳐진 말이다.

표 2-3 퀀터멘털 가능 분야 예시(출처: 메리츠종금증권 리서치 센터, 강봉주)[11]

자체 데이터베이스 구축	얼터너티브 데이터
팩터 모니터(투자지표 스크리닝 개발)	스마트 유니버스(고위험 종목 제외)
스마트 에셋 클래스(좋은 시장의 조건)	마켓 타이밍 모델
가격 패턴을 활용한 매매 타이밍 강화	포트폴리오 리스크 관리
펀더멘털 기반 전략의 알고리듬화 및 시뮬레이션	매니저 매매 패턴 측정 및 개선 (진입, 청산 패턴 등 분석)
계량 기반의 투자 테마 개발 (액티비즘, 이벤트 트레이딩)	탐방 유리한 종목 스크리닝
스마트 컨센서스	주문집행 알고리듬

계량분석(퀀트 투자)과 펀더멘털 투자(액티브 투자)를 모두 사용한다는 것이다. 퀀터멘털 투자는 미국 최대 운용사인 블랙록에서 자주 사용된다. 블랙록에서는 퀀터멘털 투자 실행을 위해 기존의 액티브 매니저의 경험과 노하우를 알고리듬으로 시스템화하고 과학적인 데이터 분석, 투자 시뮬레이션, 리스크 관리 등에 퀀트 기법을 융합했다. 최근에는 투자 의사결정 전반을 알고리듬으로 만들고 대체 데이터의 사용 및 분석, 리스크 관리 등에 적극적으로 퀀트 분석(머신러닝을 포함한)을 활용할 정도로 퀀터멘털 투자가 적용되고 있다.

---

11 "액티브 투자의 미래: 퀀터멘털", 강봉주, 메리츠종금증권 리서치 센터, 2019. 7. 24

퀀트 트레이딩 전략의 백과사전 - 퀀트피디아(QUANTPEDIA)

QUANTPEDIA

2011년에 설립돼 '퀀트 전략 논문'에 대한 서비스를 제공하는 플랫폼인 퀀트피디아(quantpedia.com) 홈페이지 첫 화면에는 자신들이 제공하는 서비스의 본질을 소개하고 있다. "알고리듬과 퀀트 트레이딩 전략의 백과사전: 학술연구를 재무적 이익으로 전환"이라는 로고이다. 이 플랫폼은 새로운 퀀트 거래전략 아이디어를 찾는 사람들을 도우려고 학술연구를 보다 사용자 친화적인 형태로 처리했다. 연구 포털, 재무 저널 등에서 가장 좋은 것을 선택해 거래규칙을 추출하고 성과 및 위험특성에 대한 설명(거래에 사용되는 상품, 거래된 시장, 백테스트 기간)을 추출한다. 사용자는 분류된 전략을 스크리닝하고 관련 전략을 검토하거나 시각화된 것을 비교할 수 있다.

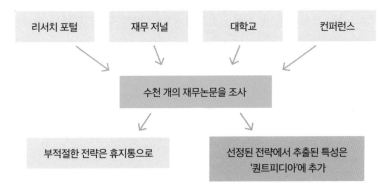

그림 2-9 퀀트피디아(quantpedia.com)의 퀀트 전략 금융논문분석 정보체계

퀀트피디아에서 거래전략을 찾는 가장 쉬운 방법은 그림 2-10과 같이 전략 스크리너를 사용하는 것이다. 예를 들어 20% 이상의 성과수준으로 일별 시간대를 사용해 주식을 거래하는 전략을 찾는다고 가정해 보자. 그림 2-10과 같이 필드를 채우고 검색을 클릭한다.

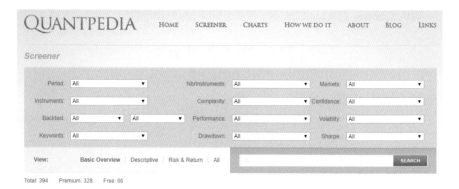

그림 2-10 퀀트피디아 거래전략 스크리너(screener)

검색 결과 15개의 거래전략이 추출되며 그중 14개는 프리미엄 서비스(유료: 연간 구독료 499달러)로 제공되고, 1개는 무료로 제공된다. 여력이 되는 금융기관은 유료 구독을 추천한다.

또 알고리듬 트레이딩 플랫폼인 퀀트커넥트quantconnect와 연결돼 코드, 백테스트 등을 조회할 수 있다. 퀀트피디아는 시간을 절약해 거래 아이디어를 발굴할 수 있다는 점에서 많은 인사이트를 준다. 금융기관의 경우에는 유료 구독을 권장한다. 개인 퀀트 투자자의 경우에는 무료로 제공되는 요약 자료 및 블로그 글을 통해 퀀트 전략의 최신 트렌드를 살펴보면 많은 도움이 되리라 생각된다.

퀀트 헤지펀드의 세계[12]

퀀트 투자는 이제 퀀트 헤지펀드에서 증권회사, 운용회사로 대중화됐고, 개인투자자들도 할 수 있는 환경이 조성됐다. 여기서는 헤지펀드가 만들어지고 퀀트 헤지펀드로 다양화된 시점의 퀀트 헤지펀드를 소개하려고 한다.

---

12 국내에서 헤지펀드는 한국형 헤지펀드 붐에 힘입어 2015년 이후 '전문사모운용사'가 우후죽순으로 생겨났고, 금융위원회의 사모펀드 규제완화와 일부 전문사모운용사의 도덕적 해이로 라임과 옵티머스 사태를 맞이했다. 그럼에도 불구하고 제도를 정비하고 마련해 국내 헤지펀드가 새롭게 성장하길 기대한다.

퀀트 헤지펀드는 앞서 설명한 알고리듬 트레이딩을 사용한다. 즉 퀀트 헤지펀드는 거래 결정을 구현할 때 알고리듬 또는 체계적인 전략에 의존하는 펀드로 헤지펀드 직원이 거래를 식별하고 평가하는 것이 아니라 '자동거래' 규칙을 사용한다. 일반적으로 2가지 전략을 혼합할 수 있지만 모든 헤지펀드는 퀀트 헤지펀드이거나 펀더멘털 헤지펀드이다. 펀더멘털 헤지펀드는 시장에서 유가증권을 평가하고 식별하는 펀더멘털 연구에 의해 대부분 또는 전적으로 투자 스타일이 주도되는 펀드이다. 펀더멘털 및 퀀트 헤지펀드는 모두 경제 데이터, 회계/재무 데이터뿐만 아니라 정부, 인구통계, 산업, 수요측정과 같은 기본정보를 사용할 수 있다. 그러나 주요 차이점은 퀀트 분석가가 데이터를 체계적으로 자동화된 방식으로 사용한다는 점이다.

종종 퀀트 분석가는 단일 산출물을 예측하는 데 수백 가지가 아닌 수십 가지 유형의 데이터(어떤 자산을 사고팔 것인지에 대한 규칙)를 사용한다. 이런 분석은 매력적인 매수 및 매도포지션을 식별하는 데 사용된다. 데이터의 대부분은 시계열 정보(예: 시간경과에 따른 10년 국채 수익률)나 횡단면 정보(예: 특정산업의 회사에 대한 다양한 주가수익비율^{PER})의 형태를 취한다. 퀀트 분석가는 자세하게 수행하지 않는다. 퀀트 헤지펀드 또한 통화정책 및 채권시장이나 환율에 미치는 영향, 특정 시장의 정치적 안정성이나 노사관계처럼 글로벌 매크로 헤지펀드에서 볼 수 있는 것과 같은 거시분석을 거의 사용하지 않는다. 퀀트 분석가의 경우 데이터가 엄격하게 계량화할 수 없는 주관적인 데이터일 가능성이 높다. 요컨대 모든 헤지펀드 매니저는 펀더멘털 요소를 분석할 수 있지만 퀀트 헤지펀드는 체계적이고 통계적으로 분석할 수 없는 정성적 또는 주관적인 정보를 사용하지 않는다. 퀀트 헤지펀드는 수학적 모형(부분적으로는 펀더멘털 요소를 사용)을 기반으로 거래 결정을 내리지만 일반적으로 모형 이외의 거래 결정과 관련해 인간의 판단을 거의 사용하지 않는다. 즉 궁극적으로 헤지펀드 퀀트 분석가는 어떤 거래를 할지 예측하는 지능형 모형을 개발하고자 한다.

퀀트 거래 모형(Quantitative Trading Model)

퀀트 헤지펀드는 투자기회를 예측하는 데 복잡한 수학적 모형을 사용한다. 수십년 동안 컴퓨팅 파워가 꽃을 피우면서 최적화, 예측 모델링, 신경망, 기타 형태의 머신러닝 알고리듬(거래전략은 시간이 지남에 따라 학습을 통해 진화)과 같은 정교한 모델링 기술이 개발됐다. 앞서 잠깐 언급한 일반적인 퀀트 헤지펀드 모델링 접근 방식 중 하나는 팩터 기반 모델링이다. 이 데이터에서 주가수익비율PER, 인플레이션, 실업률 변화 같은 예측변수(독립변수)는 다른 관심변수(종속변수)의 값을 예측하는 데 사용된다. 예를 들어 주식가격의 예측 변화 요인 모형은 미리 결정된 요인 집합에 따라 거래 결정을 내릴 수 있다. 요인을 사용해 수익률을 예측하려는 일반화된 요인 모형은 다음과 같은 형식을 취한다.

$$R_{it} = \alpha + \beta_i \lambda + \beta_i F_t + \sigma_i \varepsilon_{it}$$

요인 모형은 수익 예측 및 위험 모델링 목적 모두에 사용할 수 있다. 특정 요인을 사용해 절대기준으로 모델링하는 요인에 대한 성과의 변동 정도를 설명할 수 있다. 다양한 시장조건과 유동성, 감성변화에 따라 전략에 가중치를 부여하도록 설계된 위험관리 기술은 특히 정책도구의 전례가 없는 거시경제환경에서 더 많은 주목을 받고 있다. 자산 수익률을 예측하는 데 퀀트 모형을 사용하면 위험이 있다. 예를 들어 요인 기반 모형은 과거 데이터를 사용해 요인과 수익률 간의 관계를 결정한다. 이런 관계는 계속되지 않을 수 있는데 변수 간의 비선형 관계가 감지되지 않을 수 있기 때문이다. 또 전례 없는 이벤트가 기록 데이터에 포착되지 않을 가능성도 높다. 일부 전통적인 퀀트 접근 방식(예: 요인 기반 모형)은 그렇지 않을 때까지 동작하는 동일한 정적요인 집합을 사용해 변화하는 시장조건에 적응하지 못할 가능성도 있다. 유사한 전략으로 유사한 포지션을 가졌던 2008년에 많은 퀀트 헤지펀드가 큰 손실을 기록했다. 해당 포지션이 가치를 잃기 시작하자 포지션을 줄이거나 청산할 수밖에 없어 손실이 대폭 증가했다.

퀀트 투자의 '리테일화'가 진행되고 있다

전통적으로 퀀트 투자는 헤지펀드, 증권사 프랍트레이딩 부서나 자산운용사의 퀀트운용 팀을 중심으로 이뤄졌다. 즉 기업 간 거래B2B가 주를 이뤘고 기업과 고객 간B2C 거래는 자산운용사의 퀀트 펀드를 중심으로 간접적으로 이뤄졌다. 과거에는 금융기관만의 고유한 리서치나 시스템을 중심으로 매매가 이뤄졌다면, 이제는 개인이 직접적인 B2C 형태로 퀀트 투자의 대중화가 이뤄지고 있다. 과거의 기술적 분석, 기본적 분석을 넘어서 개인투자자들 사이에도 퀀트 투자의 수요가 늘어나고 있으며, 무엇보다도 금융기관만이 수행하던 퀀트 투자의 기술이 핀테크 트레이딩 툴의 발달로 점차 리테일화Retailization가 진행되고 있다. 따라서 향후에는 고도화된 퀀트 투자를 수행할 수 있는 도구가 홈 트레이딩 시스템HTS에 장착되리라 전망된다. 기존 기술적 분석 중심의 시스템 트레이딩을 넘어 기업재무분석 기반 및 인공지능 기반의 트레이딩 툴이 보편화될 것이다. 금융업계가 퀀트 투자의 소매모형으로 진화하는 과정에서 여러 혁신적인 HTS 및 핀테크 서비스가 제공될 것으로 기대된다.

퀀트 투자나 알고리듬 트레이딩을 위한 지식

- 계량분석과 모델링
- 트레이딩과 금융시장 지식
- 프로그래밍 기술

퀀트 및 알고리듬 트레이딩은 3가지 영역에서 지식을 필요로 한다. 첫째, **계량분석과 모델링**이다. 기술적 분석을 기반으로 하는 트레이더든, 기본적

분석을 기반으로 하는 트레이더든 계량분석과 모델링이 필요하다. 매트랩Matlab, R, 파이썬에서 사용할 수 있는 통계 패키지를 사용해 통계, 시계열 분석을 수행하고, 거래소의 과거 데이터를 조사해 새로운 거래전략을 설계하는 것을 의미한다. 둘째, **트레이딩과 금융시장 지식**이다. 알고리듬 트레이더라면 당연히 금융시장, 거래상품의 유형(주식, 선물, 옵션, 외환, 원자재), 전략의 유형(추세추종, 평균회귀), 차익거래 기회, 옵션가격모형, 리스크 관리에 관한 지식이 있어야 한다. 셋째, **프로그래밍 기술**이다. 알고리듬 트레이더, 퀀트 트레이더는 데이터 제공자로부터 전송받은 과거 및 실시간 데이터를 분석해 전략을 고안하고 코딩할 수 있어야 한다. 성공적인 트레이더가 되려면 프로그래밍 지식을 갖추는 것이 필수적이다. 과거에는 C++, 자바Java, 매트랩Matlab과 같은 프로그래밍 언어를 사용했으나 최근에는 파이썬Python과 R이 트레이딩 전략 개발을 위해 사용되는 주요 언어가 됐다. 이 두 프로그래밍 언어는 데이터 분석 또는 머신러닝을 위한 수많은 라이브러리를 제공한다. 파이썬은 이해하기 쉬운 구문과 단순성을 갖춘 범용언어로 인식되고 있으며, R은 통계학자를 최종 사용자로 데이터 시각화에 중점을 두면서 개발됐다. 실무에서도 R을 사용하고 있으나 R은 주로 학계 및 연구 분야에서 많이 사용하고 있는 편이다. 데이터 분석과 머신러닝, 딥러닝 분야에서 파이썬 기반으로 오픈소스가 대중화되고 있고 관련 책자도 많이 나오고 있다. 따라서 파이썬이 점차 실무자들에게 많이 사용되고 있으며 아울러 전 세계 알고리듬 트레이더와 퀀트 투자자들에게도 가장 매력적인 언어 중 하나로 자리매김되고 있다. 참고로 퀀트 트레이딩을 위한 프로그래밍 능력은 매매 빈도와 관련이 있다. 저빈도Low Frequency, 중빈도Midium Frequency 매매의 경우는 파이썬을 활용해 매매할 수 있으나 고빈도High Frequency, Low Latency 매매의 경우는 속도의 효율성이 요구되기 때문에 C, C++ 개발능력이 필요하다. C 언어는 컴파일 언어이기 때문에 속도가 빠르다. 인터프리터 언어인 파이썬도 점차 속도를 올릴 수 있는 기술이 탑재되고 있다.

월드퀀트(WorldQuant), 경연대회로 인재를 뽑다

그림 2-11 '국제 퀀트 챔피언십'과 '월드퀀트' 로고

지금은 인기가 시들해졌지만 한때는 경연대회를 통해 아이돌 그룹이 탄생되는 TV 프로그램이 인기였다. 경연대회는 자신의 재능을 발휘할 수 있다는 측면에서 세계적으로 인재 등용문으로 활용되고 있다. 퀀트 등용문인 IQC^{International Quant Championship}에 대한 설명은 나중에 하기로 하고 월드퀀트 WorldQuant라는 헤지펀드에 대해 살펴보자. 월드퀀트는 미국 올드 그리니치에 위치하고 있는 헤지펀드 및 투자관리 회사이다. 러시아인인 '이고르 툴친스키^{Igor Tulchinsky}'가 2007년에 설립했고, 현재 한국을 포함한 15개국에 24개 지사가 존재하고 있다. 통계적 차익거래를 하는 투자회사로 시작했고, 퀀트 인재채용을 통해 거래 플랫폼을 활용해 알파를 예측하는 알고리듬 개발에 주력하고 있다. 2017년에 다른 오픈소스 거래 플랫폼인 뉴메라이, 퀀트커넥트, 퀀토피안(뒤에서 자세하게 설명한다.)과 경쟁하려고 포트폴리오 관리 플랫폼인 월드퀀트 엑셀러레이터^{accelerator}를 출시했다. 이제 앞서 언급했던 등용문인 IQC에 대해 이야기해 보자. IQC는 각종 데이터를 이용해 주식가격을 예측하는 모형(초과수익을 의미하는 '알파')을 개발하는 경연대회이다. 우수한 성적을 거둔 팀은 상금과 함께 월드퀀트 리서치 컨설턴트의 채용기회가 주어진다. 저자도 2019년 여름에 열린 경연대회(정식명칭은 '2019 퀀트 모의투자대회 IQC')에는 참여하지 못했지만 같은 기간 중에 제공되는 무료 온라인 퀀트 투자 동영상을 매주 시청하며 교육을 받

았다. 교육의 주요 내용은 실제 경연대회에 이용되는 웹심^{Websim}이라는 '웹 기반 퀀트 투자 시뮬레이터'로 주가, 거래량, 기업재무정보, 애널리스트 예측, 뉴스 데이터, 마켓 센티멘트 데이터를 이용해 알파를 예측하는 것이다. 매년 경연대회가 개최되고 무료 퀀트 온라인 강좌가 제공되므로 관심 있으면 월드퀀트 한국지사 등 여러 경로를 통해 확인해 보라.[13]

IQC는 모든 나라에서 인종에 상관없이 경연을 통한 채용절차를 거치고 있으며, 경연에 사용된 알파 예측 알고리듬은 월드퀀트에 귀속되게끔 프로그램을 운영하고 있다. 월드퀀트의 주요 비즈니스 모형은 헤지펀드회사에 취업하고 싶은 수많은 지원자들의 아이디어를 통해 새로운 알파가 구축되고 있으며, 채용된 지원자 중에서 알고리듬이 채택돼 실제 수익이 발생하면 일정 부분 셰어하는 구조로 운영되고 있다. 추가적인 내용에 관심이 있다면 월드퀀트의 설립자 겸 CEO인 '이고르 툴친스키'가 저술한 2권의 책(『The Unrules: Man, Machines and the Quest to Master Markets』, 『Finding Alphas: A Quantitative Approach to Building Trading Strategies』, 앞의 책은 이고르의 단독 저작물이고, 뒤의 책은 월드퀀트 버추얼 리서치 센터와 협업해 이고르가 대표저자로 저술한 책이다.)[14]에서 좀 더 자세한 사항을 확인할 수 있다. 국내 글로벌 컨퍼런스에 참석하기도 한 이고르 툴친스키 CEO는 "데이터는 사람의 신체로 따지면 혈관과 같다. 데이터를 알고리듬으로 만들고 이를 투자전략으로 활용해 시장평균보다 높은 수익률을 기록하고 있다."고 밝히기도 했다.

---

13 2021년에 확인된 바로는 아쉽게도 Websim은 2020년도에 없어졌고, IQC도 폐지됐다고 한다. Websim 의 대체 시스템이 개발 중인 것으로 알려져 있다.

14 『Finding Alphas』는 2015년 1st Edition(1판)에 이어 2019년 하반기에 2nd Edition(2판, 개정판)이 발간됐다. 국내에서는 『초과수익을 찾아서』(에이콘, 2020)라는 이름으로 번역 출간됐다.

대중의 지혜, '크라우드 소싱'을 활용하라!

월드퀀트는 대중의 지혜, 즉 크라우드 소싱crowdsourcing으로 비즈니스 모형을 구축한 헤지펀드 사례라 할 수 있다. 크라우드 소싱이라는 말은 제프 하우Jeff Howe에 의해 2006년 6월 『와이어드Wired』 잡지에 처음 소개됐다. 크라우드 소싱은 기업활동의 전 과정에 소비자나 대중이 참여할 수 있도록 개방하고 참여자의 기여로 기업활동 능력이 향상되면 그 수익을 참여자와 공유하는 방법이다. 대중crowd과 외부자원활용outsourcing의 합성어로 전문가 대신 비전문가인 고객과 대중에게 문제의 해결책을 아웃소싱하는 것이다. 이전에는 해당 업계의 전문가들이나 내부자들만 접근이 가능했던 지식을 공유하고, 제품이나 서비스의 개발 과정에 비전문가나 외부 전문가들의 참여를 개방하고 유도해 혁신을 이루고자 하는 것이다. 외부인은 이런 참여를 통해 자신들에게 더 나은 제품과 서비스를 이용하게 되거나 이익을 공유한다. 월드퀀트 홈페이지에도 자신들의 비즈니스를 한마디로 요약해 줄 수 있는 '대중의 지혜'에 관한 장문의 글이 나온다. 제임스 서로위키James Surowiecki가 저술한 동명의 책으로도 나온 '대중의 지혜'는 한마디로 표현하면 일반적인 경우 대중의 지혜가 모여서 집단지성Collective Intelligence을 발현하면 똑똑한 개인의 솔루션을 능가한다는 것이 핵심이다. 책에서는 현명한 대중이 되기 위한 조건과 대중이 빠지기 쉬운 실패의 유형도 자세히 서술하고 있다. 물론 월드퀀트는 대중의 지혜라는 아이디어로 비즈니스를 시작했지만 일반 대중이 아니라 실제 알고리듬을 개발하고 진행할 수 있는 수리적인 지식과 프로그래밍 지식을 갖춘 사람을 선호하는 것으로 보인다.

고빈도 매매 이야기: 그 많던 고빈도 매매 트레이더는 어디로 사라졌나?

금융위기 이전에 국내 증권사에는 고빈도 매매 팀이 존재했다. 고빈도 매매HFT란 시장에서 이익을 얻으려고 차익거래 전략을 활용해 초 이하 단위의 알고리듬 트레이딩을 하는 매매를 뜻한다. 레이턴시latency, 즉 지연을 줄여 초단타로 매매하는 것을 의미한다. 저자가 A증권사 트레이딩본부 금융공학 팀에서 근무할 당시 바로 옆 팀에 파생상품운용 팀이 있었다. 그중 한 팀이 고빈도 매매HFT를 담당했는데 당시 고빈도 매매 팀은 1년에 100억가량 벌었었다. 세월이 흐른 지금 그 고빈도 매매 팀은 어떻게 됐을까? 그 팀은 현재 존재하지 않으며, 그 팀에서 근무하던 딜러들은 대부분 다른 부서나 다른 증권사로 이직해 다른 일을 하고 있다. 그렇다면 고빈도 매매 팀은 왜 해체됐을까? 첫째, 규제에 의한 매매이익 감소를 들 수 있다. DMADirect Market Access, 직접주문접속에 의한 원장에 직접 매매를 히트시키는 거래가 금지됐다. 둘째, 금융위기 이후 변동성 축소에 의한 유동성 감소를 들 수 있다. 셋째, 경쟁에 의한 정보노출을 이유로 들 수 있다.

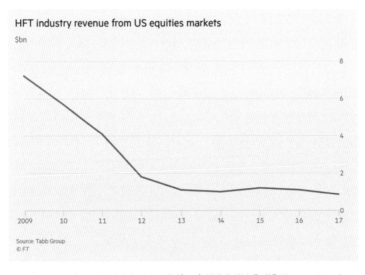

그림 2-12 미국 주식 시장의 고빈도 매매(HFT) 산업 수익성 추이(출처: Tabb Group)

앞서 설명했듯이 금융위기 이전 HFT는 수익성이 높은 사업으로 차익거래를 할 수 있는 시스템과 딜러들의 수요가 급증했었다. 그림 2-12에서와 같이 Tabb Group에 따르면 2009년 72억 달러의 수익을 발생시킨 HFT 매매는 2016년 11억 달러로 쇠퇴했음을 알 수 있다. 그럼에도 불구하고

HFT 시장은 여전히 존재하고 있다. 하지만 탁월한 하드웨어, 고유한 트레이딩 전략, 고효율의 알고리듬에 대한 투자가 지속되는 회사만이 경쟁에서 도태되지 않고 살아남을 수 있다. 당연한 말이지만 HFT에서도 속도와 알고리듬이 가장 중요한 과제가 됐다.

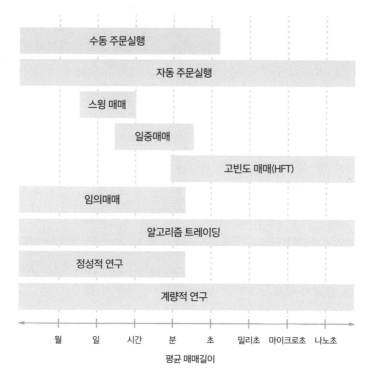

그림 2-13 알고리듬 트레이딩 및 고빈도 매매(HFT) 등 매매 유형분류
(출처: 크리스 콘란 홈페이지(chrisconlan.com))[15]

---

15 크리스 콘란은 총 4권의 책을 출간했는데 그중 2권이 『Algorithmic Trading with Python』(Chris Conlan, 2020), 『Automated Trading with R』(Apress, 2016)이다.

가끔 HFT에 대해 개인투자자를 상대로 강의하는 사람이 있는데 실제로는 개인이 HFT를 할 수 있다고 판단되지는 않는다. HFT는 하드웨어에 대한 막대한 투자비용과 유지관리를 위한 팀 이상의 단위가 필요한 매매이기 때문이다(매매에 대한 비용을 확대하는 것을 군비경쟁HFT Arms Race이라 한다). 2001년까지 고빈도 매매는 1초 미만의 매매길이를 가졌고 2010년에는 밀리초, 심지어 마이크로초, 2012년에는 나노초(1나노초 = 0.0000001초)로 줄어들었다. 2000년대 초반에는 고빈도 거래가 주식 총거래량의 10% 미만이었으나 2005~2009년에는 뉴욕증권거래소 고빈도 매매 거래량은 164% 증가했다.

국내외 대형 사고가 '고빈도 매매(HFT)' 쇠퇴를 가속화시키다

국내외적으로 HFT에 관한 많은 연구가 진행되고 있다. 전반적으로 HFT의 장점과 단점에 관한 의견이 분분한데 학자들 관점에서는 HFT가 변동성을 높이지 않고 시장유동성을 제공해 준다는 측면에서 긍정적인 목소리가 나오고 있다. 반면에 규제기관에서는 시장변동성을 높이고 금융사고의 위험성이 높다는 점에서 HFT의 규제가 진행되고 있다. 외국에서 HFT에 대한 규제는 '플래시 크래시Flash Crash'가 가장 큰 문제였다. 미국에서는 2010년 5월 6일 41억 달러 상당의 매물이 5월 플래시 크래시를 촉발시켰는데 다우존스가 단 하루 만에 1,000포인트 폭락했다. 거의 1조 달러에 달하는 금액이 시장에서 사라졌고, 5분 만에 600포인트가 하락한 후 회복됐다. 마이클 루이스의『플래시 보이스』(비즈니스북스, 2014)는 이런 고빈도, 즉 초단타 매매로 수익을 챙겨온 월가 투자은행의 실상을 폭로하는 논픽션 책이다.

고빈도 매매(HFT)의 기본 원리는 무엇인가?

고빈도 매매의 기본 원리는 당연히 속도speed이다. 0.13마이크로초의 속도로 주문을 내는 A증권사보다 0.08마이크로초의 속도로 주문을 내는 B증권사는 속도에 있어 우위에 있다. 속도의 승자만이 이 시장을 지배할 수 있다. '속도'와 더불어 '알고리듬의 차별화'가 있다면 이 시장에서 우위를 차지할 수 있다. 앞서 2008년 금융위기 이전에 성행하던 고빈도 매매의 원리는 증권사 원장을 거치지 않고 거래소의 라우터에 직접 주문을 내는 방식이었다. 당연히 증권사 내부의 컴플라이언스적으로 거쳐야 하는 단계를 거치지 않고 거래소에 직접 주문을 내는 DMA^{Direct Market Access, 직접주문접속} 방식이었으므로 속도에서 우위를 차지할 수 있게 된다. 이런 DMA도 회사 IT 인프라에 따라 속도가 달라질 수 있어 IT 인프라를 통한 속도개선이 이뤄지기도 했다. 초창기 국내 옵션 고빈도 매매의 원리는 기본적으로 다음과 같이 이뤄졌다. 기본적으로 선물과 옵션의 경우 선물이 옵션을 선도한다. 즉 선물가격이 먼저 움직이고 옵션가격이 뒤에 반응한다. 옵션도 각각 내가격^{ITM} 옵션, 등가격^{ATM} 옵션, 외가격^{OTM} 옵션이 존재하며, 콜옵션과 풋옵션에 따라 다시 움직이는 속도가 다르게 반응한다. 따라서 선물과 옵션 간의 선도-지연 관계^{Lead-lag Relationship}(헤지펀드 업계에서는 '리드-래그 알고리듬'이라고도 한다.)를 이용한 고빈도 매매에는 총 6명이 담당해 매매를 할 수 있다(이론상 6명이지만 자동매매로 한두 명이 처리할 수 있다. 진입은 자동으로, 청산은 수동으로 처리한다).

계량경제학에서는 이런 '선도-지연' 관계분석을 '그랜저 인과관계 검증^{Granger Causality Test}'[16]이라고 하며 현물(삼성전자)과 선물(KOSPI200 선물), 외환(FX)과 주식, 미국주식(애플)과 한국주식(삼성전자) 등의 논문 수천 편이 나와 있다. 다만 일별 데이터로 검증하는 이런 논문과는 달리 고빈도 매매에서 상품 간 속도차에 따른 매매는 실시간이라는 차이점이 존재한다. 예를 들어 A자산이 3틱 올랐을 때 B자산이 1틱 움직이는 것이 정형화돼

---

16   저자도 2020년 5월 "주가지수 변동성(VIX, VKOSPI)과 유가 변동성(OVX) 간의 그랜저 인과관계 검증"에 관한 논문을 공저자로 『PLOS ONE』이라는 SCI급 저널(SCIE)에 게재했다. 셰일가스 혁명 전후의 유가와 주식시장 관계분석으로 다음 PLOS ONE 사이트에서 다운로드받을 수 있다. https://bit.ly/3LSh8E6

있다면 자동매매 로직으로 A자산이 3틱 올랐을 때 B자산을 누구보다 더 빠르게 매수하고 특정시점에 매도하면 이익을 낼 수 있다. 이는 ELW LP의 패턴을 파악해 고빈도 매매에 이용한 것이다. 대부분 이런 실시간 선도-지연 고빈도 초단타 매매의 경우 수동매매로는 불가능하고 알고리즘 로직을 통한 자동매매(손익실현의 경우는 자동 및 수동매매가 가능하다.) 형태로 이뤄진다.

더 알아보기 ▶

고빈도 매매(HFT)는 현재 DMA 규제 등 컴플라이언스 문제로 증권사에서 실행하고 있지 않다. 다만 유동성 공급(LP, Liquidity Provider) 목적으로 증권사별로 DMA를 시행하고 있는데 기존의 방식을 우회하는 방법으로 DMA를 실행하고 있다(원장을 거치는 방식과 원장을 거치지 않는 2가지 주문을 동시에 실행한다).

트레이딩 퀀트들의 무기, '시장 미시구조'를 배우자!

물리학에서 거시세계의 현상을 고전역학 Classical Mechanics 으로 설명한다면, 분자나 원자보다 작은 쿼크 등의 미립자(미시세계)의 현상은 양자역학 Quantum Mechanics 으로 설명하는 것이 정설이 됐다. 금융공학 관점에서 주식시장도 이와 유사하게 거시세계는 기하 브라운 운동 GBM 으로 설명하고, 주식시장을 비롯한 금융시장의 미시세계는 시장 미시구조 Market Microstructure 로 설명할 수 있다.

하이젠베르크의 불확정성의 원리에서의 관찰행위가 입자의 위치와 운동량에 영향을 미치는 것과 마찬가지로 시장 미시구조에서는 주문을 제출하는 행위가 시장에 영향을 미친다. 참고로 불확정성의 원리란 관찰자와 관찰대상 사이에는 항상 일정한 수준의 불확정성이 존재하기 때문에 입자의 위치와 운동량을 동시에 측정할 수 없다는 것이다. 위치가 정확하게 측정될수록 운동량의 오차가 커지고, 반대로 운동량이 정확하게 측정될수록 위치의 오차가 커진다. 이런 불확정성의 원리 때문에 위치와 운동량을 동시에 정확하게 측정하는 것은 불가능하다. 즉 시장 미시구조를 짧게 한 문장으로 정리하면 금융시장의 가격이 이뤄지는 수요와 공급이 이뤄지는 미세구조(호가시장 등)를 정밀하게 다루는 학문이다. 미국에서는 이 분야의 책이 십수 권 나와 있지만 국내에서는 한 권도 나와 있지 않다. 논문 등으로 연구하는 분들이 있긴 하지만 사석에서 시장 미시구조와 관련된 책을 한 권 써보라고 하면 손사래를 친다. 실제 시장 미시구조 관련 책이 나와도 대학원 석사 이상의 전공자들이 볼 가능성이 높다. 하지만 이 분야가 돈이 된다는 사실을 알면 많은 개인투자자가 공부할 가능성이 높은 분야이다. 다만 데이터와 시스템에 대한 접근 가능성은 또 다른 문제이긴 하다. 시장 미시구조는 시장의 유동성, 즉 품질과 관련성이 높으며, 트레이딩과 관련해서는 가격형성, 고빈도 매매HFT, 거래비용Transaction Cost, 내부자 거래, 거래 행동의 결정요인 등과 관련성이 있다. 과거 알고리듬 트레이딩은 대량 주문집행 알고리듬Execution Algorithm: VWAP, TWAP 17을 일컫는 좁은 의미로 사용했으나 지금은 자동화돼 알고리듬된 모든 거래를 알고리듬 트레이딩으로 지칭하고 있다.

퀀트 투자를 배울 수 있는 좋은 자료

유튜브

주식 및 재테크 관련해 저자도 '삼프로'나 '이효석 아카데미' 같은 유튜브를 가끔 보기도 한다. 그것보다는 좀 더 관심 있는 주제인 퀀트 투자와 관련된 유튜브를 보는데 국내에서 대표적인 퀀트 투자 유튜브 채널 3개를 소

---

17 거래량 가중평균가격(VWAP, Volume Weighted Averaged Price)은 이름에서 알 수 있듯이 거래량에 가중치가 부여된 특정기간 동안의 자산의 평균가격이다. 한편 시간가중평균가격(TWAP, Time Weighted Averaged Price)은 시간을 동일하게 나눠 동일한 수량을 기계적으로 주문하는 방법으로 보통 시분할 매매라고 한다.

개한다. '할 수 있다! 알고투자'는 회원 수 15만 명(2022년 8월 기준)의 퀀트 투자 채널로 이 책에서도 강환국 CFA님이 인터뷰를 해주셨다. 알고투자 유튜브는 강환국 님의 저서와 함께 시청하면 더 좋을 것 같다. '월가 아재의 행복한 투자'는 월가 트레이더였던 자신의 경험을 살려 운영 중인 유튜브 채널이다. 『파이썬으로 배우는 알고리즘 트레이딩』(위키북스, 2019), 『파이썬을 이용한 비트코인 자동매매』(파이스탁, 2021)의 저자가 운영하는 '파이스탁'에서도 관련 내용을 학습할 수 있다.

구분	유튜브 단축 URL	비고
할 수 있다! 알고투자	https://bit.ly/3zSuwRc	강환국 CFA 퀀트 투자 유튜브 채널
월가 아재의 행복한 투자	https://bit.ly/3CTm1r8	월가 현직 데이터 과학자, 전직 트레이더의 투자법
파이스탁(pystock)	https://bit.ly/2Y77RE5	『파이썬으로 배우는 알고리듬 트레이딩』, 『파이썬을 이용한 비트코인 자동매매』 저자의 유튜브 채널

서적, 블로그, 인터넷 정보

알고리듬 전략과 금융시장 전반에 대해 생소하다면 가장 먼저 살펴봐야 할 것이 교과서이다. 2장의 마지막 파트에 퀀트 투자 추천서적을 상당히 많이 소개하고 있다. 고전적인 퀀트 교과서에 해당하는 책은 보다 광범위한 아이디어를 제공해 퀀트 거래에 익숙해지도록 한다. 퀀트 관련 블로그, 거래 포럼 등 모두 풍부한 아이디어 출처를 제공한다. 퀀트 투자 및 알고리듬 트레이딩을 위해 전문가들도 온라인으로 책을 제작해 공유하는 플랫폼인 위키독스(https://wikidocs.net)를 참조하며 코딩을 한다.

블로그

블로그명	단축 URL 주소
아마추어 퀀트(조성현)	https://bit.ly/3ubJfrn
Henry's Quantopia(이현열)	https://bit.ly/3HhBx2v https://bit.ly/3g6R35A
투자하는 개발자(한태경)	https://bit.ly/3s7Ku8x
systrader79 실전 주식투자연구소	https://bit.ly/3GfqNkb https://bit.ly/3g6RcpE

위키독스

위키독스 콘텐츠명	단축 URL 주소
파이썬으로 배우는 알고리듬 트레이딩	https://bit.ly/3AKcTFq
시스템 트레이딩을 위한 데이터 과학	https://bit.ly/3rdyUcF
금융 데이터 분석을 위한 파이썬 Pandas	https://bit.ly/3gc3bCc
혼자서 만드는 가상화폐 자동거래 시스템	https://bit.ly/3rbhHAz
파이썬을 이용한 비트코인 자동매매	https://bit.ly/35CDeK8

저널 및 문헌

일단 간단한 전략을 평가하는 경험을 쌓았다면, 이제는 정교한 학문적 연구를 살펴볼 때이다. 구독료가 비싸 접근하기 힘든 저널도 있지만 구글 검색으로도 최신 논문을 많이 찾을 수 있다. 대학교 석사나 박사 과정이면 학교계정을 통해 최신 학술지에 무료로 접근할 수 있기 때문에 관련 석·박사 과정 아이디를 빌리거나 논문 다운로드를 부탁해 논문을 읽기를 추천한다. 실제 알파가 존재하는 논문이 발간되고 있고 어떤 논문은 시장에서 알파가 3개월 또는 6개월 정도 그리고 많이 이용하지 않는 전략은 비교적 오래도록 알파가 존재한다고 했다. 이런 시장 초과수익이 존재하는 알파가 사라지는 것을 '알파 소멸Alpha Decay 현상'이라고 한다.

유료 강의

앞서 소개한 유튜브를 비교적 많이 학습한 경우 서적 및 블로그를 통해 자신이 사용하는 주력 언어로 퀀트 투자 알고리듬을 개발하고 백테스팅하는 과정을 반복해 실력을 향상시키는 것이 좋다. 퀀트 투자 강의는 비교적 희소성 있는 아이템으로 무료 콘텐츠를 제공하는 곳이 유튜브 외에는 거의 없고 최근에는 유료 강의로 많이 제공된다. 대표적인 온라인 강의 업체인 인프런에서 '파이썬으로 데이터 기반 주식 퀀트 투자하기' 시리즈, '증권 데이터 수집과 분석으로 신호 소음 찾기' 등이 제공되고 있다.

이외에도 콜로소, 패스트캠퍼스, 제로베이스, 러닝스푼즈와 같은 온라인 강의 업체에서도 퀀트 투자와 관련된 동영상 강의를 제공하고 있다. 이런 강의 동영상은 파이썬이나 R 코드를 제공하므로 강의와 함께 코드실습을 진행해 볼 수 있는 장점이 있다.

[퀀트 투자 커리어] 퀀트 투자 퀀트 직무와 취업 Tip

주요 취업 분야와 관련 업무

구분	퀀트 투자 관련 업무
증권회사	주식운용 팀, FICC 운용 팀, 신탁 팀, 랩운용 팀 등
자산운용회사	퀀트운용본부(금융공학본부, 인덱스운용 팀)
헤지펀드	헤지펀드, 전문사모운용회사(PEF)
테크핀 및 핀테크회사	로보어드바이저, 퀀트 투자 앱 및 플랫폼 개발 등
개인투자	개인 퀀트 투자

직무 관련 필요사항	
구분	주요 사항
학위	학사, 석사, 박사
포트폴리오	프로젝트(퀀트 투자 대가의 로직 → 파이썬 모델링)
자격증	금융자격증(CFA, FDP, 투자자산운용사 등)
추천사항	구현(데이터 가공, 전략개발, 백테스팅, 주문실행)
구현언어	파이썬, C++, SQL 등

1장에서 강조했듯이 '퀀트 2.0'이라 부를 수 있는 퀀트 투자에 대한 채용 수요는 점차 늘어날 것으로 기대한다. 증권사의 운용과 관련된 부서인 주식운용 팀, FICC 운용 팀, 신탁 팀, 랩운용 팀 등에서도 계량리서치와 더불어 퀀트 투자에 관심을 기울이고 있는 상황이라 고객자산운용부서와 함께 고유자산운용부서에서도 퀀트들을 채용하길 원하고 있다. 무엇보다 증권사보다 퀀트운용본부가 있는 모든 자산운용사에서 엑셀, 파이썬, SQL, 금융 및 통계 지식을 갖춘 퀀트 투자 관련 인력들에 대한 수요가 늘어나고 있다. 또 국내 헤지펀드에서도 퀀트 투자에 대한 인력을 많이 필요로 한다.

알고리듬 기반의 맞춤형 자산관리를 표방하고 있는 자산관리 전문 로보어드바이저 핀테크 업체에서도 퀀트 투자에 전문인력들을 많이 끌어들이고 있으며 이제는 기존의 자산운용사 퀀트 인력뿐만 아니라 퀀트 투자에 적합한 이공계 인력들이 많이 취업을 하고 있다(물론 프로그래밍에 익숙하거나 투자전략을 구성할 수 있는 인문계 출신 인력들도 실제로 많이 존재한다). 퀀트 투자는 자신만의 주력 언어로 데이터 가공, 전략 개발, 백테스팅, 주문실행까지 각 파트별로 프로젝트를 진행해 보는 것이 좋은데, 실제로 이런 퀀트 투자 프로세스 과정 중 자신이 더 잘할 수 있는 분야에 집중해서 업무를 수행하는 퀀트들도 존재한다. 또 취업 과정에서도 기존 투자전략을 코딩해 자신만의 프로젝트를 수행하고 실전에 적용해 본 경험을 높이 산다. 그렇기에 기존에 책이나 논문에 공개된 전략을 더 수정하고 개선해 한 단계 높은 전략을 선보이는 도전 정신이 취업뿐만 아니라 실전에서도 성공하는 길임이 분명하다.[18]

---

18 퀀트 투자 면접파트는 이 책의 마지막 장인 '마치며 – 경력과 취업을 위한 퀀트 가이드'에서 현대자산운용 이성민 퀀트운용본부장이 제공한 '퀀트 투자 면접 질문'을 참조하라.

재미있는 퀀트 투자 입문

퀀트 투자에 대해 재미있게 볼 만한 책이 많이 출간돼 있다. 우선 헤지펀드 '르네상스 테크놀로지'의 '제임스 사이먼스의 평전'에 해당하는 『시장을 풀어낸 수학자』(로크미디어, 2021)를 추천한다. 스캇 패터슨의 『퀀트』책과 비슷한 팩션(본인의 경험과 같은 팩트 + 흥미를 가미한 픽션) 같은 책인 『인공지능 투자가 퀀트』(카멜북스, 2017)도 재미있는 책이다. 이 책의 저자에게 "인공지능을 월가에서 실제 투자에 많이 활용하는가?"에 대해 질문한 적이 있는데 "인공지능은 수익과 손실에 대해 설명할 수 없는 결과가 나온다는 문제가 있고, 문제발생 시 책임을 져야 하기에 월가에서는 인공지능을 퀀트 투자에 많이 활용하지 않고 일부분만 활용한다."는 책의 내용과 다른 답변을 들었다. 이 책에서 월가의 금융 인공지능의 실제 활용여부는 확인할 수 없었지만 글을 잘 써 책의 흥미성만을 두고 봤을 때 높은 점수를 줄 수 있다. 『월스트리트 퀀트 투자의 법칙』(비즈니스북스, 2019)은 실제 금융권 3년차 정도만 되면 대부분의 내용을 알 수 있는 투자론 위주의 쉬운 내용이다. 하지만 입문자나 일반인들은 한 번 볼 만한 책이다. 또 교과서 같은 내용으로 깊이는 없으나 퀀트 투자의 기초적인 내용을 다루고 있다는 측면에서 참조할 만하다.[19]

---

19 현대자산운용 이성민 퀀트운용본부장이 제공한 '퀀트 투자 면접 질문'을 참조하라.

퀀트 투자 입문 및 개론서

이 책의 뒷부분인 'Part 2: 퀀트 인터뷰 - 다양한 퀀트들의 삶과 미래'의 퀀트 투자 인터뷰에서 소개할 강환국 님의 대표적인 저서『할 수 있다! 퀀트 투자』(에프엔미디어, 2017),『하면 된다! 퀀트 투자』(에프엔미디어, 2021),『거인의 포트폴리오』(페이지2북스, 2021)를 퀀트 투자 개론서와 심화서로 추천한다. 강환국 님은 15만 회원(2022년 8월 기준)을 갖고 있는 퀀트 투자 유튜버로 '퀀트 투자 대중화'에 일익을 담당하고 있다. 홍용찬 님의『실전 퀀트 투자』도 퀀트 투자를 위한 국내 주요 입문서로 참조할 내용이 많다. 이 책들은 기본적 분석위주의 퀀트 투자를 다루고 있으므로 기술적 분석의 퀀트 투자 책을 보려면 systrader79의 책『주식투자 리스타트』(에디터, 2012)를 참조하면 좋다. 또 암호화폐 트레이딩과 관련해서는 강환국 님과 systrader79가 공동집필한『가상화폐 투자 마법 공식』(린퍼블리싱, 2018)도 참조하라. 최근에 나온『현명한 퀀트 주식투자』(이레미디어, 2021)는 뉴지스탁 알고리듬 트레이딩 플랫폼인 '젠포트'를 이용한 퀀트 투자 활용법을 소개하고 있으나 중요한 퀀트 투자 공식이 상당히 많이 나온다는 점에서 꼭 참조하길 바란다.

파이썬 활용 퀀트 입문

『퀀트 전략 파이썬으로 세워라』(비제이퍼블릭, 2019),『금융 데이터를 위한 파이썬』(비제이퍼블릭, 2020),『손에 잡히는 퀀트 투자 with 파이썬』(위키북스, 2022)은 파이썬을 이용한 금융분석 국내서적으로 간결하게 집필됐다는 점에서 참조할 만하다. 자산운용사에서 20년 이상 근무한 곽승주 님의『파이썬으로 배우는 포트폴리오』(길벗, 2021)는 '포트폴리오 관점의 금융분석'과 '퀀트 투자 기초'를 파이썬으로 구현했다는 점에서 잘 쓰인 수작이다. 또 이브힐피시의 저서인『파이썬을 이용한 알고리즘 트레이딩』(제이펍, 2021)도 참조하라. 개인적으로 파이썬을 활용한 금융 데이터 분석에서 가장 추천하는 책은 『파이썬 증권 데이터 분석』(한빛미디어, 2020)이다. 꼭 참조하길 바란다.

R을 활용한 퀀트 입문

『R을 이용한 퀀트 투자 포트폴리오 만들기』는 R을 이용한 퀀트 투자 입문서로 국내에서는 독보적인 책이다. 저자가 인터넷으로 책의 내용을 모두 공개[20]하고 있다는 점에서 국내 퀀트 투자 동호인들에게 많은 기여를 하고 있다고 생각한다. 아울러 국내서로 조금 수준 있는 『R 언어로 짜는 금융 프로그래밍』(서울경제경영, 2015)을 추천한다. 이 책은 저자가 중앙대학교 금융공학융합 과정에서 R 프로그래밍 입문서 1권과 함께 '금융공학 실습' 교재로 활용한 책이다(공저자 중 한 명인 장기천 박사와 잘 알고 있어 '강의노트'와 'R 코드'를 지원받아 수업에 활용했다). R을 활용한 금융분석 책이 번역돼 많이 출간돼 있으나 추천할 만한 책은 에이콘출판사에서 출간한 『R고 하는 금융 분석』(2017)이다. 그 외 『R로 하는 퀀트 트레이딩』(2017), 『데이터 과학자를 위한 금융 분석 총론』(2019)을 참조하면 좋다.

---

20 『퀀트 투자 포트폴리오 만들기(개정판)』(제이펍, 2021) https://hyunyulhenry.github.io/quant_cookbook/

Chapter.3
퀀트 3.0, 인공지능을 만나다

"사람과 구분할 수 없다면 그것은 지능으로 봐야 한다."

— 앨런 튜링, 1954

"우리는 모바일 퍼스트를 지나 인공지능 퍼스트로 나아가고 있다."

— 순다 피차이, 구글 CEO

"'기계가 생각할 수 있을까?'라는 질문에 대해 생각해 보자. 그렇다면 우선 '기계'와 '생각하다'의 의미를 정의해야 한다. 두 단어의 일반적 용법을 최대한 반영하도록 정의할 수도 있겠지만 그런 방법은 위험하다. '기계'와 '생각하다'의 의미를 일반적 용법에서 찾으려 한다면 '기계가 생각할 수 있을까?'라는 질문의 의미와 답은 갤럽 여론조사 같은 통계조사에서 찾아야 한다는 결론에 이를 수밖에 없다. (중략) 이 새로운 형식은 '이미테이션 게임(흉내게임)'이라고 부를 수 있을 것이다."

- 앨런 튜링, "계산기계와 지능Computing Machinery and Intelligence",
『마인드Mind』 59권 236호(1950년)

기계는 생각할 수 있는가? - '앨런 튜링'에서 '허사비스'까지

인공지능을 상상한 인물 중 단연 앨런 튜링은 이 책이 논의하고자 하는 인공지능^{AI}과 암호학(블록체인)의 선각자라 할 수 있다. 영화 「이미테이션 게임」에서 앨런 튜링은 영국 암호 팀 소속으로 '이니그마' 암호를 풀어 독일군의 전략을 결정적으로 약화시켜 전쟁이 끝나도록 하는 데 크게 기여했다. 튜링은 비교적 이름이 없는 철학저널인 『마인드^{Mind}』에 "계산기계와 지능^{Computing Machinery and Intelligence}"을 게재했고, 이 논문은 인공지능의 역사에서 가장 중요한 것으로 간주되고 있다. 당시 튜링은 24세로 케임브리지 대학원생이었다.

오래전부터 인공지능은 해외영화에 자주 등장했다. 국내에서는 영화와 함께 드라마가 더 인기를 끌었는데 「보그맘」, 「로봇이 아니야」 등이 있다. 「로봇이 아니야」의 주인공인 인공지능 로봇의 이름은 아지이다. 아지는 실제 인공지능에서 최고 단계의 강인공지능인 AGI^{Artificial General Intelligent}를 뜻한다. AGI는 일반 인공지능 또는 범용 인공지능으로 불린다. 유발 하라리의 작품 중 『사피엔스』(김영사, 2015)에서도 잠시 나오지만 호모사피엔스가 가장 강력하게 성공한 이유 중 하나가 상상하는 능력과 그것을 실현하는 능력이다. 앞서 말한 알파고와 같은 특정 분야에서만 기능을 발휘하는 약인공지능[1]에서 최종적으로 이런 강인공지능을 만드는 데 모두 관심을 갖고 있다. 두 번째 인물로는 딥마인드의 공동 창업자이자 CEO인 데미스 허사비스이다.

최초의 프로그래머 '에이다 러브레이스'

에이다 러브레이스^{Ada Lovelace}는 호기심 많고 수학과 공학을 좋아하는 영국 여성이다. 그녀는 1815년에 낭만파 시인 바이런의 딸로 태어나 초기

---

1   약인공지능(Narrow AI): 보통 국내에서 약인공지능으로 불리나 약하다는 의미가 아니라 영어에서와 같이 좁은 영역에 해당하는 인공지능임을 알 수 있다.

컴퓨터 과학에 인상적인 발자취를 남겼다. 본명은 어거스터 에이다 바이런Augusta Ada Byron이지만 러브레이스 백작과 결혼해 에이다 러브레이스Ada Lovelace가 됐다. 에이다의 어머니는 남편인 바이런 집안의 방탕함(바이런은 잘생긴 외모에 상원의원이자 유명한 시인으로, 여성편력이 있었다고 한다.)과 무절제함이 딸의 인생에 영향을 미칠 것을 염려해 문학공부보다는 이과공부를 하게 했다.

에이다는 찰스 배비지Charles Babbage의 연구에 대한 좋은 이해자이자 협력자였고, 배비지가 고안한 해석기관을 공동작업했다. 해석기관에 처리할 목적으로 작성된 알고리듬(베르누이 수를 구하는 알고리듬)이 최초의 컴퓨터 프로그램으로 인정돼 '세계 최초의 프로그래머'라는 수식어가 붙는다. 또 프로그래밍 언어에서 사용되는 중요한 개념인 루프, GOTO문, IF문과 같은 제어문의 개념을 소개했다. 초기 프로그래밍 언어인 에이다 프로그래밍 언어는 그녀의 이름을 따서 만들어졌다. (IHOK에서 개발한 카르다노Cardano 플랫폼에서 사용하는 암호화폐 에이다도 에이다의 이름을 따서 만들어진 것이다.) 말년에는 어머니의 바람과 달리 여러 남자와 스캔들을 뿌렸고 자신의 수학적 재능을 이용해 도박에 뛰어들었으나 재산을 탕진했다. 그녀는 36세에 자궁암을 치료하던 사혈요법에 의한 부작용으로 사망했다. 아버지인 바이런이 말라리아 열병이 들자 사혈요법으로 치료하다 사망한 것도 36세였다.

참고로 『아인슈타인이 괴델과 함께 걸을 때』(소소의책, 2020)라는 책을 보면 충격적인 이야기가 나온다. 이 책에는 한 챕터에 걸쳐 작가가 에이다에 관해 조사한 내용이 쓰여 있다. 여러 서신에서 유추해 볼 때, 실제 에이다는 기초적인 수학도 잘 이해하지 못했고, 최초로 작성된 프로그램이라고 추앙받는 주석문도 대부분 찰스 배비지가 대신 작성해 줬다고 한다. 배비지가 당시 영향력이 있던 에이다가 한 일처럼 꾸밀 필요가 있었다는 것이다. 이 책을 읽고 나면 사실상 에이다에 대한 환상이 깨진다. 하지만 이런 여러 논란에도 불구하고 그녀에게는 여전히 세계 최초의 프로그래머라는 수식어가 붙는다.

그림 3-1 스탠퍼드대학교 교수이자 구글 수석과학자인 페이페이 리는
2009년 이미지 인식 인공지능을 개선하는 이미지넷(ImageNet)을 개발했다(출처: TED).[2]

스탠퍼드 인공지능연구소장인 '페이페이 리'

'에이다Ada'만큼 현대에도 컴퓨터 발전에 영향을 미친 여성 엔지니어가 있는데, 머신러닝 분야에서 독보적인 성과를 낸 '페이페이 리Fei-Fei Li'이다. 리는 1976년 중국 베이징에서 태어나 쓰촨성 청두에서 성장했다. 1992년 16세 때 부모님을 따라 미국으로 이주했다. 그녀는 프린스턴대학교 전액장학생으로 입학해서 컴퓨터 과학 및 공학을 전공했다. 졸업 후 매킨지, 퀄컴, 골드만삭스 등의 제의를 뿌리치고 한때 티벳에서 전통의학(중의학)을 공부하기도 했다. 티벳에서 돌아온 그녀는 캘리포니아공대에 진학해 인공

2 　"어떻게 컴퓨터가 사진을 이해하게 됐는가?" - 페이페이 리 TED강연. https://bit.ly/3oLzkpk

지능과 컴퓨터신경과학을 전공하여 박사학위를 받았다. 인공지능과 관련된 메이저 학술지에 게재한 논문만 100편이 넘었는데 스탠퍼드대학교는 이런 그녀의 업적을 인정해 33세에 종신교수로 임명해 스탠퍼드대학교에서 컴퓨터비전Computer Vision 연구실을 이끌게 됐다. 페이페이 리를 유명하게 만든 것은 딥러닝을 다시 등장하게 만들었던 이미지 인식 경연대회ILSVRC, ImageNet Large Scale Visual Recognition Challenge이다. 2012년 이미지넷 대회에서 제프리 힌턴 교수의 슈퍼비전 팀이 딥러닝 기술로 압도적 우승을 해 세상을 깜짝 놀라게 했다. 그후 해가 거듭됨에 따라 더욱 발전해 2017년에는 에러율을 3%대로 낮추게 돼 인간의 능력을 능가하게 됐다. 리가 만든 이미지 데이터 플랫폼인 이미지넷의 풍부한 데이터베이스는 딥러닝 알고리듬인 영상 이미지 딥러닝의 발전, 즉 합성곱신경망CNN에 매우 큰 기여를 했다. 2016년 11월부터 2018년까지 구글에서 AI와 머신러닝 팀의 수석과학자로 '구글 AI중국센터'를 이끌었고, 이후 다시 스탠퍼드대학교로 돌아가 인공지능 프로젝트를 추진했다. 현재 그녀는 트위터twitter에 합류해 인공지능 기술을 개발하고 있다.

그림 3-2 인공지능 4대 천왕(좌측부터 얀 르쿤, 제프리 힌턴, 요슈아 벤지오, 앤드루 응)

(출처: 앤드루 응의 페이스북)

딥러닝 혁명의 차세대 리더 4인방(F4)

1987년부터 캐나다 토론토대학교에서 컴퓨터 과학을 가르치던 제프리 힌턴Geoffrey Hinton 교수를 포함한 일부 연구자들이 끈질기게 신경망을 연구했다. 그리고 금세기 들어 하드웨어 처리능력과 빅데이터의 폭발적인 증가로 머신러닝과 딥러닝이 괄목할 만한 성장을 이뤘다. 2012년에 제프리 힌턴 교수와 제자 두 명이 영상인식 경쟁(이미지넷 대규모 시각 인식 경진대회, 2012)에 새로운 신경망을 도입한 후에야 세상이 신경망을 진지하게 받아들이기 시작했다. 힌턴의 연구 팀이 도전한 과제 중 하나가 바로 개를 인식하는 것이었다. 이들이 개발한 인공지능 알고리듬은 딥러닝의 르네상스를 열었다.

인공지능: 시각지능(CNN)에서 언어지능(RNN)까지

현재 인공지능에서 가장 좋은 성능을 발휘하는 분야는 시각지능이다. 시각지능의 획기적인 발전은 앞서 언급했듯이 연산속도, 빅데이터, 딥러닝 로직(컨볼루션 딥러닝)의 비약적인 발전에 힘입은 바가 크다. 또 순환신경망의 발전을 통해 언어지능의 발전도 가속화됐다.

딥러닝 분야를 주도하는 것은 구글(알파벳) 산하의 AI개발기업인 영국의 '딥마인드Deep Mind'이다. 2016년 3월 이세돌 9단을 이긴 '알파고'를 개발한 곳에 바로 딥마인드이다. 알파고가 이세돌과 커제를 상대로 승리를 거둔 것은 뇌과학을 바탕으로 한 AI의 패턴 인식이 최고 전문가보다 뛰어난 수준에 이르렀음을 보여준다. 다만 딥마인드의 설립자인 데미스 허사비스는 체스를 넘어 바둑게임과 같은 약인공지능의 영역에서 알파고는 강화학습으로 강인공지능의 가능성을 엿보았을 것으로 생각된다. 사실 『마스터 알고리즘』(비즈니스북스, 2016)에서 페드로 도밍고스는 각각의 인공지능 알고리듬이 통합돼 마스터 알고리듬이 구현되는 날 인간을 위협하는 수준의 강인공지능이 나타날 것으로 기대하고 있다. 블록체인 기술도 이와 같이 통합되고 호환성을 갖는 현상이 나타날 것으로 판단된다. 이에 대해서는 '5장. 퀀트 3.0, 블록체인을 만나다'에서 자세히 살펴보도록 하자.

인공지능의 핵심: 생체 신경망을 흉내 낸 인공신경망

뉴런이란 신경계와 신경조직을 이루는 기본단위로 알려져 있는 세포로 신경계의 모든 작용이 신경세포와 신경세포 간의 상호작용으로 이뤄진다. 예를 들어 우리 몸의 내부와 외부에 자극을 가하면 일련의 과정을 통해 뉴런은 자극을 전달하게 되며, 최종적으로 척수와 뇌 등의 중추신경계에 도달하고 중추신경계에서 처리한 정보를 다시 우리 몸으로 전달해 명령을 수행하게 된다. 즉 뉴런이 흥분하면 연결된 뉴런으로 화학물질을 전송한다. 이렇게 뉴런 내의 전압을 바꾸게 된다. 만일 어떤 뉴런의 전압이 임계 값threshold을 넘으면 해당 뉴런이 활성화된다.

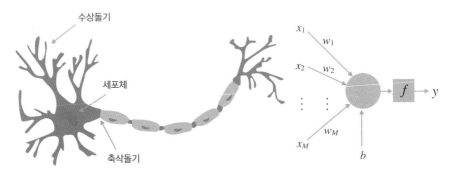

그림 3-3 생물체의 뉴런(좌)과 인공 뉴런(우)

좀 더 자세히 살펴보면 신경세포들은 서로 연결돼 전기적 신호를 주고받는 신경망을 형성하고 있다. 그림 3-3과 같이 신경세포는 세포체Cell Body, 수상돌기dendrite, 축삭돌기axon로 구성된다. 세포체는 세포핵을 포함하는 신경세포의 크고 둥근 부분을 가리키고, 수상돌기는 다른 세포로부터 오는 신호 대부분을 받아들이는 신경세포의 연장부분이다. 축삭돌기는 다른 신경세포로 신호를 보내는 수단이다. 인공신경망은 컴퓨터 시뮬레이션에 의한 복잡한 시스템의 행동을 연구하는 데 사용되는 정보처리 패러다임이다. 이는 인간의 두뇌에 의한 정보의 생물학적 처리방법에서 영감을 받았다. 패러다임의 핵심요소는 정보처리 시스템의 새로운 구조이다. 인공신경망의 목표는 인간의 뇌와 같은 방식으로 특정한 문제를 해결하는 것이다.

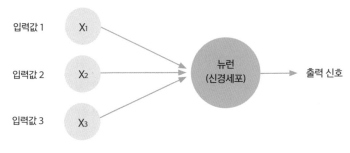

그림 3-4 단순화한 신경망의 구조

뉴런, 즉 신경세포는 다른 뉴런과 연결됐을 때 준수한 계산을 하고 행성에서 가장 복잡한 기계인 인체를 작동시키는 것을 돕는다.

시냅스는 신경세포 간의 연결부위로 화학적 또는 전기적 수단으로 다른 신경세포와 소통하는 통로 역할을 한다. 수상돌기로부터 입력된 전기신호는 세포체로 전달되고, 다른 세포와 연결돼 있는 여러 수상돌기로부터 전달된 전기신호의 합이 임계 값 이상일 경우 활성화돼 축삭돌기를 통해 화학적 물질로 배출된다. 이렇게 배출된 화학적 물질은 시냅스에서 전기신호로 다시 변환돼 다른 신경세포에게 전달된다. 이때 신경세포에서 출력되는 전기신호는 그대로 다음 세포에 전달되는 것이 아니라 두 세포 간의 연결강도에 따라 다른 값을 전달하게 된다. 신경세포들은 학습이라는 과정을 통해 세포 간의 연결강도를 조절한다. 신경세포들은 시냅스와 수상돌기를 통해 서로 연결돼 망을 형성하게 되는데, 이것을 신경망이라고 부른다. 인간의 신경망을 흉내 내 만들어 낸 것이 바로 인공신경망이다.

인공지능과 머신러닝: 기원과 정의[3]

인공지능은 1956년 여름 존 매카시가 다트머스 칼리지에서 주최한 워크숍인 "인공지능에 관한 다트머스 여름 연구 프로젝트"에서 시작됐다고 널리 알려져 있다. 마빈 민스키와 클로드 섀넌을 포함한 많은 저명한 수학자들과 과학자들이 이 6주간의 브레인 스토밍 워크숍에 참석했다. 워크숍 제안서에는 '인공지능'이라는 용어를 도입해 다음과 같은 목표를 명시했다. 이 연구는 학습의 모든 측면이나 지능의 다른 특징들을 원칙적으로 기계를 시뮬레이션할 수 있을 정도로 정밀하게 기술될 수 있다는 추측에 근거해 진행됐다. 기계들이 언어를 사용해 추상화와 개념을 형성하고 현재 인간의 문제들을 해결하고 스스로 향상시키는 방법을 찾는 시도가 있는 것을 의미한다. 이후 1957년 미국의 심리학자이자 컴퓨터 과학자인 프랭크 로젠블라트는 '형식뉴런'을 몇 가지로 조합해 '인공신경망'을 개발했다. 로젠블라트는 자신이 개발한 최초의 신경망에 '퍼셉트론'이라는 이름을 붙였다. 퍼셉트론은 인간이 가르쳐주지 않아도 스스로 삼각형과 사각형 등 도형의 차이를 인식해 분류한다. 이처럼 퍼셉트론은 스스로 배우는 '기계학습(머신러닝)'의 능력을 갖춘 첫 AI로 기대를 모았지만 당시 컴퓨터 하드웨어 처리능력의 한계 때문에 일반에게 보급되지 못했다.

---

3 인공지능, 머신러닝, 딥러닝과 관련해서 추천 요청이 오면 다음의 3권을 추천한다. 3권을 읽고 나면 더 많은 좋은 책을 볼 수 있으리라 생각된다.

1. 『알고리즘으로 배우는 인공지능, 머신러닝, 딥러닝입문』(김의중, 위키북스, 2016)

2. 『밑바닥부터 시작하는 딥러닝1』(사이토 고키 저, 한빛미디어, 2017)

3. 『혼자 공부하는 머신러닝+딥러닝』(박해선, 한빛미디어, 2020, 무료 동영상강좌 https://bit.ly/343s8xr)

또 웹 자료 및 동영상 강좌 등을 Teddy Lee 님이 정리한 '머신러닝 스터디 혼자 해보기'(https://bit.ly/3N5JJ9k)를 참조하라. 국내에서 가장 광범위하게 머신러닝 공부자료를 정리했다. 일독을 권한다.

퍼셉트론 – 신경망의 핵심

퍼셉트론을 도식화하면 그림 3-5와 같다. 입력에 가중치를 곱한 수치를 더하고, 그 값이 0 이상일 때는 등급 1, 0 미만일 때는 등급 2로 분류하는 단순한 알고리듬이다. 퍼셉트론 1개로는 단순한 모델만 표현할 수 있기 때문에 복잡한 모델을 표현하려면 퍼셉트론을 복수의 층으로 겹칠 필요가 있다. 신경망의 구조 자체는 퍼셉트론과 비슷하지만 퍼셉트론이 활성화 함수에 계단함수를 이용해 0이나 1을 출력한다면, 신경망은 로지스틱 시그모이드 함수나 렐루ReLu 함수를 사용함으로써 고도의 학습을 할 수 있다.

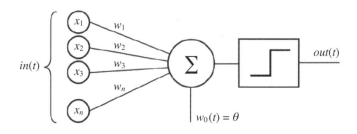

그림 3-5 퍼셉트론: 인공 뉴런에서 활성화 함수에 계단함수를 사용한 것으로
신경세포처럼 임계 값 이하이면 0, 그 이상이면 1을 출력한다.

인공신경망은 입력층에서 출력층으로(순전파), 출력층에서 입력층으로(역전파) 그리고 양방향으로 신호를 보낼 수 있다. 신경망에서 입력부터 출력까지의 계산은 왼쪽부터 오른쪽 순서로 진행되는데 학습 과정은 반대방향으로 진행된다. 즉 인공신경망이 최종 출력값을 계산해 보니 그 결과가 맞지 않다면 뒤로 돌아가서 각 노드의 가중치들을 재조정하게 된다. 이처럼 실수로부터 배워서 고치는 과정을 '역전파Back Propagation'라고 하는데 이것이 최근의 인공신경망 학습에서 가장 성공한 신경망 알고리듬 중 하나이다. 출력층에서 입력층으로 가는 역전파는 출력과 정답 사이의 오차error에 따라 신경망의 연결 세기를 조율하는 데 이용될 수 있다.

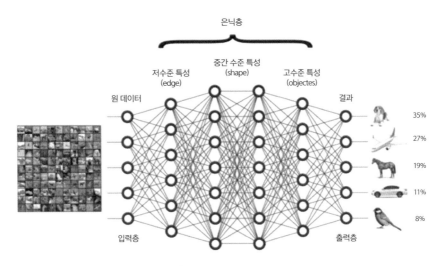

그림 3-6 이미지와 물체 인식을 위한 심층신경망 구조: CNN의 원리

금융 인공지능에서 머신러닝의 활용도는 높다

그림 3-6에는 여러 사진들이 있다. 사진 속의 내용이 어떤 것인지 구분하려면 각 사진 속에 나오는 것들에 대한 특성feature을 추출해 낼 수 있어야 한다. 다수의 입력에서 특성을 추출해 각 범주에 내한 것으로 학습하는 과정을 특성학습Feature Learning이라고 한다. 합성곱신경망CNN은 이런 특성을 학습하는 대표적인 모형이다. 이는 인간의 시각 정보처리 방식을 흉내 낸 것으로 이미지 인식과 분류에 탁월하다. 이런 신경망은 깊게 쌓인 은닉층 (저수준 특성, 중간 수준 특성, 고수준 특성)을 지날 때마다 자주 나타나는 요소들의 특성이 추출되며 점점 더 추상화된다. 합성곱신경망의 기본원리는 이처럼 입력과 가까운 층에서 가장자리edge, 곡선curve과 같은 저수준 특성을 학습하고, 점차 높은 층으로 갈수록 모양shape과 같은 중간 수준의 특성에서 물체의 일부분Object Parts과 같은 고수준 특성을 인식한다. 출력층에서는 물체의 종류를 인식하는 등 복잡한 추론을 수행한다. 다층 처리를 통해 초기의 '저층' 특성 표현을 '고층' 특성 표현으로 바꾼 후 '단순한 모델'을

사용해 복잡한 분류 등의 학습문제를 해결한다. 따라서 딥러닝 학습은 특성학습Feature Learning 또는 계층적 표현학습Hierarchical Representations Learning이라고 이해할 수 있다.

딥러닝 개론 - 지도학습, 비지도학습, 강화학습

머신러닝은 학습 데이터에 레이블이 있는 경우와 그렇지 않은 경우에 따라 각각 지도학습과 비지도학습으로 구분한다. 레이블이라는 것은 학습 데이터의 속성을 분석하고자 하는 관점에서 정의하는 것이다. 레이블은 사람이 사진을 보고 정의한 것이기 때문에 그런 레이블된 사진을 읽어서 학습하는 컴퓨터 입장에서는 사람으로부터 지도를 받은 것이므로 지도학습이 된다. 반면에 입력 데이터에 레이블이 없다면 컴퓨터가 사람으로부터 지도를 받은 것이 없기 때문에 비지도학습이라 한다. 강화학습은 시행착오 과정을 거쳐 학습하기 때문에 사람의 학습방식과 매우 유사하다. 이런 이유로 혹자는 강화학습이 인공지능의 핵심이라고 말하기도 한다. 즉 에이전트는 환경으로부터 상태를 관측하고 이에 따른 적절한 행동을 하면 이 행동을 기준으로 환경으로부터 보상을 받는다. 관측은 상태로 변환된다. 에이전트는 일련의 '관측-행동-보상'의 상호작용을 반복하면서 환경으로부터 얻은 보상을 최대화하는 태스크를 수행해야 하는데 그 태스크를 수행하기 위한 일련의 과정이 바로 강화학습이다.

딥러닝에 자주 사용되는 용어

다음은 딥러닝에 자주 사용되는 용어이다. 주로 딥러닝을 공부할 때 신경망에 대해서 배우고 난 후 이미지 식별을 위한 합성곱신경망CNN, 자연어 처리나 시계열을 위한 순환신경망RNN 등을 배우고 좀 더 심화된 내용으로 장단기메모리LSTM 신경망, 생성적 적대신경망GAN, 변분 오토인코더VAE 등을 배운다.

- **퍼셉트론(Perceptron)** - 인공신경망의 한 종류로 프랭크 로젠블라트에 의해 고안됐다. 가장 간단한 형태의 순전파(feedforward) 네트워크로 볼 수 있다.

- **특성공학(Feature Engineering)** - 딥러닝 모형의 성능을 최대한 끌어낼 수 있도록 입력변수를 선택하고 튜닝하는 기법(유사어: 특성추출)이다.

- **심층신경망(DNN)** - 입력층과 출력층 사이에 여러 개의 은닉층들로 이뤄진 인공신경망이다.

- **합성곱신경망(CNN)** - 시각적 영상을 분석하는 데 사용되는 다층의 피드포워드 인공신경망의 한 종류이다.

- **순환신경망(RNN)** - 시간의 흐름에 따라 변화하는 데이터를 학습하기 위한 인공신경망이다(예: 음성인식, 시계열 분석에서 활용).

- **장단기메모리(LSTM) 신경망** - 순환신경망 기법의 하나로 셀, 입력 게이트, 출력 게이트, 망각 게이트를 이용해 기존 순환신경망의 문제인 기울기 소멸문제를 방지하도록 개발됐다.

- **생성적 적대신경망(GAN)** - 비지도학습에 사용되는 알고리듬으로 제로섬 게임 틀 안에서 서로 경쟁하는 2개의 신경 네트워크 시스템에 의해 구현된다. 이안 굿펠로우에 의해 발표됐다.

- **변분 오토인코더(VAE)** - 오토인코더의 변형된 기법으로 기계가 학습한 영역의 정보를 좀 더 정확하게 전달하는 기술이다.

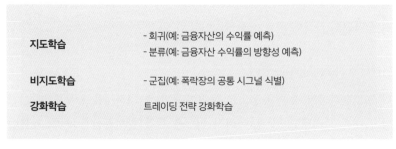

그림 3-7 머신러닝과 금융 활용 사례

머신러닝과 딥러닝의 금융시장 및 업무 적용

금융시장에서의 머신러닝과 딥러닝의 적용이 계속되고 있다. 해석 가능성, 데이터 융합, 하드웨어 기술은 퀀트 분야의 지속 가능한 발전을 위한 머신러닝의 가장 활발한 연구 분야이다. 블랙박스라는 측면에서 트레이딩과 규제 측면에서 여러 해결해야 할 과제가 많은 것은 사실이지만 점차 투자자와 규제기관의 머신러닝 알고리듬에 대한 자신감이 쌓여 감에 따라 금융에서 머신러닝 활용은 필수적인 것으로 바뀔 것으로 생각한다. 이런 자신감과 신뢰를 쌓는 데는 설명가능(XI)한 머신러닝이 중요한 역할을 할 것으로 기대한다. 금융에서의 머신러닝 연구의 두 번째 초점은 데이터 융합을 위한 효율적인 알고리듬을 설계하는 일이 될 것이다. 금융 관련 데이터는 뉴스 데이터, 거래내역 등 다양한 유형이 있을 수 있다. 다양한 금융 데이터에서 유용한 정보를 추출하는 방법은 학술연구 및 실무적용 측면에서 매우 중요한 주제이다. 마지막으로 머신러닝은 하드웨어와 고성능 컴퓨팅의 개발 없이는 더 이상 발전할 수 없다. 널리 알려진 대로 딥러닝 알고리듬은 수십 년 전에 제안됐지만 최근에야 성공적인 애플리케이션이 많이 등장하게 됐다. 이는 이런 알고리듬을 도입할 당시 컴퓨팅 기술은 딥러닝 알고리듬을 구현할 준비가 거의 돼 있지 않았기 때문이다. 앞으로 데이터 크기는 기하급수적으로 증가하고 알고리듬은 점점 더 정교해질 것이다. 이를 위해서는 대규모 컴퓨팅 기술이 필요하다. 따라서 분산 시스템, 양자 컴퓨팅 등은 잠재력과 영향력이 매우 큰 연구 분야로 떠오르고 있다.[4]

---

4   금융 머신러닝에 관심 있는 독자를 위해 저자가 '[AI퀀트] 금융 머신러닝 공부를 위해 봐야 할 동영상'이라는 제목으로 브런치에 정리한 8편의 금융 머신러닝 추천 동영상을 참조하길 바란다. '초단타 매매 전략 소개 및 트렌드(권용진), 금융과 딥러닝 – 금융 영역에서의 딥러닝은 어떻게 다른가?(문효준), 금융시장예측, 인공지능으로 가능한가?(SK C&C)' 등 8편의 핵심 동영상을 소개하고 있다. https://bit.ly/3smMgm9

내가 왕이 될 상인가? 금융 데이터의 관상(觀相)을 보다

금융의 합성곱(컨볼루션)신경망(CNN)

하루하루 생존이 목표였던 수만 년 전의 호모사피엔스의 삶이나 좀 더 최근으로 넘어와 중국을 중심으로 몇 천 년 동안 연구돼 온 『주역』이나 현대에 이르끼까지 번창하고 있는 주역점(사주)을 근거로 볼 때 인간 삶의 불확실성 때문에 산업계뿐만 아니라 개인에게도 예측이 생존에 얼마나 중요한지를 알 수 있다. 관상의 사전적 설명을 찾아보면 "상相을 봐 운명 재수를 판단해 미래에 닥쳐올 흉사를 예방하고 복을 부르는 점법"의 하나라고 나온다. 사주와 관상이 오래전부터 내려온 데이터와 패턴에 의한 예측 학문이라고 할 때 주가분석에 있어 기술적 분석은 과거의 주가 그래프 형태의 모양을 보고 미래를 예측하고자 하는 기법이다. 앞서 사진 수만 장을 훈련시켜 이미지 분석을 통해 개별 사물을 예측한 딥러닝 기법인 '합성곱(컨볼루션)신경망CNN'도 주식 예측에 사용된다.

국내 로보어드바이저 업체인 '콰라QARA'는 머신러닝 금융시장 분석에서 30년간 17개의 금융, 경제지표를 시각화한 그래프로 현 장세를 파악한 후 앞으로 진개될 새로운 국면(약세장, 평균적보합-약세장, 평균적보합-강세장, 강세장)으로 전이될 확률을 계산한다. 즉 현재의 패턴이 과거의 패턴과 기장 흡사한 결과를 머신러닝이 찾아 시장예측을 하는 것인데 딥러닝 로보어드바이저인 '코쇼KOSHO'라는 모바일 플랫폼을 통해 예측결과를 보여주고 있다.

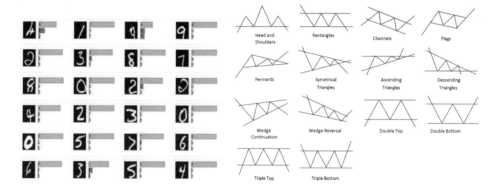

그림 3-8 합성곱신경망(CNN)은 숫자인식과 같이 금융시장에서 현재의 패턴과
유사한 과거 패턴을 학습해 미래시장을 예측하는 데 사용되고 있다(출처: J.P.Morgan).

시계열 모형의 발전 - 전통적 시계열 모형에서 딥러닝 시계열로

대부분의 데이터는 시간의 흐름에 따라 생성된 데이터이거나 특정 시점
의 데이터이다. 여기서 시간의 흐름에 따라 관측된 데이터를 시계열 데이
터Time series data라고 한다. 시계열 데이터는 과거의 데이터에 의해 현재의
데이터에 영향을 미치는 자기상관성이 있다. 정확하게 자기상관성이란 어
떤 확률변수에서 특정 시간 이전의 값이 이후의 값에 영향을 미치는 것을
의미한다. 이런 자기상관성으로 모형을 구성한 것이 자기회귀AR모형이다.
또 시간이 지날수록 어떤 확률변수의 평균값이 지속적으로 증가하거나 감
소하는 변화가 생길 수 있다. 이동평균을 시계열로 구성한 것을 이동평균
MA모형이라고 한다. 자기회귀이동평균ARMA모형은 AR모형과 MA모형을 결
합해 놓은 형태로 시계열 데이터분석에서 많이 활용되는 모형이다. 현재
시계열 데이터는 과거 시계열 데이터 데이터들의 과거 잔차들의 조합으
로 설명된다는 모형이다. 자기회귀누적이동평균ARIMA모형은 차분 시계열
에 ARMA모형을 적용한 모형이다. ARIMA모형은 시계열 자체로는 정상성
Stationarity이나 평균회귀 특성이 없어도 이를 차분differencing한 시계열은 추세

나 계절성이 감소하여 정상성이 있을 수 있게 된다. 즉, 정상성이 없는 주가와 같은 데이터는 차분한 형태인 ARIMA모형을 적용해 볼 수 있다.

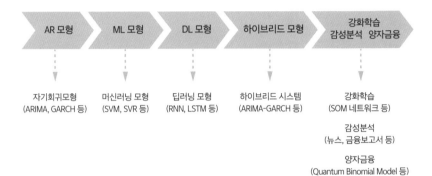

그림 3-9 시계열 모형의 발전 단계: 전통적 시계열에서 딥러닝 시계열로[5]

최근에 각광받고 있는 딥러닝 모델로 순환신경망[RNN]이 있다. 순환신경망의 경우 시계열 데이터뿐만 아니라 음성, 문자 등 순차적으로 등장하는 순차 데이터에 적합하다. 이에 대한 보완책이 장단기메모리[LSTM, Long Short Term Memory] 모형이다. 그다음이 뉴욕대학교 조경현 교수가 개발한 게이트 순환 유닛[GRU, Gated Recurrent Unit]이고, 최근에는 전통적인 시계열 모형과 딥러닝 시계열 모형이 결합되는 하이브리드 딥러닝 모형이 기존의 모형보다 우월한 성과를 나타낸다고 많은 논문에서 발표됐다. 이 책에서는 순환신경망[RNN]과 장단기메모리[LSTM] 모형만 살펴보기로 한다.

5 Machine Learning for Quantitative Finance Applications: A Survey, Francesco Run et al, applied science, 2019.(https://bit.ly/3phxGvv)

순환신경망(RNN)과 장단기메모리(LSTM) – 금융 시계열 예측하기

앞서 페이페이 리 교수의 이미지넷을 활용한 고양이 사진 인식 등 이미지 인식과 같이 수백만 장의 사진을 학습해 패턴을 인식하는 정적인 데이터에 대한 합성곱신경망CNN의 활약과 함께 최근에는 순환신경망Recurrent Neural Network이 주목받고 있다. (순환신경망 외에 재귀신경망, 반복신경망으로도 번역되고 있다.) 리커런트Recurrent는 '되먹임', '순환하다'라는 의미로 현재 시각의 정보를 처리할 때 조금 전 시각의 정보와 통합한 후 처리 및 출력하는 것을 의미한다. 자신의 과거 데이터에서 배우는 메커니즘으로 자기상관성을 가지는 시계열 분석Time Series Analysis에 사용하는 원리와 유사하다. 대부분의 금융 딥러닝 분석에서 손글씨 인식과 같이 주가차트의 패턴을 합성곱신경망CNN으로 분석하는 경우도 있으나 순환신경망RNN과 그것의 일종인 장단기메모리LSTM 모형으로 분석하는 경우가 대다수를 차지하고 있다. 자율주행에 있어서도 시시각각으로 변화하는 풍경을 포착하고, 자동차와 사람의 움직임을 예측해서 반응할 수 있는 분야에 사용되고 있다.

증권 및 운용영역의 분야에서는 주로 트레이딩 시스템에서 예측 정확도와 수익률 향상을 도모하는 데 활용된다. 트레이딩 시스템에서 매매체결을 할 수 있는 각종 트레이딩 기법들이 있으며, 트레이딩 기법에 머신러닝과 딥러닝 기법을 적용하기 위한 연구들이 지속적으로 진행되고 있다. 금융시장의 시계열 데이터는 본질적으로 비선형성, 비정형 데이터인데 노이즈가 심하다. ARMA ARIMA, GARCH 모형과 같이 통계방법을 기반으로 하는 기존의 모형들은 선형성 가정 때문에 분석에 한계가 있다.

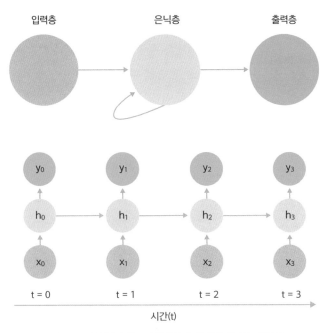

입력층   은닉층   출력층

$t = 0$ $t = 1$ $t = 2$ $t = 3$

시간(t)

그림 3-10 순환신경망(RNN)의 일반적 예(위)와 시점별 예(아래).
순환신경망은 순환구조를 가지며, 출력을 다음의 입력으로 사용하는 것이 특징이다.

최근에는 대체 데이터Alternative Data, 빠른 연산속도, 비선형분석에 강점이 있
는 알고리듬 적용으로 딥러닝 알고리듬 트레이딩이 각광받고 있다. 그중
금융 및 경제변수가 시계열적인 특성을 보인다는 짐에서 시퀀스sequence를
이루는 음성인식 등에 활용되는 딥러닝 기법인 순환신경망RNN, 장단기메
모리LSTM, 게이트 순환 유닛GRU의 활용이 늘어나고 있다. 순환신경망RNN은
은닉층Hidden Layer의 뉴런이 은닉층에서 활성화 함수를 통해 나온 결괏값을
출력층으로도 보내면서 다시 자기자신의 다음 계산의 입력으로 보내는 특
징이 있다. 신경망에서 은닉층의 뉴런은 각각의 시점에서 바로 이전 시점
의 은닉층의 뉴런에서 나온 값들을 계속해서 자신의 입력으로 보내는 재
귀적 활동을 한다. 이는 현재 시점에서 은닉층의 뉴런이 갖고 있는 값이 과
거의 은닉층의 뉴런 값에 영향을 받은 것으로 이전의 값을 기억하려고 하

는 일종의 메모리 역할을 하는 것이다. 그래서 은닉층을 메모리 셀이라고 부른다.

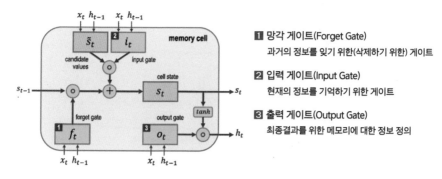

그림 3-11 장단기메모리(LSTM)의 예(출처: Fischer and Krauss(2018))[6]

다만 전통적인 순환신경망RNN은 비교적 짧은 시퀀스에 대해서만 효과를 보인다. 이런 그레이디언트 소실Gradient Vanishing(기울기 소실) 문제를 해결하고자 메모리를 도입한 장단기메모리LSTM를 주로 이용한다. 그림 3-11과 같이 장단기메모리LSTM는 은닉층의 메모리 셀에 입력 게이트, 망각 게이트, 출력 게이트를 추가해 불필요한 기억을 지우고 기억해야 할 것을 정하게 했다. 장단기메모리는 순환신경망과 달리 긴 시퀀스의 입력값을 처리하는 데 탁월한 성능을 보여준다. 직관적으로 설명하자면 인간의 단기기억(스마트폰 인증과 같이 날아온 4자리 숫자를 잠시 기억하는 것)과 장기기억(과거에 중요한 사건 등 오래도록 기억할 만한 것)을 모방해 모델링했다는 점에서 높은 점수를 줄 수 있다. 이에 반해 순환신경망RNN은 단기기억만 존재하는 셈이다.

6   Deep learning with long short-term memory networks for financial market predictions, European Journal of Operational Research, 2017.(https://bit.ly/3tDTW3Y)

알고리듬 트레이딩에서는 머신러닝 기법과 함께 앞서 설명한 시계열 딥러 닝 기법(RNN, LSTM)을 이용해 금융자산 가격 예측에 활용하기 위한 시도 가 업계와 학계에서 다양하게 진행되고 있다.

더 알아보기

딥러닝 시계열 최신 연구는 최신 논문으로 귀결된다. 앞의 전통적 시계열 모형 과 일반적인 딥러닝 시계열 모형(RNN, LSTM, GRU)을 교과서 위주(3장 추천도서 참조)로 빠르게 학습한 후 하이브리드 딥러닝 시계열 모형(CNN-LSTM, ARIMA-LSTM, CNN-GRU 모형 등)에 관한 논문을 찾아 학습하자. 관련 모형의 코드는 깃 허브에서 찾아보면 상당 부분의 모형을 검색할 수 있다. 더불어 기존 시계열 모 형과 딥러닝 시계열 모형을 결합한 하이브리드 딥러닝 시계열 논문을 작성해 보자.

최근 헤지펀드에서 활용하고 있는 것은 실제 논문 분석에서와 같이 직접 적인 주가 데이터를 활용한 순환신경망RNN, 장단기메모리LSTM 신경망이다. 하지만 이를 주가 예측에 사용하기보다는 인공위성 사진, 트위터와 같은 비정형 데이터 등 '대체 데이터Alternative Data'를 활용한 딥러닝 투자 예측에 많이 활용하고 있다. (대체 데이터에 대해서는 '4장. 퀀트 3.0, 핀테크를 만나다' 에서 자세히 살펴본다.) 기본적으로 수많은 빅데이터를 통해 모형의 예측력 을 높일 수 있을 것이라는 가정하에 딥러닝을 사용하지만, 금융 데이터의 속성상 과거의 패턴 분석이 미래에도 동일하게 적용된다는 가정이 맞지 않는다. 또 딥러닝의 속성상 이익과 손실 발생에 대한 설명가능한 부분에 대한 해결이 쉽지 않기 때문에 월스트리트와 헤지펀드 업계에서는 학계의 연구만큼 실무에서 보편적으로 사용되고 있지 않다.

'알파고(AlphaGo)'는 일부러 '이세돌'에게 한 판을 져줬는가?

빅데이터 전문가로 알려진 aSSIT[서울과학종합대학원]의 김진호 교수는 알파고와 이세돌의 격돌에서 알파고가 5 대 0으로 완승할 수밖에 없다고 언론[7]과 인터뷰를 했고, 실제로도 알파고가 우승했다. 다만 모두 아는 것처럼 이세돌 9단이 1승을 했다. 대결 전 이세돌 본인이 이 대결에서 이길 것이라고 예측한 것처럼 국민 대다수가 이세돌 9단이 우세할 것으로 점쳤다. 하지만 알파고의 딥러닝 학습능력을 알고 있었던 김진호 교수는 알파고의 완승을 예상했다. 이후 김진호 교수는 이세돌의 1승에 대해 "알파고와의 대결에서 4번째 판은 실제 이세돌 9단이 이긴 것이 아니고 알파고의 버전을 낮게 해 일부러 져줬다."고 주장했다. 일견 3승을 거둔 알파고 입장에서는 "마지막 판에 져주는 것보다는 4번째 판에 져줌으로써 이세돌의 면을 살려줬다."는 주장이었다. 하지만 많은 이들이 알파고의 개발자인 구글 딥마인드의 데미스 허사비스와 과학자인 아자 황[Aja Hwang]이 이세돌에게 일부러 져주기 위해 1승을 조작했을 가능성은 높지 않다고 생각한다. 개인적으로는 커제와 대결한 알파고 마스터 이전 단계 버전인 알파고와의 대결에서 이세돌의 1승은 값진 역사적 사건이 아닌가 싶다.

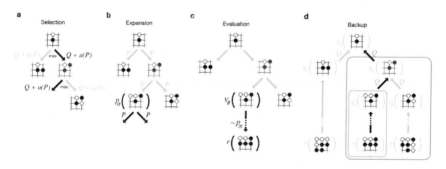

그림 3-12 알파고(AlphaGo)의 몬테카를로 트리 탐색 – 판세 평가[8]

---

7 "알파고, 이세돌에 완승할 것…구글의 인공지능 과시쇼"(2016. 2. 25, 중앙일보 종합 21면)

8 Mastering the Game of Go with Deep Neural Networks and Tree Search, David Silver et al, Nature, 2016, 딥마인드(DeepMind) https://bit.ly/3hfDWQ9

기보 없이 혼자서 학습할 수 있는 알파고 제로는 이제 바둑세계에서 은퇴했다. 그래서 바둑을 의미하는 고^{go}를 떼고 범용 강화학습 알고리듬인 '알파 제로'를 세계적인 과학저널인 『사이언스』에 게재했다.

알파고 - 강화학습 알고리듬과 몬테카를로 트리 탐색(MCTS)

앞서 설명했듯이 머신러닝은 지도학습, 비지도학습 그리고 강화학습으로 구분할 수 있다. 지도학습은 정답을 알려줘서 학습하는 것이고, 비지도학습은 정답은 없고 데이터 요소에 따라 군집화나 밀도를 추론해서 결괏값을 예측하는 것이다. 강화학습은 현재 상태에서 최적의 행동이 무엇인지 학습하는 것이다. 어떤 행동이냐에 따라 보상이 주어지는데 이 보상이 최대화되도록 학습을 반복하게 된다. 강화학습의 대표적인 예가 게임 트리 탐색 알고리듬이다. 일반적으로 게임 트리 알고리듬에서 가장 많이 사용되는 것이 최소-최대 알고리듬인데 알파고는 최소-최대 알고리듬을 개선한 몬테카를로 트리 탐색$^{MCTS, Monte Carlo Tree Search}$ 알고리듬을 사용한다.

바둑은 다양한 경우의 수를 미리 예측해서 두게 된다. 물론 얼마나 다양한 경우의 수를 미리 예측할 수 있느냐에 따라 승패가 갈리지는 않겠지만 바둑기사가 최적의 위치에 돌을 두게 할 수 있는 정보이기 때문에 경우의 수가 많으면 많을수록 좋다. 그런데 한정된 시간에 항상 모든 경우의 수를 찾을 수는 없다. 몬테카를로 트리 탐색 알고리듬은 현재 상태에서 한 단계 예측을 하고, 이 예측에 따른 시뮬레이션 결과에 따라 다음 단계를 예측하는 것이다. 이 과정을 일정 횟수 반복하게 되는데 모든 경로를 탐색할 필요가 없다는 장점이 있어 시간이 한정돼 있다면 매우 효율적이다. 정리하면 바둑과 같은 형태의 게임은 게임 트리 탐색 알고리듬을 사용하는데 모든 경우의 수를 확인할 수 없으니 몬테카를로 트리 탐색 알고리듬으로 탐색 횟수를 줄이는 것이라 생각하면 된다.

금융 인공지능의 글로벌 현황[9]

글로벌 컨설팅사인 KPMG에 따르면 금융업계는 인공지능 투자가 더욱 활성화될 것이라고 전망했다. 인공지능 투자에 적용이 기대되는 분야는 위험평가Risk Assessment(대출 신용심사 포함), 알고리듬 트레이딩, 금융시장 분석 및 조사, 투자 및 포트폴리오 관리 등이 있다. 그리고 은행대출과 보험 약관심사와 같이 위험평가에 우선적으로 인공지능이 도입되고 있다. 위험평가 분야에 인공지능을 제공하는 업체로는 AdviceRobo사, CreamFinance사, OutsideIQ사 등이 있다. 캐나다 토론토에 본사를 두고 있는 OutsideIQ사는 상위 은행 5개사 중 이미 3개사에 DDIQ라는 AI 솔루션을 제공하고 있다. DDIQ의 특징은 법인이나 개인의 위험평가에 필요한 프로파일링을 공공 데이터 출처뿐만 아니라 상세 전문 데이터 출처 7,000건까지 검색해 마치 인간이 하듯이 인공지능이 자동적으로 검색, 조사, 정리, 작성을 진행하고 있다. 전방위적으로 이런 업무들에 투입된다면 사람의 업무량을 대폭 감소시킬 수 있고, 평가심사를 받는 법인이나 개인이 기다리지 않아도 된다는 점에서 질적서비스의 향상이 이뤄질 수 있다.

금융시장 분석 및 조사의 인공지능 적용에는 골드만삭스와 같은 대형 금융회사가 다수 출자해 현재 S&P에 인수된 '켄쇼Kensho'가 유명하다. 켄쇼의 구글형 금융 검색엔진인 AI 워런Warren은 금융판 Siri시리를 표방하는 대화형 AI로 소위 챗봇형 AI 솔루션이다. 예를 들어 "원유가격이 10% 하락하는 경우 S&P500에 미치는 영향은?"이라는 자연어를 입력하면 이에 해당되는 투자정보가 검색돼 나온다. 하지만 켄쇼는 기본적으로 자연어 처리NLP, 사건연구Event Study 등에 기반한 DB형 검색엔진으로 DB가 구축돼 있는 내용에 대해서만 상세정보가 나온다는 단점이 있다. 그래서 현재 여러 인공지능 기법과 빅데이터의 구성으로 DB의 확장을 꾀하고 있다. 투자

---

9 「금융산업의 인공지능 기술현황과 발전방향에 관한 연구」, 홍창수, 백재승, 금융공학산학연구4권, 2019.
   (https://bit.ly/3L2SAaP)

및 포트폴리오 관리 분야에는 국내외적으로 로보어드바이저가 각광받고 있다. 로보어드바이저는 실제 로봇이 자동적으로 고객에게 자문하는 형태의 인공지능 기반의 자문이 아니라 자산배분 기법을 이용한 규칙 기반 매매 시스템Rule-based Trading System이 주를 이루고 있다. 현재 로보어드바이저는 인공지능 기반의 매매 시스템 도입과 AI 챗봇 플랫폼 형태로 진화해 가고 있다.

국내 금융 인공지능의 현황

인공지능의 빠른 성장과 함께 국내 금융권에서도 인공지능을 혁신적 패러다임 변화를 위해 활용하고 있거나 준비 중에 있다. 국내 금융권의 인공지능 도입 분야는 업무 자동화, 금융 서비스, 신용평가, 트레이딩, 준법감시 등이다. 인공지능을 활용해 고객행동, 소비 패턴 등을 분석해 고객관리를 강화하고 있고, 인공지능 기반 금융사기 감지를 위해 고객과 임직원의 행동 패턴을 추출해 금융사기를 적발하거나 리스크를 감소시키고 있다. 또 규제 위반사항 여부에 대해 실시간 모니터링에도 활용되고 있고, 신속한 데이터 기반 의사결정을 위해 수기, 반복작업 등에 소모되는 시간을 절감해 생산성을 높여주며, 의사결정 통찰력을 제공해 주고 있다. 시중은행, 증권사, 보험사 등은 고객접점에서 인공지능 활용을 높이고 있고 음성뱅킹, 카카오톡 기반 서비스, 콜센터 등 고객 응대 분야에 적용하거나 적용 계획을 발표하고 있다. 해당 서비스들은 시중은행의 특성을 고려할 때 고객 서비스 측면에서 도입이 필요한 분야이지만 아직까지는 조회, 이체 등 기본 업무에 있어서만 음성뱅킹이 가능한 수준이다. 콜센터의 경우도 시범 서비스를 도입한 상태로 독립적인 응대보다는 원하는 문의를 어디에서 대응해야 하는지 연결해 주는 정도의 대응으로 아직까지는 초기 단계에 있다.

금융 분야의 인공지능 활용

알고리듬 트레이딩

앞서 퀀트 투자 파트에서 설명했지만 다시 한 번 간략히 살펴보자. 1970년 대에도 알고리듬 트레이딩이 있었지만 사실 시스템 트레이딩이라는 용어가 보편적으로 사용됐다. 알고리듬 트레이딩에 복잡한 AI 시스템을 탑재해 매우 신속한 거래 의사결정을 내릴 수 있다. 알고리듬 트레이딩은 종종 하루에 수천 또는 수백만 개의 거래를 생성하기 때문에 알고리듬 거래의 하위집합으로 간주되는 '고빈도 거래'라는 용어가 사용된다. 대부분 헤지펀드와 금융기관에서는 AI 알고리듬 트레이딩 전략을 공개하지 않지만 머신러닝과 딥러닝은 실시간으로 거래를 결정하는 데 있어 점점 더 중요한 역할을 한다.

대출 및 보험심사

보험심사는 계약체결 전 계약인수 여부를 판단하는 언더라이팅 업무와 계약 이후 사고 발생 시 관련 보험금 지급의 적절성을 판단하는 클레임 업무로 나눌 수 있다.

포트폴리오 관리

로보어드바이저라는 용어는 불과 5년 전 만해도 사용하지 않았지만 현재는 금융 환경에서 흔히 사용된다. 로보어드바이저는 금융 포트폴리오를 사용자 목표와 위험 허용치에 맞게 조정하는 알고리듬을 말한다. 사용자는 자신의 목표(예: 65세에 은퇴하며 퇴직금은 3억), 연령, 소득, 현재의 금융자산을 입력한다. 로보어드바이저는 사용자의 목표에 도달하려고 자산 클래스와 금융상품에 분산투자를 한다. 그 시스템은 사용자의 목표변화와 시장의 실시간 변화를 조정해 항상 사용자의 목표에 가장 적합한 것을 찾는다. 최근 월가는 급격한 변화를 맞이하고 있다. 기존에 장벽이 높았던 금융의

벽이 인공지능에 의해 무너지고 있다. 인공지능은 값비싼 인간의 노동력을 저비용으로 대체한다. 물론 인공지능 전문가들의 인건비와 기술개발비가 싼 것은 아니다. 하지만 전문가나 기존 시스템이 인지하거나 지각하지 못한 현상과 상황을 파악해 효율성을 높일 수 있다. 특히 펀드는 시장의 상황이 급격하게 움직일 때 리밸런싱, 즉 운용하는 자산의 편입비중을 즉각적으로 재조정해 리스크를 최소화하는 것이 불가능하다. 자산 편입비용 등 펀드에 포함된 여러 상품들을 실시간으로 매수/매도해야 하는데 이렇게 하기가 쉽지 않다. 따라서 특정 조건부를 주고 중장기 투자상품을 제공하는 것이 대부분이다.

인공지능을 결합한 금융 솔루션은 다양하고 심층화된 포트폴리오 모형 설계와 검증, 상품의 응용과 확장, 대다수의 응용 모형에서 효과적으로 작동할 수 있고 체계화된 금융 모형에 효과적으로 활용할 수 있다. 인공지능을 통해 정확도를 높일 수 있을 뿐만 아니라 낮은 리스크 기반으로 자산을 관리할 수 있다. 또 투자자가 부담하는 위험에 따라 자산 수익률이 얼마나 되는지 높은 정확도로 알려준다. 이와 같이 딥러닝을 이용한 포트폴리오 최적화 기법은 로보어드바이저 업체에서 주로 사용되고 있다.

국내 인공지능 로보어드바이저 업체인 '크래프트테크놀로지스'의 실제 적용사례를 살펴보면 첫째, 펀드에 활용되는 인공지능은 신경망을 통해 경제지표, 종목정보 등 투자시장에 영향을 줄 것으로 판단되는 다양한 정보를 학습해 사전적으로 포트폴리오를 구성한다. 둘째, 이를 사후 결괏값인 최적 포트폴리오와 비교해 오차를 최소화시키는 딥러닝 기술이 적용된다. 셋째, 인공지능은 경기, 시장국면, 밸류에이션, 수급 등의 변화를 고려해 자산별 투자 비중을 시장상황에 맞춰 지속적으로 리밸런싱한다. 이처럼 아직 인간의 손으로 이뤄지고 있는 로보어드바이저 알고리듬을 이용하면 쉽고 빠르고 비용이 적게 든다는 장점이 있다. 이런 자산관리, 투자자문 서비스는 머신러닝, 딥러닝을 통해 기존 알고리듬의 약점을 보완해 가면서 빠르게 인간을 대체할 것으로 전망한다.

금융규제 대응 및 이상거래 탐지[10]

금융권에서 인공지능은 사기 및 부정방지 기능을 고도화해 사후뿐 아니라 사전 대응을 위해 활용된다. 특히 이상거래 탐지 시스템FDS, Fraud Detection System에서 머신러닝은 일반적으로 현재 진행 중인 거래의 위험도와 특정 거래의 발생 가능성을 예측하는 데 사용된다. FDS에서 분석 및 탐지기능은 수집 시스템에서 전달받은 수집정보를 활용해 이상탐지 패턴을 저장해 관리한다. 탐지 모형은 서비스 유형에 따라 단일 또는 복합적으로 이용되며 크게 오용탐지 모형, 이상탐지 모형 기법이 있다. FDS 탐지 모형에 활용되는 머신러닝 알고리듬은 의사결정 트리, 랜덤 포레스트, 자가조직도SOM, 연관규칙 등 다양하다. 알고리듬이 최적의 탐지 효과를 보이려면 각 금융기관 서비스의 실제 데이터와 결합해 커스터마이징customizing돼야 한다. FDS에서 정상거래와 부정거래를 구분하거나 예측하려면 장기간의 자료축적과 분석이 필수적이며, FDS의 효율을 높이려고 페이팔PayPal에서는 이상거래를 판별하는 인공지능 딥러닝을 적용하고 있다.

고객 서비스

챗봇 및 대화형 인터페이스는 금융 분야의 인공지능 활용에서 급속히 확대되는 영역이며 가장 유망한 분야이다. 회사는 금융 관련 채팅봇을 구축해 고객이 채팅을 통해 "원유 연계 금융상품에는 어떤 것이 있지?", "방카슈랑스 가입 절차는 어떻게 되지?" 등의 질문을 할 수 있도록 돕고 있다. 또 강력한 자연어 처리NLP 엔진은 물론 재무 관련 고객 상호작용도 돕고 있다. 금융 분야에서 표준은 아니지만 향후 5년 동안 수백만 명의 사람들

---

10 이상거래 탐지에 관해서는 국내에 번역된 『부정적발 애널리틱스』(바르트바선스 외, 한울아카데미, 2019)를 참조하라.

이 이용할 수 있는 선택사항이 되리라 생각한다. 이 응용 프로그램은 금융 분야를 넘어 다양한 분야에서 전문화된 대화상담원이 될 가능성이 높다. 로보어드바이저는 앞서 설명했듯이 포트폴리오 최적화 기술을 이용할 수 있다는 기술적 측면과 함께 고객맞춤형 상품판매 및 추천에 활용될 수 있다. 오늘날 자동화된 금융상품 판매 프로그램이 있지만 일부는 머신러닝과 관련되지 않을 수 있다. 이처럼 로보어드바이저의 확산은 그동안 기관 투자자와 고액자산가에 국한됐던 맞춤형 자산운용 서비스를 일반 대중에게까지 지평을 넓히는 중요한 계기가 될 것으로 전망된다. 현재 로보어드바이저로 인공지능을 사용하는 업체가 일부 있으나 고도의 인공지능을 사용하는 수준이 아니라 ETF를 편입하는 자산배분 전략의 알고리듬 정도에 그치고 있다.

뉴스기사를 통한 감성 분석

헤지펀드가 트레이딩에 보조적으로 감성 분석Sentiment Analysis을 이용한다는 것은 공공연한 사실이다. 미래의 머신러닝 응용 프로그램은 주식가격 및 거래뿐만 아니라 소셜 미디어, 뉴스 트렌드 및 기타 데이터소스를 이해하는 것이 가장 중요한 요인이 된다. 주식시장은 인간의 심리에 의해 움직이며 머신러닝은 이런 새로운 추세를 발견하고 신호를 알려줌으로써 금융활동에 대한 인간의 직감을 복제하고 향상시킬 수 있다. 금융 분야에 있어 머신러닝은 주식 및 원자재 상품 데이터에 국한되지 않는다. 유명 헤지펀드는 여러 가지 데이터를 머신러닝 기법으로 패턴을 확인하고 있다. 뉴스기사를 통한 감성 분석은 '감성 분석으로 엔터테인먼트의 주가를 예측할 수 있을까?'에서 다시 다룬다.

금융 딥러닝으로 금융시장을 예측할 수 있는가?

"일부 독자는 우리가 여기서 소개한 기법을 활용해 주식시장의 미래 유가증권가격이나 환율을 예측하려고 시도하고 있다. 시장은 날씨 패턴과 같은 자연현상과 매우 다른 통계적 특성을 갖고 있다. 공개적으로 사용이 가능한 데이터에 의존한 머신러닝 기법을 적용해서는 시장을 이기기는 어려운 일이다. 즉 시간과 자원을 낭비하는 일이 된다. 금융시장에 관해서는 과거의 실적이 미래를 예측하는 좋은 지표가 아니라는 점을 기억하자. 머신러닝은 과거가 미래의 좋은 예측치인 데이터 집합에 적용하는 것이 바람직하다."

앞의 글은 구글 엔지니어이자 딥러닝 플랫폼인 케라스Keras(텐서플로를 쉽게 사용하게끔 만든 래퍼였으나 텐서플로 2.0에서는 케라스를 통합)의 창시자인 프랑수아 숄레가 『R을 이용한 딥러닝Deep Learning with R』 5장에서 금융시장과 머신러닝에 대해 짧막하게 소개한 글이다. AI의 혁신에 대해 언론은 비교적 과장 보도하는 경향이 있지만 현재의 AI가 이뤄낸 진정한 혁신은 '패턴 인식'이라는 지극히 한정된 영역에 국한된다. 패턴 인식이란 컴퓨터나 로봇이 영상이나 음성을 인식해 빅데이터에서 일종의 규칙성(패턴)을 찾아내는 기술을 말한다. 프랑수아 숄레가 금융전문가는 아니지만 핵심적인 코멘트를 했다고 판단된다. 다만 문장을 자세히 보면 공개되지 않은 금융 데이터, 시장이 효율적이지 않아 패턴이 존재하는 경우 머신러닝과 딥러닝을 적용할 수 있다는 말이 된다. 시장이 효율적인가, 즉 금융시장을 예측할 수 있는가에 대한 문제는 옵션가격결정에 대한 루이 바슐리에의 박사학위 논문(1900년)부터 2013년에 노벨 경제학상을 공동수상한 유진 파마Eugene Fama에 이르기까지 수많은 사람의 연구가 있었다. 시장을 예측하는 문제에 있어 오류에 빠지는 부분은 효율적인 시장에 대한 방법론, 즉 진화된 딥러닝 알고리듬 기법과 컴퓨팅 파워로 시장을 이길 수 있는가이다. 아직은 부분적인 성과만 기대할 수 있다고 판단된다. 금융 머신러닝과 딥러닝에 관한 수많은 논문(순환신경망^{RNN} 11과 그것의 진화된 버전인 장단기 메모리^{LSTM} 12 기법을 금융시장에 적용한 논문)에서 진전된 결과를 보고하고 있기는 하다. 그렇다고 시장을 완전하기 이길 수 있는 비기$^{秘技, 비밀기술}$를 논문으로 공개한다는 것도 말이 되지 않는다고 생각한다.

좋은 피처(Good Feature)를 찾는 것이 가장 중요하다

『머신러닝을 이용한 알고리듬 트레이딩』의 저자인 위베스트^{Wevest} 안명호 대표도 그의 책과 기고문에서 머신러닝 적용을 위한 금융 데이터의 정상성 개념을 가장 강조하고 있다. 머신러닝을 이용해 예측하려면 과거의 데이터와 미래의 데이터가 유사한 모습을 보여야 한다. 이런 데이터의 분포를 **정상성**^{Stationarity} 13(또는 **안정성**)이라고 한다. 그는 금융시장의 데이터는 정상성이 없기 때문에 정상성이 없는 데이터라도 정상성이 있도록 데이터를 변환한 후 머신러닝 기법을 적용하는 것이 중요하다고 말한다. 따라서 금융 머신러닝을 적용할 수 있도록 좋은 피처를 찾는 것이 중요하고 이런 데이터를 전처리해 좋은 결과를 내게끔 처리하는 엔지니어가 필요하다. 앞으로 좋은 피처(특성)를 찾는 일에 금융 도메인 지식을 가진 전공자가 활약하게 될 것이다. 또 이런 데이터를 머신러닝 및 딥러닝 기법에 적용할 수 있도록 전처리할 수 있는 능력과 피처 엔지니어링14도 중요하게 될 것이다.

---

11   순환신경망(RNN): 은닉층 또는 출력층에서 입력층으로 정보가 피드백되는 구조를 지니고 있어 네트워크가 단기 기억 능력을 지니는 인공신경망 모형이다.

12   장단기메모리(LSTM): RNN 모형의 기억 능력을 보강한 모형으로 시각/음성 데이터 분석에 널리 활용된다.

13   정상성(Stationarity): 유의미한 시계열 분석이 가능하려면 데이터가 갖춰야 할 조건으로 시계열 분석 시 반드시 알아야 할 개념이다. 안정성이라고도 한다.

14   피처 엔지니어링(특성공학): 머신러닝 모형의 성능을 최대한 끌어낼 수 있도록 입력변수를 선택하고 튜닝하는 기법이다.

표 3-1 금융 리서치(Financial Research)의 5가지 저주[15](출처: 마르코스 로페즈 데 프라도)

원인	영향
실험의 어려움	• 원인 – 결과가 쉽게 분리될 수 없음 • 금융에서 통제된 실험은 거의 가능하지 않음
비정상성(non-Stationarity)	• 예측을 신뢰할 수 없음 • 예측할 수 없는 구조 변화 위험, 즉 블랙 스완
엄격한 경쟁(제로섬 게임)	• 발견 후 출판한 것이 나중에 타당성을 가짐 • 낮은 신호 대 잡음 비율 • 낮은 양의 확률, 높은 거짓 발견 비율 • 제한된 정보 전달량, 알파 붕괴
체계적인 복잡성(complexity)	• 기본적 예측은 상당한 계산 자원이 필요함 • 알 수 없는, 계층적, 고차원 또는 가능한 비대수적 식별 • 단일 상호작용 효과를 놓치면 잘못된 결론이 나올 수 있음
소표본(Small Sample)	• 낮은 신뢰성으로 추론 • 높은 과적합의 위험(훈련 셋과 검증 셋)

딥러닝을 이용한 주가 예측이 어려운 이유는 무엇인가?

최근 딥러닝의 괄목할 만한 성과에 힘입어 딥러닝을 활용한 주가 예측을 수행하는 수많은 연구가 진행되고 있다. 만일 주가에 패턴이 있다면 딥러닝을 활용한 주가 예측이 가능할 것이다. 아쉽게도 주가의 무작위성과 시장 효율성에 관한 연구가 근 반세기가 됐음에도 주가가 패턴을 갖고 있다는 어떤 증거도 발견되지 않았다. 딥러닝 및 강화학습으로 주가 예측을 위한 트레이딩 기법을 적용해 본 '아마추어 퀀트'에게 실제 딥러닝을 이용한 주가 예측이 가능할지에 대해 물어본 적이 있다. 그는 주가가 패턴이 있다면 가능하다는 답변을 했다. 즉 주가는 정상성이 없어 머신러닝과 딥러닝을 통한 예측이 어려운 분야이다. 그럼에도 강화학습 알고리듬을 통해 시

---

15 "시지프스 함정 탈출: 퀀트가 잠재력을 최대한 발휘할 수 있는 방법"(Escaping The Sisyphean Trap: How Quants Can Achieve Their Full Potential, Marcos Lopez de Prado, 2021). https://bit.ly/3zUMQtV

장에 적용해 본다면 승산이 있다고 보고 있다. 물론 원하는 수준의 컴퓨팅 파워Computing Power를 확보하고 알고리듬을 개선시킬 수 있다는 전제하에서 가능하다는 의견이다. 문제는 이런 실험을 하려면 상당한 금액이 필요하다는 것이다. 게다가 딥러닝을 주가 예측에 사용하기 어려운 또 다른 문제가 있다. 소표본 문제이다. 일별 종가 데이터를 사용한다고 가정하면 1년치의 자료를 모은다 하더라도 250개, 10년치의 자료를 모으면 2,500개(20년의 경우는 5,000개)가 된다. 이처럼 딥러닝을 통해 특정 주식의 가격을 예측한다고 할 때 사용할 수 있는 표본이 한정적이다. 이 경우 과적합의 문제가 발생할 수 있다. 마지막으로 딥러닝 주가 예측의 어려움은 '차원의 저주The Curse of Dimensionality' 문제이다.[16] 소표본 문제와도 연관이 있는 문제로 딥러닝 주가 예측 시 고려할 수 있는 특성feature은 수십 개에서 수백 개이지만 고려할 수 있는 데이터의 길이가 너무 짧다. 표 3-1은 마르코스 로페즈 데 프라도 강연자료 중 일부를 소개한 것으로 금융 리서치의 5가지 저주에 대해 보여준다.

더 알아보기

금융 분야, 즉 트레이딩에 인공지능을 활용해 금융자산을 예측하려는 시도가 끊임없이 진행되고 있다. 금융시장은 계속적으로 변화하고 정보가 효율적으로 반영되기 때문에 패턴이 있다고 하더라도 금방 사라져 버린다. 이는 경제학에서의 수요와 공급에 관한 균형이론(Equilibrium Theory)을 말하며, 재무학에서 시장효율성가설(EMH)뿐만 아니라 차익거래가 불가능하다는 차익거래 가격결정이론(Arbitrage Pricing Model), 금융수학에서 과거의 모든 정보를 알고 있다면 미래의 기댓값이 현재 값과 동일하다는 마틴게일(martingale)과 같은 원리이다. 다만 현실에서는 시장 미시구조 관점에서의 미세한 패턴, 인간이 만들어

---

16 "금융과 딥러닝 – 금융영역에서의 딥러닝은 어떻게 다른가?", 문효준, 크래프트테크놀로지스, 네이버 사내 기술 세미나, 2019. 3. https://bit.ly/3krBUyP

놓은 다양한 시장 이례현상(anomaly) 등 행동재무학 관점에서의 차익거래는 여전히 가능하며, 패턴을 찾을 수 없는 데이터를 신호처리이론 등으로 패턴을 찾게끔 도와주는 엔지니어를 르네상스 테크놀로지뿐만 아니라 많은 헤지펀드에서 찾고 있다.

금융 머신러닝을 위한 필수 지식

"투자 운용은 종합적인 학문 분야 중 하나이며, 이 책은 이러한 사실을 잘 보여 준다. 다양한 내용을 이해하려면 실질적인 머신러닝에 대한 지식, 시장 미시 구조, 포트폴리오 관리, 금융 수학, 통계, 계량 경제학, 선형 대수, 볼록 최적화, 이산 수학, 신호 처리, 정보 이론, 객체지향 프로그래밍, 분산 처리, 슈퍼컴퓨팅 지식이 요구된다.

파이썬은 어느새 머신러닝의 표준 언어가 됐고, 저자는 독자들이 숙련된 개발자라고 가정한다. 독자들은 사이킷런, 판다스, 넘파이, scipy, 다중 처리, matplotlib 그 외 여러 라이브러리를 잘 알고 있어야 한다. 이러한 라이브러리를 사용하는 코드 예제에서는 pandas를 pd, numpy를 np, matplotlib를 mpl이라는 이름으로 호출하는 등 늘 사용하는 관행적인 방식을 그대로 따른다. 각각 라이브러리를 다룬 별도의 책이 많이 나와 있고, 이 부분에 대해 별도로 읽어야 한다. 책에서 이러한 라이브러리의 몇 가지 문제점을 지적하고, 해결되지 않은 버그들도 알아본다."

— 『실전 금융 머신러닝 완벽 분석』(에이콘, 2018)

금융 머신러닝에 관해서는 현재 코넬대학교 공학부 실무교수인 '마르코스 로페즈 데 프라도'가 유명하다. 『실전 금융 머신러닝 완벽 분석』과 『자산 운용을 위한 금융 머신러닝』 2권이 국내에서 모두 번역돼 있다. 『실전 금융 머신러닝 완벽 분석』은 선행적인 지식이 없다면 비교적 읽기 어려운 수준이며, 다음과 같은 내용을 선수학습할 것을 권장한다. 즉 금융론(시장 미시구조, 포트폴리오 관리), 계량경제학, 수학(선형대수, 수리금융, 최적화, 이산수학), 파이썬 프로그래밍, 파이썬 라이브러리(사이킷런, 판다스, 넘파이, 맷플롯립)가 핵심 필수지식이다.[17]

비정형 대체 데이터, 개인 신용분석의 성능을 개선시키다

금융산업에서 가장 활발히 빅데이터가 활용되는 분야는 '신용평가' 분야이다. 은행여신뿐만 아니라 할부금융, 리스, 보험 등 신용위험을 수반하는 모든 금융 분야에서 신용리스크의 사전적인 예측을 위해 빅데이터가 활발하게 도입되는 추세이다. 특히 소매금융의 경우 고객정보가 기업금융에 비해 상대적으로 부족하기 때문에 음성, 텍스트 등의 비정형 데이터를 활용하는 방안에 대해 많은 시도가 이뤄지고 있다. 물론 아직까지는 컴퓨터 및 처리성능의 제한, 방대한 규모의 전산화되지 않은 데이터 등의 문제가 발전을 더디게 하는 요인으로 작용하고 있다. 최근 신용평가는 빅데이터 선진국 및 선도기업을 중심으로 다양한 변수를 고려하는 데 한계가 있는 기존의 판별분석 방법에서 벗어나 빅데이터를 활용한 인공지능 알고리듬의 활용도가 높아지고 있다. 미국 신용평가사인 FICO^Fair Issac Corporation에서 전통적으로 사용해 온 신용점수 중 하나인 FICO 신용평가점수는 대출금 상환의 예측지표로 국내외적으로 많이 사용돼 왔다.

---

17 마르코스 로페즈 데 프라도의 홈페이지를 참조하라. https://quantresearch.org. 국내에서 2권(『실전 금융 머신러닝 완벽 분석』, 『자산운용을 위한 금융 머신러닝』)의 번역서가 나와 있으며, 홈페이지에서 관련 논문과 글을 참조할 수 있다.

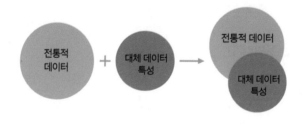

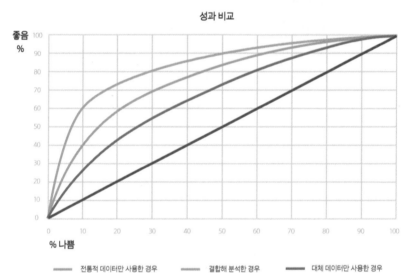

성과 비교

전통적 데이터만 사용한 경우　　　　결합해 분석한 경우　　　　대체 데이터만 사용한 경우

그림 3-13 대체 데이터를 이용한 신용위험 모델링 성과 비교(출처: FICO.COM)

최근에는 개인에 대한 디지털 정보의 양과 다양성이 확대됨에 따라 빅데이터를 활용해 인공지능 분석으로 신용점수를 높이고 확장하는 데 활용하고 있다. FICO는 비선형 변수를 모형에 반영함으로써 약 10%의 모형 예측력 개선 효과가 발생하고, 인공지능에 의한 분석 대상 특성을 적용하는 모형 추정으로 추가적인 15% 수준의 모형 개선 효과가 발생한다고 보고하고 있다. 또 이런 평점 부여는 모형의 예측 및 검증이 반복됨에 따라 점차 예측 성능이 향상되고 있다. 빅데이터를 이용한 부도 예측을 위한 신용평가 방법에는 인공신경망, SVM, k-근접 군집분석, 부스팅Boosting 등의 머

신러닝 및 딥러닝 방법론이 사용되고 있다.[18, 19]

자연어 처리는 무엇인가?

자연어 처리[NLP]는 인공지능[AI]의 하위 분야로 많은 양의 인간의 언어를 처리, 이해, 분석하도록 컴퓨터를 프로그래밍하는 것을 말한다. 인간은 세상을 해석할 때 매우 유연하다. 소리와 같은 복잡한 데이터셋은 유용한 정보로 구성돼 있다. 말은 글과 같은 텍스트를 통해 소리를 단어로 변환할 수 있다. 이런 모든 프로세스의 복잡성에도 불구하고 어린아이조차도 학습을 통해 언어를 마스터하고 있다. 인간의 언어를 이해하고 처리하는 방법은 자연어 처리영역에 속한다. 대부분의 자연어 처리는 방대한 양의 텍스트를 입수해 컴퓨터가 숫자로 기호화해 처리하고 있다.

언어의 빌딩 블록

언어에 대해 다양한 관점으로 볼 수 있다. 우선 음성학의 관점에서 언어는 인간이 만들 수 있는 소리와 관련이 있다. 다음으로 특정 언어의 소리와 관련된 음운은 언어마다 다르다. 또 단어를 구성하는 방법과 다른 부분으로 나눌 수 있는 방법을 결정하는 형태를 가진다. 특정 언어에서는 형태가 매우 중요하다.

---

18 윤종문(2019)의 연구에서 딥러닝을 활용한 신용카드 부도위험예측이 다양한 머신러닝(Logistic, SVM, Random Forest, Lasso)을 활용한 예측보다 성능이 향상됐음을 제시했다. 최근 국내에서도 인공지능을 활용한 신용위험예측에 대한 연구가 진행되고 있다.

19 "딥러닝을 활용한 신용 리스크 분석"에 관한 책으로는 Daniel Rösch와 Harald Scheule의 저서 『Deep Credit Risk: Machine Learning with Python』을 추천한다. 자세한 내용은 http://www.deepcreditrisk.com을 참조하라.

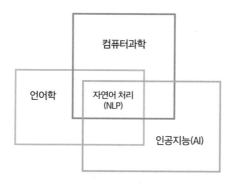

그림 3-14 자연어 처리(NLP)는 통계 기반 자연어 처리에서 출발해 언어학, 컴퓨터 과학,
인공지능이 결합해 딥러닝을 활용한 자연어 처리와 같이 좋은 성능을 나타내는
어텐션, 트랜스포머, BERT 등과 같은 모형들이 개발됐다.

자연어 처리 모형을 시작하는 방법

더 높은 수준의 자연어 처리NLP를 수행하려면 정규화라는 프로세스에서
먼저 텍스트를 분류해야 한다. 특히 토큰화 또는 단어 분할을 사용해 텍스
트의 어떤 부분이 단어인지 식별해야 한다. 이 작업을 수행하는 방법은 언
어에 따라 다르다. 단어 임베딩(단어를 기계가 읽을 수 있도록 숫자로 표현하
는 것)은 텍스트를 벡터화한 표현이다. 단어 임베딩 알고리듬에는 여러 가
지 유형이 있다. 단어 임베딩이 구성되는 방식은 상위 레벨 자연어 작업의
정확성에 영향을 미친다. 단어 주머니 모형(BOW 모형)은 간단한 단어 임
베딩이다. 단어가 텍스트에 나타나는 횟수를 세는 것이다. 단어는 '가방'과
같은 단어로 표시된다. 이런 작업 후 단어를 사용해 감성 분석과 같은 상
위 수준의 작업을 수행할 수 있다. 단어사전을 사용하면 긍정/부정 단어에
점수를 할당해 텍스트의 감정을 계산할 수 있다. 단순히 텍스트의 단어 빈
도에 긍정/부정 점수를 곱하고 평균을 취한다. TF-IDF^Term Frequency - Inverse
Document Frequency는 정보 검색과 텍스트 마이닝에서 이용하는 가중치로 여
러 문서로 이뤄진 문서군이 있을 때 어떤 단어가 특정 문서 내에서 얼마나
중요한지를 나타내는 통계적 수치다. 문서의 핵심어를 추출하거나 검색엔

진에서 검색 결과의 순위를 결정하거나 문서들 사이의 비슷한 정도를 구하는 등의 용도로 사용할 수 있다. 문장 내 단어의 동시 발생도 측정할 수 있다. 이는 벡터를 행렬로 확장한다. 지금까지 규칙 기반 접근에 대해 설명했다. 머신러닝을 사용해 차원이 낮은 고밀도의 단어 임베딩을 만들려면 어떻게 해야 할까? 워드투벡터Word2Vec는 단어를 벡터로 변환한다. 이는 단어가 서로 가까이에 쓰여진 확률을 계산한다. 다시 말해 결정론적 접근법보다는 확률론적 접근법이라 할 수 있다. 컨텍스트를 포함할 수 있는 버트BERT와 같은 고급 단어 임베딩도 많이 있다. 파이썬에는 다양한 단어를 생성하고 자연어 처리를 광범위하게 수행할 수 있는 많은 라이브러리들이 있다.[20]

감성 분석으로 '엔터테인먼트의 주가'를 예측할 수 있을까?

감성 분석Sentiment Analysis이란 텍스트를 작성한 사람들의 태도, 의견, 성향과 같은 주관적인 데이터를 갖고 특정 주제에 대해 긍정인지 또는 부정인지를 분류하는 기술이다. 일명 오피니언 마이닝Opinion Mining이라고 한다. 감성 분석은 텍스트를 작성한 사람의 감정을 추출해 내는 기술로 텍스트의 주제가 무엇인지 추출하기보다는 그 텍스트를 작성한 사람이 주제에 대해 어떤 감정을 갖고 있는가를 판단하는 분석이다.

---

20 자연어 처리에 대한 전반적인 내용은 위키독스에서 "딥러닝을 이용한 자연어 처리"를 참조하라. https://wikidocs.net/book/2155. 이 자료에서 RNN, 어텐션, 트랜스포머, BERT, GPT까지 최신 내용을 학습할 수 있다.

중요한 단어에 더 많이 '주목(attention)'해 가중치를 부여하는 자연어 처리 모델이 '어텐션' 모델이다. 어텐션을 핵심 알고리듬으로 삼은 트랜스포머 (transformer) 기반 번역 모델이 당대 최고의 모델이다. 현재 최고의 모델인 BERT와 GPT-3는 트랜스포머(transformer)를 기반으로 진화한 번역 모델이다. 이처럼 '의미 있는 정보 추출'을 위한 자연어 처리의 역사에 대해 탐구해 보자. 자연어 처리(NLP)와 관련해 추천하는 웹, 동영상, 책은 다음과 같다.

추천 웹사이트

- 딥러닝을 이용한 자연어 처리 입문(위키독스), https://wikidocs.net/book/2155

추천 동영상 강좌

- AI 서비스 개발을 위한 딥러닝 자연어 처리(KOCW), https://bit.ly/3J5RxWj

추천 책

- 『한국어 임베딩』(이기창, 에이콘)
- 『파이썬 텍스트 마이닝 완벽 가이드』(박상언 외, 위키북스)
- 『텐서플로 2와 머신러닝으로 시작하는 자연어 처리』(전창욱 외, 위키북스)
- 『소문난 명강의 김기현의 자연어 처리 딥러닝 캠프』(김기현, 한빛미디어)

현재까지 감성 분석은 주로 온라인상에서 영화평, 도서평, 상품평 등에 대한 분석과 소셜 네트워크 서비스SNS 등장 이후 선거 예측, 주식시장 예측에 활용되고 있다. 감성 분석을 수행하는 방법에는 여러 가지가 있다. 그러나 많은 접근법이 동일한 일반적인 아이디어를 사용한다. 강한 긍정적 또는 부정적 감정과 관련된 단어 목록을 만들거나 찾는다. 텍스트에서 긍정적이고 부정적인 단어의 수를 세어본다. 많은 긍정적인 단어와 적은 부정적인 단어는 긍정적인 감정을 나타내는 반면에 많은 부정적인 단어와 적은 긍정적인 단어는 부정적인 감정을 나타낸다. 실제로 이런 긍정 및 부정어를

포착할 수 있는 단어사전을 만드는 것이 어렵다. 이미 존재하는 사전을 사용할 수 있지만 해당 도메인에 속하는 단어사전을 찾기란 쉽지 않다. 또 텍스트에서 특정 주제에 대해 논의하는 경우 추가하거나 수정해야 할 수도 있다. 실제 저자도 엔터테인먼트의 감성 분석을 통해 주가를 예측하는 프로젝트를 실행한 적이 있다.[21] 그림 3-15와 같이 엔터테인먼트 회사의 뉴스를 토대로 뉴스에 나오는 기사를 파이썬으로 스크래핑한 후 기본적인 전처리(형태소 분석: 명사 추출)를 통해 그 단어가 주가에 긍정적인 의미를 나타내는지, 부정적인 의미를 나타내는지 분석했다. 그림 3-16과 같이 엔터테인먼트 회사의 긍정어(음원, 광고, 뮤직비디오 등) 및 부정어(입대, 추문, 횡포 등) 사전을 구축하는 데 시간을 많이 들였고, 긍정어 및 부정어 사전과 실제 기사에서 나타난 긍정어 및 부정어를 매핑해 횟수를 카운팅하고 주가와의 관계를 분석했다.

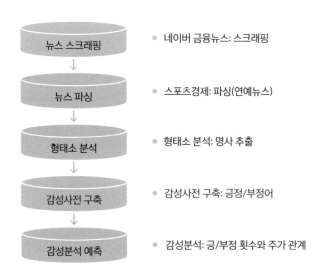

그림 3-15 감성 분석 데이터 수집 및 분석절차

21 "연예뉴스와 주가와의 관계분석 - Y엔터테인먼트의 뉴스 감성 분석", 금융빅데이터전문가 1기 프로젝트, 홍창수 외 4명 공동연구.(https://bit.ly/3L2SAaP)

분석 결과를 보면 특정 엔터테인먼트 회사의 긍정어 및 부정어와 주가의 관계에 있어 특정기간에는 상관관계 측면에서 의미 있는 결과를 찾았으나 회귀분석 결과에서는 유의미한 결과를 찾지 못했다. 실제 엔터테인먼트 회사에서 부정적인 뉴스가 나오는 경우 그보다 더 많은 긍정적인 뉴스를 쏟아내 부정적인 뉴스가 대중에게 덜 알려지도록 노력하는 것으로 해석된다.

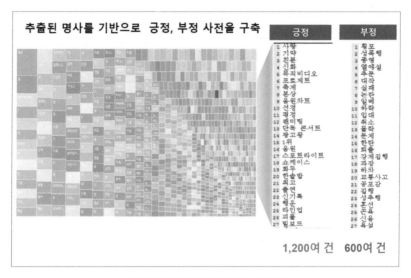

그림 3-16 단어 추출 및 긍/부정 사전 구축

인공지능을 이용한 고객 클러스터링

잘 정의된 잠재고객 세그먼트는 마케팅 전략에 필수적이다. 타겟팅이 올바르지 않으면 금융상품 판매 캠페인을 통해 고객을 확보할 수 없다. 다행히 인공지능 기술 덕분에 효과적이고 개인화된 캠페인을 진행할 수 있다. 첫 번째 단계는 클러스터링 분석을 수행해 고객층 세분화Target Segment를 재정의하는 것이다. 유사한 특성을 가진 매우 구별되는 그룹으로 사용자를 정렬할 수 있으므로 나중에 유사한 작업을 수행할 수 있다. 이후 알고리듬은 마케팅 자료를 수신해야 할 세그먼트와 수신하지 않아도 될 세그먼트를 분류한다. 또 다른 머신러닝 모형은 잠재고객 데이터를 분석하고 모든 고객을 대상으로 맞춤 마케팅 메시지를 작성할 수 있다.

- 보다 효과적인 고객 타겟팅, 높은 ROI
- 마케팅 캠페인 자동화
- 고객 확보당 비용절감
- 관련 없는 콘텐츠를 줄임으로써 고객 만족도 향상
- 고도로 맞춤화된 마케팅 캠페인을 통해 고객참여도 향상

AI가 자산운용을 한다 - 자산운용 분야에 인공지능 활용[22]

자산운용업계에서의 인공지능 활용은 포트폴리오 관리, 트레이딩, 포트폴리오 리스크 관리가 관심 분야이다. 첫째, 포트폴리오 관리는 특정 위험과 수익 특성을 가진 포트폴리오를 구성하기 위한 자산배분 결정을 수반한다. 인공지능 기법은 계량적 또는 텍스트 데이터 분석과 새로운 투자전략을 통해 기본적 분석을 촉진함으로써 이 과정에 기여하고 있다. 또 인공지능은 고전적인 포트폴리오 구축 기법의 단점을 개선하는 데 도움을 줄수 있다. 특히 인공지능은 더 나은 자산 수익률과 위험추정을 도출하고 복잡한 제약조건으로 포트폴리오 최적화 문제를 해결할 수 있어 기존의 접근 방식에 비해 성능이 우수한 포트폴리오를 구축할 수 있다.

둘째, 트레이딩은 자산운용 분야에서 인기가 높다. 거래의 속도와 복잡성이 커지고 있다는 점을 고려하면 인공지능 기술은 거래관행에 필수적인 부분이 되고 있다. 특히 인공지능의 매력적인 특성은 거래신호를 생성할 경우 대량의 데이터를 처리할 수 있다는 점이다. 알고리듬은 이런 시그널

---

22 이 글은 CFA Institute에서 발간된 "자산운용의 인공지능(Artificial Intelligence in Asset Management)"의 일부를 요약한 자료이다. 전체 자료를 다운받으려면 저자의 브런치 https://bit.ly/3GVKkX7을 참조하라. 또 자산운용업계에서의 머신러닝 활용에 관한 책은 다음을 참조하라. 『자산운용을 위한 금융 머신러닝』 (마르코스 로페즈 데 프라도 지음, 이기홍 옮김, 에이콘출판사, 2021. 1)

을 기반으로 자동으로 거래를 실행하도록 훈련될 수 있으며 이는 알고리듬 트레이딩 산업을 일으켰다. 또 인공지능 기법은 시장을 자동분석해 최적의 시간, 규모, 거래처를 파악해 거래비용을 절감시킬 수 있다.

셋째, 자산운용 분야의 인공지능은 포트폴리오 리스크 관리에 활용할 수 있다. 2008년 글로벌 금융위기 이후 리스크 관리와 컴플라이언스가 자산운용 관행에 앞장서고 있다. 금융자산과 글로벌 시장이 점점 더 복잡해지고 있는 상황에서 전통적인 위험 모형은 위험분석을 위한 외톨이가 될 수밖에 없다. 동시에 학습하는 인공지능 기법도 데이터를 사용해 위험을 모니터링하는 추가도구를 제공할 수 있다. 특히 인공지능은 리스크 관리자들이 리스크 모드의 검증과 백테스팅을 할 수 있도록 돕고 있다. 또 인공지능 접근법은 정형 또는 비정형 데이터의 다양한 출처로부터 효율적으로 정보를 추출하며 전통적 기법보다 파산 및 신용위험, 시장변동성, 거시경제 동향, 금융위기 등의 보다 정확한 예측을 생성할 수 있게 돕고 있다.

'블랙록'이 만든 자산운용을 위한 '마술램프' 플랫폼 – 알라딘

자산운용업계는 고객의 높은 기대수준을 만족시키는 데 빅데이터와 머신러닝 기술을 활용하고 있다. 이는 운용업계가 생존의 일환으로 지속성장이 가능한 경쟁력을 확보할 방안으로 인공지능 기술에 주목한 때문이다. 쉽게 말하면 인공지능을 자산운용산업에 적용할 경우 신속하게 시장동향을 파악해 투자할 수 있는 머신러닝 및 딥러닝 알고리듬 설계를 통해 데이터 기반으로 빠르고 정확하게 시장추세를 분석할 수 있다. 이는 최저가로 매수하면서 거래비용을 최소화할 수 있다는 장점이 있다.

이런 자산운용사 대상 서비스 플랫폼 중 알라딘^{Aladdin 23}은 군계일학^{群鷄一鶴}이다. 알라딘은 세계 최대의 자산운용사인 블랙록이 운영 중인 운용사 대상 종합 서비스 플랫폼이다. 알라딘^{Aladdin}은 Asset, Liability, Debt and Derivative Investment Network^{자산, 부채, 채권 및 파생상품 투자 네트워크}의 앞글자를 따서 만든 단어로 블랙록 고객들을 대상으로 한 공모를 통해 선정됐다. 2013년에는 세계 금융자산의 약 7%인 약 11조 달러(블랙록의 자산 4.1조 달러 포함)를 처리했으며 약 30,000개의 투자 포트폴리오를 관리했다. 위험관리 및 투자 솔루션 시스템을 출시한 알라딘은 2008년 리먼발 경제위기 당시 리스크를 선제적으로 감지한 바 있다. 블랙록은 알라딘의 위기감지로 관련 자산을 모두 청산해 손실을 면했다.

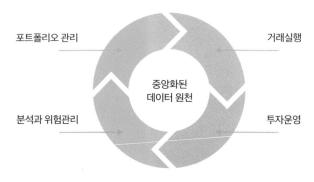

그림 3-17 알라딘(Aladdin) 관리 프로세스

---

23 알라딘 시스템 화면 데모는 구글 검색어 aladdin demo를 참조하라. 알라딘은 마이크로소프트와 협업해 애저(Azure)를 통해서 구동된다. 알라딘은 리눅스, 자바, 하둡, 도커, 쿠버네티스, 주키퍼, 스플렁크, 일래스틱서치, Git, 아파치, REST, FIX 등의 기술을 사용한다. 분석모듈은 줄리아(Julia)를 사용하는데 시계열 데이터 분석과 빅데이터 애플리케이션도 줄리아를 사용한다. 블랙록 퀀트는 2014년부터 줄리아를 사용해 왔고 성능, 사용편의성, 배포기능에 만족해서 사용한다고 한다(https://juliacomputing.com/case-studies/blackrock).
최근 국내에서도 줄리아에 대한 번역서(『줄리아를 생각하다』, 『줄리아 프로그래밍』, 『실용 최적화 알고리듬』)가 많이 나오고 있으니 참고하길 바란다. 줄리아 퀀트 분석에 대해서는 다음을 참조하라. http://julia.quantecon.org. 책 수준의 PDF와 웹버전이 있다. 줄리아는 국내에서 아직 잘 모르는 언어이지만 향후 금융공학 언어로 자리잡는 날이 오리라 생각된다.

2020년 기준으로 알라딘은 21.6조 달러의 자산을 관리하고 있다. 알라딘은 조직이 효과적으로 의사소통하고 문제를 신속하게 해결하고 투자 프로세스의 모든 단계에서 정보에 입각한 결정을 내리는 데 도움이 되는 도구를 제공하고 있다. 즉 인프라, 시스템 관리, 데이터 제공업체, 산업의 인터페이스를 포함한 호스팅 서비스를 제공한다. 블랙록은 600명 이상의 전문가와 함께 데이터 분석 '팩터리factory'를 운영하며 고객을 위한 데이터 분석을 생성하고 품질을 제어하고 있다. 또 비즈니스 프로세스 설계 및 구현, 다른 회사의 데이터소스, 미들 오피스 운영, 데이터 관리 및 시스템 구성 서비스를 지원하고 있다. 이런 알라딘이 펀드 매니저와 연기금 운용자에게 가장 인지도를 갖게 만든 것은 앞서 언급했듯이 금융위기 때 조기경보에 따른 리스크 관리Risk Management이다. 세계 각국에 세포처럼 퍼져 있는 2만 5천 명의 분석가들이 쏟아내는 시장과 투자정보를 실시간으로 제공하기 때문에 글로벌 대기업, 보험, 연기금 등 대형 투자기관의 펀드 매니저 9만 명이 알라딘을 근거로 투자 포트폴리오를 짠다. 이처럼 알라딘은 기업 투자 시스템, 위험분석, 포트폴리오 관리, 규정준수(컴플라이언스) 및 운영 처리를 포함한 전체 투자관리 프로세스를 지원하고 있다.

2017년도 한 언론에서 블랙록이 액티브 펀드 매니저 53명 중 7명을 해고하고 그 역할을 로봇(알고리듬)에게 맡기기로 했다고 보도했다. 고액 연봉의 액티브 펀드 매니저는 수수료가 비싼 데다 실적도 좋지 않아 패시브 펀드인 컴퓨터 알고리듬으로 운용하는 것이 낫다고 판단한 것이다. 「뉴욕타임스」는 래리 핑크Larry Fink 회장도 앞으로는 블랙록이 머신에 더 크게 베팅해야 한다고 확신하고 있는 상황이라고 보도했다. 이 머신은 블랙록이 가동 중인 알라딘이 될 수도 있고 로보어드바이저나 빅데이터 또는 인공지능 형태가 될 수 있다고 진단했다.

그림 3-18 블랙록의 알라딘(Aladdin) 데모 화면

기존의 뮤추얼 펀드와 ETF에 관련된 수수료를 받아 운영하던 자산운용사 블랙록이 장기적인 수익창출을 할 수 있는 새로운 시장을 열었다는 점을 높게 평가할 수 있다. 아직은 기술 서비스 매출이 9.7억 달러로 블랙록 전체 매출의 7%에 불과하지만 지속적으로 금융 플랫폼을 확장해 2022년까지 기술 서비스 매출이 차지하는 비중을 30% 이상으로 끌어올릴 계획이다. 블랙록은 전통적인 자산운용사 비즈니스를 넘어서 금융 플랫폼 서비스인 '알라딘Aladdin'을 필두로 금융시장 내 거대한 플랫폼 회사로 나아가고 있다.

국내 모든 연(기)금 및 운용사는 다양한 금융업종 내 투자자들을 시장에 연결하고 포트폴리오 배분을 도와주고 위험을 측정해 주고 트레이딩 솔루션을 제공하고 데이터를 관리하는 종합 금융업무 플랫폼인 알라딘(Aladdin) 형태의 플랫폼을 사용하게 될 것이다. 자신만의 핵심역량을 플랫폼 기업으로 발전시킬 수 있는 기회를 찾아보자!

국내에도 '켄쇼(Kensho)'와 같은 '금융 검색엔진'이 있다!

딥서치DeepSearch 24는 투자자의 합리적인 투자의사결정을 돕기 위한 금융기술에 집중하는 핀테크 기업이다. 이 회사는 금융 빅데이터를 저장하고 관리하고 검색하고 계산해 처리하는 금융 검색엔진에 기술적 역량을 집중하고 있다. 이를 통해 투자자는 실시간으로 국내외 금융 빅데이터를 기반으로 투자자의 니즈에 따른 적절한 금융자산을 검색하거나 각 자산에 대한 보다 깊이 있는 분석을 실시할 수 있게 도와준다.

딥서치의 금융 검색엔진은 금융에 관한 빅데이터를 실시간으로 검색하거나 분석해 투자자의 의도에 따라 실시간으로 새로운 투자 대상 기업이나 금융상품을 찾거나 투자를 검토 중에 있는 기업들에 대한 보다 깊은 분석을 가능하게 한다. 예를 들어 배당투자를 원하는 투자자가 배당투자란 키워드로 검색했을 경우 검색시점의 금융 빅데이터를 기반으로 배당투자 키워드가 함축하고 있는 다양한 조건들을 만족시키는 실질적인 포트폴리오를 실시간으로 계산하고 검색해 도출해 준다.

---

24 https://www.rocketpunch.com/companies/uberple DeepSearch 소개자료 참조

표 3-2 켄쇼와 유사한 형태의 국내 금융 검색엔진 'DeepSearch'(출처: deepserch.com)

리서치 센터	딥서치(DeepSearch)
1. 북한 핵실험 관련 기간 추출	1. 검색어에 '북한 핵실험' 입력
2. 해당 기간 동안의 금융 데이터 추출 　– 유가증권 시장 데이터 　– 금리, 유가, 환율 등 경제지표, 시장 데이터	2. 머신러닝 기반으로 최근 33년간 　북한 핵실험 실시기간 추출 　해당 기간 금융자산과의 상관관계 분석
3. 북한 핵실험 관련 있는 금융자산 도출 및 　영향도 분석	3. 북한 핵실험 관련 롱숏 포트폴리오 추출 　포트폴리오 기대 수익률 추정 　포트폴리오 분석 및 검증 리포트 생성
소요시간: 2주일/인원 2명/비용 천만 원	소요시간: 5분 / 비용 월 50만 원

1. 국내 상장, 비상장, 해외 기업, 금융상품에 대한 시세정보, 기업정보, 재무정보, 분석정보 및 각종 경제지표, 환율, 유가와 같은 글로벌 지표 등 다양한 금융 빅데이터를 자유자재로 검색할 수 있다. 이 기술을 바탕으로 실시간으로 금융상품과 관련된 빅데이터를 연산하고 검색할 수 있다.

2. 머신러닝 기술을 기반으로 각 기업과 연계된 경제지표가 무엇인지, 이벤트는 무엇인지, 연관 기업이 어디인지, 경쟁 구도가 어떻게 되는지 등을 파악할 수 있다. 이 기술을 바탕으로 투자자는 특정 기업이 어떤 경제지표에 어떻게 반응해 왔는지, 어떤 이벤트에 반응하는지 등을 손쉽게 분석할 수 있으며 기업분석 시 함께 비교해야 하는 기업군을 머신러닝 기반으로 추출해서 심도 있는 투자분석을 할 수 있다.

트레이딩을 위한 머신러닝-유다시티(Udacity)

조지아 공대 교수인 터커 발치(Tucker Balch)가 온라인 공개수업(MOOC) 플랫폼인 유다시티에 제공한 강의 동영상 및 강의노트 자료다. 정보수집에서 주문에 이르는 알고리듬 단계를 포함한 머신러닝 기반 거래전략을 구현하는 실제 과제를 학생들에게 전달하고 있다. 트레이딩 분야에 확률론적 머신러닝 접근법을 적용하는 방법에 초점을 맞춰 알려준다. 또 선형회귀, Q-Learning, KNN과 같은 통계적 접근법을 고려하고 실제 주식 거래상황에 적용하는 방법을 소개하고 있다. 이 코스는 3개의 미니 코스로 구성돼 있다.

- 미니 코스 1: 파이썬에서 금융 데이터 전처리
- 미니 코스 2: 계산투자
- 미니 코스 3: 트레이딩을 위한 머신러닝 알고리듬

(1) 동영상 강좌(유튜브) https://bit.ly/3FWseEw
(2) 강의노트 https://b.gatech.edu/3sWdAcY

금융 머신러닝 공부를 위해 참고해야 할 사이트 및 동영상

다음 사이트는 대표적인 금융머신 저자 및 책과 관련된 사이트이다.

추천 사이트

추천 사이트	URL 주소
『실전 금융 머신러닝 완벽 분석』, 『자산운용을 위한 금융 머신러닝』의 저자 마르코스 로페즈 데 프라도 홈페이지	https://quantresearch.org
『파이썬을 활용한 금융분석』, 『파이썬을 이용한 알고리듬 트레이딩』의 저자 이브힐피시 홈페이지	https://home.tpq.io
팩터 투자를 위한 머신러닝, 기욤 코케레 외	http://www.mlfactor.com
퀀토피안(Quatopian) 강의노트: 퀀트 강의 및 노트북 파일	https://bit.ly/3JgeHJR

추천 동영상

추천 동영상 목록	동영상 단축 URL
초단타 매매 전략 소개 및 트렌드(권용진)	https://bit.ly/3G8n4Vg
금융과 딥러닝 - 금융영역에서의 딥러닝은 어떻게 다른가?(문효준)	https://bit.ly/3g2GaS5
금융시장 예측, 인공지능으로 가능한가? 1 (SK C&C)	https://bit.ly/3r2WTuQ
금융시장 예측, 인공지능으로 가능한가? 2 (SK C&C)	https://bit.ly/3HhQQbq
금융시장 예측, 인공지능으로 가능한가? 3 (SK C&C)	https://bit.ly/3u0vnjx
딥러닝의 원리와 금융산업 응용(이원종 교수)	https://bit.ly/3AAdVnc
금융업의 인공지능 활용과 과제(자본시장연구원)	https://bit.ly/3H7OwUm
2021 디지털 금융 공개강좌(디지털 금융과 인공지능)	https://bit.ly/3r3QAHD

※ 쉽게 웹에 접속하려면 저자 브런치 URL 참조(전체 자료 링크) https://bit.ly/3JA1US6

추천 동영상은 초단타 매매와 금융 머신러닝의 한계와 가능성에 대한 동영상이다. 동영상의 5번째까지의 자료는 초단타 매매와 금융시장 예측에 관한 것이고, 6번째 자료부터는 일반적인 금융 인공지능 활용에 관한 것이다.

[인공지능(AI) 퀀트 커리어] AI 퀀트 직무와 취업 Tip

주요 취업 분야와 관련 업무

구분	AI 퀀트 관련 업무
증권회사	데이터 분석 팀(고객분석, 사기탐지, 예측 등)
은행	데이터 분석 팀(고객분석, 사기탐지, 예측 등)
자산운용회사	AI 데이터 본부(알파 리서치 팀)
금융스타트업	핀테크 관련 회사(로보어드바이저 등)
컨설팅회사	AI 컨설팅회사(데이터 분석 및 모델링)

직무 관련 필요사항

구분	주요 사항
학위	학사, 석사, 박사
포트폴리오	프로젝트(금융 인공지능 모델링, GitHub 활용 등)
자격증	자격증(빅데이터 분석기사, FDP, SQLD 등)
추천사항	인턴, 동아리, 학회, 수업 및 개인 프로젝트

퀀트 3.0이라 할 수 있는 AI 퀀트 잡job은 데이터 분석 팀이나 자산운용 팀과 연관이 있다. 빅데이터에 대한 관심과 함께 증권사와 은행에서는 데이터 분석 본부와 데이터 분석 팀이 생겨나기 시작했다. 주요 업무는 고객행

동 분석을 통한 마케팅과 포트폴리오 자산배분 등 상품전략에 활용하고 사기를 탐지하고 새로운 예측을 달성하기 위한 여러 분석을 수행한다. 또 퀀트 2.0에서 이야기했듯이 퀀트 투자 운용과 관련된 데이터 분석을 하며 전략을 수립하는 일을 수행한다. 대형 자산운용사에는 이런 일을 전문적으로 수행하는 AI 본부들이 생겨나 운용, 리스크 관리, 자산배분과 같은 투자 활동에 인공지능을 활용하고 상품(인공지능 펀드 등)을 개발하는 일을 담당하고 있다.

AI 퀀트 잡은 인공지능 자산관리를 표방하는 로보어드바이저 핀테크 업체, 점차 금융회사가 돼 가고 있는 테크핀회사(구글, 페이스북, 네이버, 카카오 등), 인공지능과 관련된 컨설팅회사에서도 많은 활약이 기대된다. 취업과 이직을 위해서는 머신러닝과 딥러닝 관련 데이터 분석과 관련해 실전 경험과 프로젝트 경험이 많으면 좋지만 그렇지 않은 경우에는 관련 수업과 자격증(기본적으로 빅데이터 분석기사나 SQL 개발자^{SQLD}가 실무에서는 많은 인정을 해주진 않지만 CFA와 같은 자격증처럼 아주 많은 시간을 요하지 않는 자격증이므로 개인적으로 추천한다.), 개인 프로젝트, 학회 등을 통해 개인의 관심과 열정을 어필할 수 있는 노력이 중요하다고 할 수 있다.[25]

---

25 인공지능 퀀트 면접파트는 이 책의 마지막 장인 '마치며 – 경력과 취업을 위한 퀀트 가이드'에서 신한은행 AI Competency Center 이태영 수석님이 제공한 '인공지능 퀀트 면접 질문'을 참조하라.

1. 인공지능 입문서(머신러닝 · 딥러닝 포함)

대체로 인공지능에 관한 책을 추천해 달라고 부탁을 받으면 코드가 없는 책을 추천한다.『알고리듬으로 배우는 인공지능, 머신러닝, 딥러닝 입문』은 큰 흐름을 잡을 수 있으면서 깊이 있게 쓰여 많은 독자에게 사랑받은 책이다. 같은 저자가 최근에 저술한『딥러닝 개념과 활용』도 참고하면 좋다. 그 외 단행본 위주의 흥미로운 책들이 많이 나와 있는데『Master Algorithm』은 이 분야에서 고전에 속하며 비교적 최근에 나온『2029 기계가 멈추는 날』도 추천한다.

2. 파이썬을 이용한 머신러닝 · 딥러닝

구글의 텐서플로 등의 막강한 지원에 힘입어 파이썬 인공지능은 현재 일반인들도 널리 사용할 수 있을 정도로 보편화됐다.

이 분야에서는 박해선 님이 저술한『혼자 공부하는 머신러닝+딥러닝』이나 박해선 님이 번역한『핸즈온 머신러닝』,『머신러닝 교과서 with 파이썬, 사이킷런, 텐서플로』등을 참조하면 좋다. 한번은 박해선 님의 딥러닝 수업을 들으며 "번역한 책 중 어떤 책을 가장 추천할 만한가?"라고 질문한 적이 있는데 "『머신러닝 교과서 with 파이썬, 사이킷런, 텐서플로』가 제일 자세히 기술돼 있어 추천한다."는 답변을 들었다. 개인적으로는 처음부터 너무 두꺼운 책보다는『Do it! 정직하게 코딩하며 배우는 딥러닝 입문』과 같이 분량이 많지 않은 책들을 제공되는 동영상(박해선 님의 저술서와 번역서 대부분 동영상이 제공된다.)과 함께 보며 큰 흐름을 잡고 공부하는 것을 추천한다. 또 『모두의 딥러닝』, 『모두의 인공지능』, 『밑바닥부터 시작하는 딥러닝 1, 2』 등도 참조하라. 국내 서적으로는 『파이썬 머신러닝 완벽 가이드』를 추천한다.

3. R을 이용한 머신러닝 · 딥러닝

R을 이용한 머신러닝과 딥러닝은 사실 파이썬으로 제공되는 인공지능 라이브러리의 비약적인 발전으로 5년 전과 비교해 볼 때 상당히 후퇴했다고 판단된다. 그럼에도 불구하고 'R을 R답게 사용'하면 구현하지 못할 것이 없다고 생각된다. R 머신러닝의 고전으로는 현재 3판까지 번역돼 출간된 『R을 활용한 머신러닝』이 있다. R 딥러닝 관련 책은 출간돼 나온 책들 중 『R 딥러닝 프로젝트』가 참고할 만하다고 생각된다. 개인적으로 R을 좋아하지만 R은 통계분석과 일반적인 데이터 분석에 많이 사용하고 있고, 머신러닝 · 딥러닝은 파이썬 라이브러리가 워낙 잘 돼 있어 파이썬을 사용해 구현하는 것이 일반적이다.

4. 금융 머신러닝 · 딥러닝

금융 머신러닝에 관해서는 마르코스 로페즈 데 프라도의 저서 『실전 금융 머신러닝 완벽 분석』, 『자산운용을 위한 금융 머신러닝』 2권이 모두 번역돼 있다. 트레이딩과 관련해서는 『머신러닝을 이용한 알고리즘 트레이딩 시스템 개발』, 『퀀트 전략을 위한 인공지능 트레이딩』이 국내서로 발간돼 있으며, 이기홍 박사님과 저자가 공역한 『퀀트 투자를 위한 머신러닝 · 딥러닝 알고리즘 트레이딩』이 금융과 관련된 모든 머신러닝과 및 딥러닝 알고리즘 사례를 백과사전 수준으로 소개하고 있다. 좀 더 수준 높은 책으로는 『금융 머신러닝』을 참조하라. 난이도는 높지만 프라도 책만큼 이 분야에서 수작이다. 그 외 파생상품 교과서로 유명한 존 헐 교수님이 상경계열 학생을 위한 교재로 발간한『존 헐의 비즈니스 금융 머신러닝 2/e』이 번역돼 있다. 두껍지 않고 간결하게 저술돼 있어 참조할 만하다(3판의 번역서도 준비 중이다).[26]

---

26 『존 헐의 비즈니스 금융 머신러닝』에 대해 저자가 짧은 서평을 작성한 내용을 참조하라. 존 헐 교수님의 비즈니스 금융 머신러닝 강의자료도 다운로드할 수 있다. https://bit.ly/3JK1JUm

Chapter.4
퀀트 3.0, 핀테크를 만나다

"마차를 아무리 연결해도 기차가 되지 않는다.
'빠른 마차'를 만들기보다는 '혁신적인 기차'를 개발하라."

— 조지프 슘페터

디지털 전환의 시대

오늘날 제조업뿐만 아니라 은행, 증권사에서 화두로 떠오른 단어는 디지털 전환Digital Transformation이다. 디지털 전환이란 "새로운 고객 경험을 창출하기 위해 사업모델, 제품과 서비스, 프로세스, 정책·제도·문화 등 사업체계 전반을 디지털 기술을 활용해 바꾸는 것을 말한다. 코로나 19의 확산으로 비대면 업무와 온라인 비즈니스가 활성화되면서 금융투자회사가 디지털 전환과 관련한 인프라 구축과 데이터를 목적에 맞게 활용할 수 있는 데이터 리터러시Data Literacy 교육에 투자하는 비용은 엄청나게 증가하고 있다.

194

아울러 수집된 데이터를 조직별로 연결한 데이터 통합을 통해 더욱 깊이 있는 통찰력을 도출해 고객에게 수준 높은 서비스와 브랜드 경험을 제공하려 노력하고 있다. 필요한 정보들은 얼마든지 공짜로 인터넷상에서 간단한 검색으로 찾을 수 있고 값비싼 도구가 아닌 무료 도구만으로도 혁신적인 아이템을 충분히 개발할 수 있다. 이런 무한도전과 경쟁 시대의 생존전략은 디지털 파괴적 사고와 행동을 하는 디지털 파괴자가 되는 것이다. 금융 분야의 디지털 파괴자는 핀테크 전략과 비즈니스 모델로 무장한 스타트업들이라 할 수 있다.

개념 노트

핀테크에서 자주 사용되는 용어

핀테크는 모바일 지급결제, 외화송금, 금융 플랫폼, 개인 간 거래(P2P), 크라우드 펀딩, 개인자산관리, 보안인증, 금융 데이터 분석 등 다양한 금융 서비스와 정보기술, 모바일 기술의 발달과 함께 새로운 형태로 진화하고 있다.

테크핀(TechFin)

IT 기업이 주요 서비스를 통해 확보한 유저 데이터와 기술 서비스 역량을 기반으로 금융 서비스를 세공하는 것을 말한다. 기존의 핀테크가 금융을 강조한다면, 테크핀은 반대로 기술을 강조한다.

프랍테크(PropTech)

부동산(Property)과 기술(Technology)의 합성어로 부동산에 빅데이터, 인공지능, 가상현실, 사물 인터넷, 드론과 같은 첨단 정보기술이 활용되는 것을 말한다. 부동산 산업이 전통적인 방식을 탈피해 운영관리, 감정평가, 종합자산관리 등 수요자 편의를 우선하는 서비스 산업으로 변화를 시도하면서 부각된 개념으로 중개와 임대, 부동산관리, 프로젝트 개발, 투자와 자금조달 등 4가지 영역으로 구분돼 효율적 관리와 예측, 모니터링이 가능하게 됐다.

인슈어테크(InsurTech)

보험(Insurance)과 기술(Technology)의 합성어로 전체 보험산업의 가치사슬에서 비용절감, 효율성, 생산성을 극대화해 보험산업을 변화시키는 혁신기술을 말한다. 넓게는 금융과 관련된 기술을 일컫는 핀테크 분야에 속하지만 구체적으로 보험산업을 타깃으로 영향력을 높여가고 있다.

레그테크(RegTech)

인공지능(AI), 머신러닝, 클라우드, 빅데이터 등을 활용해 금융권 및 기업들이 복잡한 금융규제(Financial Regulation)를 쉽게 이해하고 준수할 수 있도록 하는 기술을 말한다. 이와 유사한 섭테크는 감독기관의 감독을 의미하는 Supervison과 기술의 Technology의 합성어이다.

핀테크의 ABCD - 인공지능, 블록체인, 클라우드 컴퓨팅, 데이터

핀테크 산업은 4차 산업혁명의 핵심기술인 ABCD와의 융합, 시너지를 말한다. 핀테크와 ABCD 기술은 모두 디지털과 모바일상에서 구현된다. 핀테크의 ABCD의 핵심사항은 다음과 같다.

A: 인공지능

인공지능artificial intelligence, AI은 인간의 학습능력, 추론능력을 인공적으로 구현하려는 컴퓨터 과학의 세부 분야 중 하나이다. 정보공학 분야에 있어 하나의 인프라 기술이기도 하다. 인간을 포함한 동물이 갖고 있는 지능 즉, 자연지능natural intelligence과는 다른 개념이다. 지능을 갖고 있는 기능을 갖춘 컴퓨터 시스템이며, 인간의 지능을 기계 등에 인공적으로 구현한 것이다. 일반적으로 범용 컴퓨터에 적용한다고 가정한다. 이 용어는 또한 그와 같은 지능을 만들 수 있는 방법론이나 실현 가능성 등을 연구하는 과학 기술 분야를 지칭하기도 한다

B: 블록체인

블록체인blockchain은 관리 대상 데이터를 '블록'이라고 하는 소규모 데이터들이 P2P 방식을 기반으로 생성된 체인 형태의 연결고리 기반 분산 데이터 저장 환경에 저장해 누구라도 임의로 수정할 수 없고 누구나 변경의 결과를 열람할 수 있는 분산 컴퓨팅 기술 기반의 원장 관리 기술이다. 이는 근본적으로 분산 데이터 저장 기술의 한 형태로, 지속적으로 변경되는 데이터를 모든 참여 노드에 기록한 변경 리스트로서 분산 노드의 운영자에 의한 임의 조작이 불가능하도록 고안됐다

C: 클라우드 컴퓨팅

클라우드 컴퓨팅cloud computing은 사용자의 직접적인 활발한 관리 없이 특히, 데이터 스토리지 컴퓨팅 파워와 같은 컴퓨터 시스템 리소스를 필요시 바로 제공on-demand availability하는 것을 말한다. 일반적으로는 인터넷 기반 컴퓨팅의 일종으로 정보를 자신의 컴퓨터가 아닌 클라우드에 연결된 다른 컴퓨터로 처리하는 기술을 의미한다

D: 데이터

은행 입출금 내역, 카드 거래 멍세, 보험계약 정보, 증권사 입출금 내역, 상품 구매 내역, 통신료 납부 내역과 같은 금융데이터는 다양한 소비 패턴과 위험 성향 등에 대한 종합적인 분석을 통해 정교한 개인 맞춤형 상품과 서비스 개발을 가능하게 해준다.

그림 4-1 핀테크 사업 추진 모형 유형(출처: https://bit.ly/3Arx9Mg)

핀테크 비즈니스 모델

핀테크는 중앙집권적 금융시장의 해체로 기존 금융기관, 전문가, 관리자에게 쏠려 있던 역할을 네트워크가 대체하는 것이 핵심적인 비즈니스 모델이라 할 수 있다. 핀테크 혁명은 일반 사용자가 참여하는 혁명이므로 기존의 금융 서비스의 틀에서 보지 않고 기존의 틀을 깨고 핀테크를 바라볼 때 가능성과 희망이 보일 것이다. 금융거래를 정보로, 금융거래 서비스를 유기적 네트워크가 형성되는 과정으로 이해하는 것이 가장 필요하다. 핀테크 회사로 시작할 때 채택할 수 있는 비즈니스 모형은 무엇일까? B2C가 좋을까, B2B가 좋을까?를 고민하기보다는 자신이 가장 자신 있는 분야에 집중하고 여력이 생기면 다른 분야로 넘어가는 것이 좋다. 앞서 이야기한 정보적 관점, 네트워크적 관점, 연결과 참여의 관점에서 핀테크 비즈니스 모델의 3가지 특성은 다음과 같다.

수수료 대폭 파괴

핀테크를 기반으로 한 금융 분야에서 가장 중심에 놓여 있는 비즈니스는 송금 서비스다. 송금은 일상생활에서 가장 빈번히 수해하는 금융거래 형태다. 국내에서 시중은행을 통해 해외로 환전 및 송금을 하려면 4~6%의 수수료가 부과된다. 1,000달러 송금하는데 평균 50달러가 필요한 셈이다. 이러한 송금 서비스 수수료를 대폭 절감시킨 핀테크 업체가 있다. 영국계 핀테크 회사인 트랜스퍼 와이즈라는 해외송금회사는 평균 수수료 0.74%를 적용하고 있고 빠르게는 20초 늦어도 24시간 안에 송금을 완료할 수 있는 금융 플랫폼을 제공하고 있다. 이러한 송금 서비스 서비스를 제공하게 되면 계좌확보로 신용평가, 대출, 투자 서비스 제공으로 비즈니스를 확장할 수 있다는 장점이 있다. 이처럼 지불 및 송금 분야 핀테크는 지불 및 송금 절차를 간소화하고 비용을 낮추는 방식으로 비즈니스 혁신을 이뤄내고 있다.

이용 용이성 확대

핀테크 비즈니스 모델에서 가장 중요한 측면 중 하나는 이용 편이성 확대이다. 로보어드바이저에 높은 순위를 차지하고 있는 뱅가드 퍼스널 어드바이저, 베터먼트, 웰스프론트는 고도화된 알고리즘과 빅데이터를 통해 인간 프라이빗 뱅커^{PB} 대신 모바일 기기나 PC를 이용해 포트폴리오 관리를 수행하는 온라인 자산관리 서비스를 제공한다. 기존에 PB 서비스를 받으려면 예치 금액이 20억, 10억 원, 5억 원, 2억 원 등 단계별로 까다롭게 적용되고 있었다. 로보어드바이저는 수수료가 기존 오프라인 서비스에 비해 훨씬 저렴하며 서비스 가입에 필요한 최소 금액도 낮게 책정돼 있다. 기존 개인 자산관리 서비스는 주로 고액 자산가만을 대상으로 접근성이 낮았지만, 핀테크 기업들은 기존 금융서비스가 제대로 영향을 미치지 못하는 영역까지 서비스를 제공하면서 인기를 끌고 있다.

간편한 서비스 제공

다른 핀테크 비즈니스로는 개인 간 거래인 P2P 대출 서비스 영역이다. 영국이나 미국과 중국에서는 P2P 대출이 크게 활성화돼 있다. 조파, 온데크, 렌딩클럽 등과 같은 핀테크 회사에서는 기존 은행에서는 상상도 할 수 없는 빠른 대출 심사가 이뤄지고 있다. 온데크는 통상 2~3주 정도 걸리던 대출 심사를 단 몇 분으로 단축해 큰 인기를 끈다. 대출 서류를 제출한 지 단 몇 분 만에 심사를 끝내고, 대출 자격을 얻을 경우 다음 날 대출금을 통장에 입금시켜준다. 이러한 핀테크 회사들은 기존 금융기관이 생각하지 못한 곳에서 신용을 평가할 수 있는 방법을 찾은 것이다. SNS에서의 사회적 지위, 명성, 개인의 영향력을 평가에 고려한 것이다. 최근 인기를 모으고 있는 간편 결제 서비스 핀테크 회사들도 간편한 서비스를 장점으로 내세우며 빠르게 성장하고 있다. 이처럼 국내 대부분의 핀테크 비즈니스는 해외에서 성공한 핀테크 비즈니스를 현지화하고 있으며, 기존모델에 더 나은 혁신 서비스를 만들어가고 있는 중이다.

핀테크를 배울 수 있는 사이트

성균관대 김영한 교수님의 핀테크 행동경제학 책인 『부자, 관상, 기술』에는 CEO의 관상을 분석해 회사의 위험도, 투자 수익률, 경영 스타일과 그 회사의 미래까지 예측할 수 있다고 나와 있다. 이 책은 최신 의학 연구와 AI 빅데이터를 통해 주가 및 CEO의 의사결정 등을 밝혀낸 여러 연구들도 소개하고 있다. SNS, 위성사진, 팝음악, 애널리스트의 쉬운 글쓰기 등 비정형 데이터와 주가와의 관계에 관한 연구를 소개한 내용도 흥미롭다. AI 기술 등 최신 기술을 토대로 행동재무학적인 접근으로 주가를 분석한 새로운 분야이므로 핀테크와 관련된 새로운 기술에 관심 있는 독자에게 추천한다. 김영한 교수님은 닥터 파이낸스라는 유튜브 채널을 운영하고 있고, 유튜브를 통해 위성사진, 비정형 데이터, 핀테크 등 이 시대의 핫한 분야인

'핀테크와 행동재무' 과목의 강의를 들을 수 있으니 참고하길 바란다.

구분	유튜브 단축 URL	비고
한국 핀테크 지원센터	https://bit.ly/3sLeicP	IT, 금융 융합 갖춘 혁신적 핀테크 서비스를 제공하는 기관
닥터 파이낸스	https://bit.ly/3rY8Xyk	성균관대 김영한 교수님이 운영하는 유튜브 채널(핀테크와 행동재무 수업 추천)
테크잼 연구소	https://bit.ly/3ezyRkm	기술로 세상을 바꾸는 사람들이라는 모토를 가진 테크트렌드 연구소

로보어드바이저란 무엇인가?

로보어드바이저는 최근 몇 년 동안 대중의 큰 관심을 받았다. 로보어드바이저는 최소한의 인력으로 온라인상에서 재무조언 및 투자관리 서비스를 제공하는 기술 기반의 자문 서비스이다. 복잡성과 정교함을 갖춘 알고리듬 기반의 자동화된 시스템을 사용해 재무조언을 제공하고 투자를 관리하며 사용이 간편하다. 로보어드바이저의 구체적인 포트폴리오 배분 프로세스는 다음과 같다. 로보어드바이저는 투자자의 성향을 분석하고 인공지능 알고리듬을 기반으로 포트폴리오를 산출해 체계적으로 자문 서비스를 제공하는데 일반적으로 5단계 과정을 통해 투자자의 자산을 관리한다. 첫째, 개별질문을 통해 투자자의 투자성향과 위험성향을 파악하고 투자목적 등을 분석해 투자자금의 성격을 파악한다. 둘째, 투자자의 성향 및 목적에 따른 자산군별 투자 비중을 결정한다. 셋째, 금융 빅데이터를 기반으로 인공지능 알고리듬을 이용해 최적의 맞춤 포트폴리오를 추천하고 선택해 자산군별 최적의 금융상품을 추천한다. 넷째, 로보어드바이저가 추천한 투자를 집행한다. 다섯째, 투자가 실행되는 시장과 투자자산을 모니터링하면서 포트폴리오를 자동적으로 재조정한다. 최근에는 인공지능 학술 분야에서도 로보어드바이저의 알고리듬과 효과에 대해 다양한 논문들이 나오고 있으며, 전통적인 금융수학적인 포트폴리오 이론을 충실히 따르는 것부터 강화학습을 이용한 에이전트 기반의 알고리듬을 이용하는 것까지 매우 다양한 방식이 연구되고 있다.

개인투자자를 위한 퀀트 투자 플랫폼 – 뉴지스탁 젠포트

젠포트GenPort는 뉴지스탁이 만든 로보어드바이저 플랫폼이다. 모멘텀(가격, 수급), 펀더멘털(성장, 가치, 추정가치) 등의 기본적인 팩터와 뉴지스탁에서 재가공해 만든 다양한 데이터를 추가해 400여 개의 팩터를 기반으로 사용자가 컴퓨터 프로그래밍 없이 직접 투자전략을 만들 수 있다. 이렇게 만든 전략은 과거 시장에 적용해 매매를 해보는 백테스팅이 가능하다. 젠마켓에서는 이 전략을 공유, 판매, 투자까지 할 수 있고, 다른 사용자들의 전략을 복사해 수정 및 활용도 할 수 있다. 또 이런 전략은 실제 계좌와 연동해 자동으로 자산을 관리할 수 있다.[1]

인공지능 기반의 투자 솔루션 제공회사 – 크래프트테크놀로지스

크래프트테크놀로지스Qraft Technologies는 죽적된 트레이딩 데이터를 바탕으로 로보어드바이저와 AI 펀드 솔루션을 제공하는 토종 국내기업이다. 크래프트테크놀로지스는 금융 인공지능 솔루션을 개발해 신한은행, 기업은행, BNK 금융그룹 등 국내 주요 금융지주사 70%에 로보어드바이저, 인공지능 펀드 솔루션을 제공한다. 크래프트테크놀로지스의 AI 기술이 적용된 금융상품의 누적 가입금액은 1조 원에 달하는 것으로 알려져 있다. 2019년에는 사람의 개입 없이 인공지능 시스템이 운용하는 ETF(상장지수펀드)

---

[1] 자세한 내용은 다음을 참조하라. 젠포트 – 퀀트분석 자동매매 시스템. https://wikidocs.net/book/1150

를 뉴욕증권거래소NYSE에 상장시켜 큰 주목을 받았다. 국내기업의 인공지능 ETF 상장은 뉴욕증권거래소 역사상 최초이다. ETF는 특정지수 수익률을 그대로 따르는 '패시브 운용펀드'이지만 최근 최대 ETF 시장인 미국에서도 지수보다 나은 수익을 추구하는 액티브 ETF가 활성화될 조짐을 보이고 있다. 향후 인간 펀드 매니저 대신 AI가 운용하는 액티브 ETF가 시장의 게임체인저가 될 것으로 보고 있다. 이 회사는 김형식 대표가 퀀트 모형으로 투자를 하다가 2016년에 지인들과 함께 설립했다. 현재 B2B 형태로 비즈니스를 제공하고 있다. B2B 형태의 비즈니스는 아직 개인투자자에게는 잘 알려지지 않았지만 금융기관에서는 많이 알려져 있다. 이 회사는 AI 기술을 활용해 알파를 찾는 비용을 낮추고 기존 자산관리의 비효율적인 비용을 최소화해 투자 효율성을 높이고 AI 기술로 퀀트 투자 전략을 강화하고 인간 포트폴리오 관리자가 포착할 수 없는 데이터에서 투자기회를 찾는 것을 목표로 하고 있다. 이 회사는 데이터를 기반으로 한 투자전략을 인공지능으로 찾거나 투자전략을 조합해 최고의 성과를 낼 수 있게 만드는 데 인공지능을 활용한다. 주목할 만한 점은 이 회사의 홈페이지에 금융 인공지능에 대한 자신들의 연구결과 보고서와 금융 인공지능 세미나 동영상을 제공하고 있다는 것이다.[2]

---

2   https://www.qraftec.com의 리서치(research)에 보고서와 동영상이 있다.

그림 4-2 인공지능(AI) 기반 ETF NYSE 상장(출처: 크래프트테크놀로지스)

단순반복 업무는 가라! 칼퇴를 원하는 직장인을 위한 '로봇 프로세스 자동화 (RPA)'에 주목하자!

로봇 프로세스 자동화RPA, Robotic Process Automation는 일반적으로 컴퓨터 앞에서 앉아 일하는 사람들에 의해 수행돼 온 반복적이고 규칙에 기반한 프로세스를 자동화하는 것을 말한다. RPA의 가장 쉬운 예는 앞서 이야기했듯이 엑셀 매크로VBA이다. 각각의 작업에서 이메일 첨부파일을 열고 온라인 양식을 작성하고 데이터를 기록하고 다시 입력하고 그 외의 다른 여러 가지 반복적인 업무를 수행할 수 있다. RPA는 금융기관의 미들 및 백 오피스 업무에 바로 투입될 수 있다. 또 고객과의 상호작용을 위해 프론트 상담원을 위한 지원업무도 수행할 수 있다. RPA가 사용될 수 있는 금융권 비즈니스는 무궁무진하다. 일반적이고 반복적인 금융권 업무에 있어 대량의 업무처리를 하는 부서가 가장 중요한 타깃이 된다. 은행의 경우에는 구매발주 처리업무, 고객통지 업무, 데이터 열람업무 등이 있으며, 보험, 카드, 증권사의 경우에는 카드지급, 보험 언더라이팅, 클레임, 정산업무, 콜센터 업무 자동화 등을 고려할 수 있다. 반복적이고 규칙적인 업무에 투입될 수 있기 때문에 실제 직원을 절감하는 효과가 발생한다. 인공지능까지 사용하는 RPA 2.0의 대표적인 사례로는 투자은행인 JP모건 체이스가 2016년 6월에 상업대출 계약내용을 해석하는 인공지능을 도입한 것을 예로 들 수 있다. 이 기업이 도입한 COIN^{Contract Intelligence}이라는 AI는 그때까지 법률전문가, 대출담당자가 연간 36만 시간을 들이고 있던 일을 몇 초로 끝내는 것을 가능하게 했다.

더 알아보기

RPA에 관한 추천서적으로는 RPA를 종합적으로 조망해 볼 수 있는 『성공적인 RPA 플랫폼 구축 A to Z』와 『RPA 레볼루션』을 추천한다. 이 책들은 RPA 신규 도입이나 RPA 업무의 확대 또는 RPA 업무를 잘 운영하려면 어떤 점을 고려해야 하는지를 단계별로 구분해 RPA 도입 전 준비사항, RPA 프로젝트 개발과 운영 단계 그리고 RPA의 현재와 미래를 다루고 있다.

로봇 프로세스 자동화(RPA): 인공지능, OCR, BPMS 진화

RPA는 각각의 분야에서 데이터가 축적되고 규칙이 정해지면 더욱 더 막강한 힘을 얻게 된다. RPA에 인공지능이 탑재되면 업무분석 개선과 더불어 보다 고도의 자동화를 이룰 수 있다. 또 OCR(광학식 문자판독장치)에 RPA를 접목할 수 있다. OCR은 수작업과 인자된 문자를 광학적으로 판독하는 스캐너 등의 하드웨어와 문자를 인식해 데이터로 변환하는 소프트웨어를 포함한 시스템을 총칭하는 말이다. OCR은 문서 등 손글씨와 문자를 인식해 데이터로 변환한다. OCR 인식을 통해 이미지 데이터를 텍스트 데이터로 변환한 것을 RPA를 통해 필요한 부분에 채워넣을 수 있는 기능을 추가할 수 있다. 이때 딥러닝 등을 활용해 딕셔너리를 추가하면 원하는 문자의 유의어를 패턴 인식해 원하는 부분에 채워넣는다. 또 BPMS 비즈니스 프로세스 관리 시스템에서도 RPA 기능을 충분히 활용할 수 있다.

금융 딥러닝보다는 금융 RPA에 집중하라!

LG전자는 2018년 영업, 마케팅, 구매, 회계, 인사 등 사무직군에 RPA를 도입했고 2020년 말까지 950개의 업무에 RPA 기술이 적용됐다. LG생활건강도 2020년 2월 영업, 회계, 마케팅 등 사무직 업무에 8대의 RPA 시스템인 알 파트장을 도입해 249가지 업무를 수행했다. 이는 237명이 연간 3만 9,000시간을 투입해서 수행하는 일이라고 한다. 은행, 증권사, 운용사, 보험사 등 금융회사의 단순반복 및 정형화된 업무가 RPA로 대체되고 있다. 각 금융회사의 프론트, 미들, 백 오피스 업무에는 반복적인 부분이 상당히 많다. 백 오피스 업무에서 일찍이 자동화 프로젝트가 많이 시행됐고, 미들 오피스에 이어 프론트 오피스의 보고업무 등 반복적인 업무가 RPA로 대체되고 있다. 또 보험사의 소액 보험금 자동지급 시스템, 보험 청약서류의 자동심사 시스템, 은행의 대출신청 서류의 대출자격 적격성 심사에도 RPA가 도입되고 있다.

실제 금융 딥러닝으로 업무를 추진하는 금융회사가 많은데 금융 딥러닝은 데이터와 더불어 패턴이 결정돼야 성과가 나오기 때문에 금융 딥러닝을 바로 적용해 성과를 내기는 쉽지 않다. 이에 반해 RPA는 단순반복적이고 정형화된 업무의 절차와 순서만 잘 파악하면 상당한 성과가 가능하다. 따라서 금융 딥러닝 추진과 더불어 RPA를 우선 적용해 반복적인 업무에서 노동시간을 줄인 다음 데이터와 패턴이 축적되면 더 고도화된 인공지능 업무를 추진하는 방향으로 진행하는 것이 바람직하다.

금융 규제시장은 퀀트들의 놀이터 - 레그테크(RegTech)

레그테크^{RegTech, Regulation Technology}는 규제 프로세스를 단순화하고 개선하는 기술 솔루션을 말한다. 레그테크의 범위를 결정하는 3단계가 있다. 첫째 단계, 기술을 내부 프로세스에 통합하고 컴플라이언스 시스템을 최적화하려는 금융기관이 주도한다. 둘째 단계, 2008년 세계 금융위기 이후 규제 개혁을 채택하는 과정을 촉진하는 데 중점을 둔다. 셋째 단계, 더 나은 시스템 구축을 위해 금융 시스템 운영과 그 규제에 대한 개념을 다시 개념화한다. 이와 같이 레그테크의 발전은 시스템의 정비 및 규제를 재정의하는 것과 밀접한 관련이 있다. 예를 들어 은행 시스템의 위험관리는 종종 미래사건에 대한 예측을 추구하므로 은행은 계량분석을 사용해 신용위험 및 시장위험에 대한 노출 수준을 예측한다. 바로 여기에 새로운 기술로 현재 시스템의 한계를 해결할 수 있다. 레그테크는 분석적 예측요소, 빅데이터 시스템 및 머신러닝을 제공해 운영상의 어려움을 극복하고 동시에 은행 소비자 활동과 관련된 모든 영역을 통합할 수 있다. 핀테크와 유사하게 레그테크 채택 프로세스는 은행, 규제기관, 기술개발자가 정보와 경험을 통합하고 교환할 수 있는 가용성에 달려 있다. 이런 통합에는 신생기업 및 기존기관으로 알려진 새로운 회사가 포함돼야 한다.

레그테크가 가장 널리 구현되는 영역 중 하나는 규정준수 또는 규정준수 시스템이다. 레그테크 시스템의 설계는 지속적인 규제증가, 개별 책임 제도의 개발, 규정준수 팀의 과도한 확장 및 후속 조정으로 발생하는 문제에 직면할 수 있는 도구를 개선하고자 한다. 실제로 레그테크의 장점 중 하나는 다음과 같이 규정준수와 관련된 행위자 간의 협업 시스템을 홍보하는 것이다.

이와 관련된 주요 과제는 다음과 같다.

- 수집된 정보의 양
- 해당 정보가 공유되는 방식
- 데이터를 분석하는 능력
- 규제 및 규제기관의 일상활동에서 의사결정과 프로세스의 **통합**

이후 레크테크의 역할은 이런 모든 요소의 통합을 달성하고 규제준수 프로세스를 촉진하는 최상의 기술 시나리오를 제공하는 것이다.

핀테크에서 데이터 과학을 사용하는 방법

핀테크로 알려진 금융기술은 기술혁신 분야에서 가장 빠르게 성장하는 분야 중 하나이며 벤처 캐피털리스트가 선호한다. 핀테크는 소비자에게 은행 및 금융 서비스를 제공하는 새로운 방법에 맞춘 일련의 기술을 말한다. 페이팔, 아마존 페이 또는 신용카드를 사용해 온라인 결제를 할 때 소비자, 전자상거래회사, 은행은 모두 핀테크를 사용해 거래를 수행한다. 시간이 지남에 따라 핀테크는 결제, 투자, 소비자금융, 보험, 증권 결제, 암호화폐를 포함한 금융 서비스의 거의 모든 측면을 발전시키고 혁신해 나갈 것이다. 핀테크 기업은 재무 의사결정을 단순화하고 우수한 솔루션을 제공하려고 머신러닝, 인공지능, 예측분석, 데이터 과학에 크게 의존한다. 핀테크의 몇 가지 사례와 각각에서 데이터 과학이 어떻게 사용되는지 살펴보자.

로보어드바이저

로보어드바이저는 알고리듬 기반의 자동화된 재무계획 및 투자 서비스를 투자자에게 제공하는 디지털 플랫폼이다. 대부분의 프로세스는 기술중심이며 투자 결정은 알고리듬에 의해 이뤄진다. 전체 프로세스는 사람의 개입이 최소화되거나 전혀 없다. 일반적으로 프로세스는 재무상태, 리스크

능력, 향후 재무목표 등과 같은 고객 프로파일을 온라인 설문조사를 통해 고객에 대한 정보를 수집하는 것으로 시작되며, 데이터는 재무조언을 제공하거나 자동으로 투자하는 데 사용된다. 고객의 요구와 목표에 가장 적합한 상품 및 자산 클래스를 제공하는 것을 목표로 한다.

위험도 분석

앞서 설명한 FICO와 같은 신용평가기관 및 신용평가회사는 데이터 과학과 머신러닝에 의존해 차주에게 즉각적인 데이터를 제공한다. 예를 들어 로지스틱 회귀를 사용해 고객의 위험을 예측하고 좋은 차입자와 나쁜 차입자를 분리한다.

사기감지

데이터 과학 기술을 사용해 금융거래에서 사기를 식별할 수 있다. 전통적으로 사기식별은 규칙 기반이었으나 거래 플래그 지정 규칙은 수동으로 설정해야 했다. 이제 방대한 양의 온라인 사기거래를 사용하고 향후 거래에서 사기를 표시하거나 예측하는 데 도움이 되는 방식으로 모델링할 수 있는 빅데이터 및 데이터 분석 기술을 활용할 수 있다. 이는 데이터 과학과 심층신경망과 같은 딥러닝 기술을 사용해 수행할 수 있다.

고객확보 및 유지

은행과 금융기관은 내부 및 외부의 고객 데이터를 사용해 고객 경험을 맞춤화하고 고도로 개인화된 제안을 제공하는 데 사용할 수 있는 포괄적인 고객 프로파일을 만들 수 있다. 예를 들어 고객의 과거 구매행동을 기반으로 구매하려는 추가제품이나 서비스를 예측하는 알고리듬을 구축할 수 있다. 또 특정 연령대의 사람들에게 어떤 종류의 제품을 홍보해야 하는지도 분석할 수 있다.

보험상품 분석

보험산업은 데이터 과학의 큰 사용자이다. 거의 모든 보험사는 데이터 과학을 사용해 위험을 관리하고 비즈니스 수익성을 유지한다. 예를 들어 보험회사의 청구부서는 데이터 과학 알고리듬을 사용해 사기거래를 구분한다. 보험회사는 신용평가, 고객확보, 마케팅, 고객 유지, 새로운 보험상품 설계와 같은 다른 목적으로 데이터 과학과 빅데이터를 사용한다.

넷플릭스 성공의 핵심전략 - 초개인화와 고객 맞춤형 서비스

넷플릭스는 이제 OTT를 제공하는 세계 최강의 미디어 플랫폼이 됐다. 이런 넷플릭스의 성공에는 전 세계 각기 다른 이용자의 욕망을 사로잡고 어필하는 능력에 있었다. 다시 말해 이용자 그룹에게 세심한 서비스를 제공할 수 있었기 때문에 성공했다고 할 수 있다. 넷플릭스는 문화와 개인욕구, 개인화와 최적화 알고리듬의 선택으로 전 세계를 지배하는 콘텐츠 왕국을 건설하게 됐다.

핀테크 금융 리스크 관리에서 데이터 과학의 역할

리스크 관리는 모든 금융기관에서 필수적인 부분이다. 모든 기업은 다양한 위험에 직면하고 있으며, 리스크 관리는 기업의 투자수익을 극대화하고 손실을 줄이려고 노력한다. 리스크 관리 분야에서 일하는 사람들에게 데이터 분석은 처음 접하는 일이 아니다. 리스크 관리 분야는 데이터에 크게 의존하며 리스크 관리 전문가는 수십 년 동안 데이터 분석을 사용해 왔다. 실제로 금융기관은 데이터의 허브이며 데이터 분석의 선구자이다. 그러나 앞서 살펴본 것처럼 데이터는 지난 10년 동안 폭발적으로 증가했으며 이런 방대한 양의 데이터를 분석하는 데 도움이 되는 빅데이터 기술은 비교적 최근에 등장했다. 오랫동안 리스크 분석을 사용해 왔지만 새로운 시대의 데이터 과학은 기존 방법으로 불가능했던 수준의 정교함과 이점을 제공한다. 데이터 과학이 적용되는 리스크 관리 영역을 살펴보자.

리스크 평가 및 인텔리전스

금융기관에는 은행거래, 소비자행동, 시장가격, 경제 데이터의 형태로 방대한 양의 데이터가 생성된다. 데이터 분석 시 위험을 감소시키는 데 이런 빅데이터를 사용할 수 있다. 여러 가지 데이터셋을 다루기 때문에 과학적 도구는 다양한 관점에서 데이터셋을 탐색하고 분석하는 데 도움이 된다. 이런 분석은 거의 실시간 인텔리전스를 제공하고 리스크 관리자가 잠재적 위험을 감지하고 위험을 감소시키는 데 빠르고 효과적으로 대처할 수 있다.

시장리스크 데이터 분석

데이터 과학은 거래상대방의 신용위험과 시장리스크와 같은 금융시장과 관련된 위험에 적용된다. 빅데이터 분석은 몬테카를로 시뮬레이션과 같은 시뮬레이션 및 시나리오 분석의 품질과 속도를 개선하는 데 도움이 될 수 있다. 몬테카를로 시뮬레이션은 은행이 경쟁사보다 경로에 따른 파생상품 가격을 훨씬 더 잘 계산할 수 있게 도와준다. 또 신용위험과 시장위험 노출, 평가 모두 훨씬 진보된 방식으로 시뮬레이션할 수 있다.

신용리스크 데이터 분석

신용리스크 영역 내에서 데이터 과학을 사용해 대출 및 차입자를 평가하는 보다 강력한 예측 모형을 구축할 수 있다. 대출내역, 은행거래 데이터, 인구통계, 소득 등과 같은 표준 데이터셋 외에도 소셜 미디어나 마케팅 데이터와 같은 새로운 데이터를 모형 구축에 포함하며 고객행동에 대한 더 깊은 분석력을 확보할 수 있다. 예를 들어 이혼이나 새 자녀와 같은 주요 인생사건은 중요한 통찰력을 제공해 줄 수 있다. 이런 새로운 정보와 함께 기존 데이터는 리스크 관리자가 매우 강력한 리스크 지표를 만드는 데 도움이 된다. 빅데이터 분석은 은행이 기존 대출 서비스 비즈니스에서 조기 경고 신호를 감지하는 데도 도움이 될 수 있다. 예를 들어 소셜 미디어 게시물을 기반으로 차입자가 대출을 계속할 것인지 여부에 대한 통찰력 있는 데이터 분석을 실시할 수 있다.

운영리스크 데이터 분석

운영리스크는 빅데이터 및 데이터 과학을 사용해 사기 및 투기적 거래, 불량거래, 규제위반과 같은 사기활동을 감지하고 방지하는 매우 효율적인 시스템을 만들 수 있다. 전통적인 운영리스크 관리방법은 속도가 느리고 사기를 감지할 때 사례별로 접근해야 하는 반면에 새로운 기술과 전략을 사용해 외환사기에 사용되는 채팅방과 같은 활동을 수행한다. 이런 모든 데이터 원천은 스캔들로 비화되기 전에 사기를 감지할 수 있도록 표준거래 및 트랜잭션 데이터소스와 함께 캡처돼 분석될 수 있다.

자금세탁방지 데이터 분석

자금세탁방지AML, Anti-Money Laundering 및 테러자금조달 금지는 업계가 무관용 접근 방식을 채택하고 이런 활동에 대해 막대한 벌금을 부과하기 때문에 은행에 많은 비용이 든다. 그러나 주로 규칙 및 검색 기반인 자금세탁을 감지하고 방지하는 기존 방법에는 심각한 한계가 있다. 예를 들어 AML 시스템은 특정 키워드를 볼 때마다 경보를 울릴 수 있다. 그러나 이 방법은 그다지 효과적이지 않다. 또 AML 운영직원이 시간과 오류가 발생하기 쉬운 많은 트랜잭션과 보고서를 수동으로 검토해야 하므로 노동집약적이다. 빅데이터 및 데이터 과학의 도움으로 AML 관행를 크게 개선할 수 있다. 정형 데이터와 비정형 데이터 모두 통계분석 및 데이터 시각화를 통해 계정과 거래 간에 숨겨진 패턴과 링크를 확인해 의심스러운 거래를 식별할 수 있다. 고급기술을 사용해 실시간 모니터링 시스템을 구축하고 처음부터 자금세탁을 중단하게 할 수 있다.

금융의 초개인화(hyper-personalization) 마케팅 전략이란?

AI 기술의 서비스 접목이 가속화되면서 이용자 개개인에 특화된 서비스를 제공하는 초개인화가 소소하게 트렌드로 부각되고 있다. 금융의 초개인화는 불필요한 혜택을 제공받지 않고, 현재 고객이 원하는 혜택만 제공하는 전략이다. 기존 고객 마케팅 활동이 시장 세분화를 통해 타겟팅 그룹의 보편적 파악을 중시했다면, 초개인화는 특정 고객이 현재 원하는 구체적인 혜택이 뭔가를 파악하게 한다. 이런 초개인화 마케팅 전략은 고객정보에 기반한 빅데이터에 의존한다. 고객의 카드사용 패턴, 결제정보, 혜택에 대한 반응을 학습시키고 고객에게 가장 효과적인 혜택을 예측하는 것을 목표로 한다. 초개인화 전략은 마이데이터[3] 서비스 시행과 함께 진행되고 있다. 그동안 고객에 대한 세부적인 정보가 없어 불특정 다수를 대상으로 금융 서비스를 제공해 오던 금융권에서 마이데이터 서비스와 맞물려 이종 산업과 고객 데이터 제휴를 맺는 방식으로 다양한 고객 맞춤형 금융 서비스를 제공하고 있다.

금융 데이터 과학, 알파(alpha)를 찾아라!

"어제의 알파가 오늘의 베타가 된다."라는 말이 있다. 어제 발견한 초과수익인 알파는 소문을 타고 순식간에 알려져서 자신만의 수익률이 아닌 시장 전체의 수익률이 된다는 이야기이다.

추가적으로 월드퀀트와는 약간 성격이 다르지만 유사한 4개의 크라우드 소싱 헤지펀드를 소개한다. 크라우드 소싱 헤지펀드의 특징은 앞서 살펴봤

---

3 '마이데이터'란 각 기관에 흩어져 있는 개인 신용정보를 모아 소비자가 필요로 하는 맞춤형 서비스를 제공하는 사업이다. 종전에는 고객정보를 수집할 때 금융사의 모든 정보를 한번에 가져왔지만 이제는 정보 관리업체를 통해 고객이 원하는 정보만 금융회사에 전달할 수 있다. 마이데이터에 관한 책으로는 『이것이 마이데이터다(슬로우미디어, 2021)』, 『마이데이터 레볼루션(클라우드나인, 2022)을 추천한다.

듯이 대중의 지혜를 모아 헤지펀드가 운영된다는 점이다. 회사와 비즈니스 모형에 대한 간략한 소개이므로 읽어보고 넘어가면 좋겠다.

나스닥(NASDAQ) 거래소, 퀀들(Quandl)을 인수하다

2018년 12월에 나스닥 거래소는 대체 데이터를 비롯한 금융 데이터 제공 업체인 퀀들Quandl을 인수했다. 데이터의 중요성을 아는 사람들에게는 놀라운 뉴스가 아닐 수 없다. 그것도 거래소가 데이터(주로 대체 데이터)의 중요성을 느끼고 인수한 것이다. 퀀들은 2011년 캐나다 토론토에서 설립됐는데 금융시장에서 이용될 수 있는 빅데이터를 중개하고 빅데이터 분석 툴을 제공하는 빅데이터 기업이다. 퀀들이 제공하는 API는 파이썬, R, Excel, Ruby 등 다양한 언어와 분석 도구를 통해 데이터를 제공하고 있다.

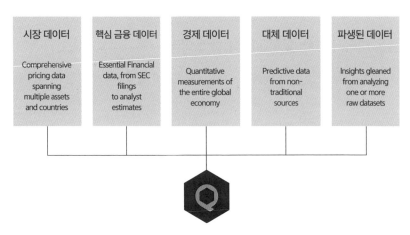

그림 4-3 퀀들(Quandl)의 데이터 제공 구조(출처: Quandl)

대체 데이터란 무엇인가?[4]

위키피디아에서 대체 데이터Alternative Data의 정의를 알아보고 사례를 살펴보도록 하자.

"대체 데이터는 투자 프로세스에 대한 통찰력을 얻는 데 사용되는 데이터를 말한다. 이 데이터는 혁신적인 수익률 알파를 창출하려고 기본적 또는 계량적 분석을 위한 기관 투자자들이 많이 사용하고 있다. 대체 데이터의 예는 신용카드 거래, 웹사이트 사용기록, 위성 이미지, 소셜 미디어 게시물, 제품 리뷰 등 공공기록이나 인터넷과 같은 다양한 출처에서 수집될 수 있다."

정의에서 보는 것과 같이 대체 데이터는 빅데이터 중에서 알파 수익을 창출할 수 있는 중요한 역할을 하고 있다. 아직 국내에서는 그 개념과 서비스를 제공해 주는 회사가 한정적이지만 점차 이 분야의 중요성이 높아질 것으로 생각한다. 대체 데이터의 예는 금융권에 있는 사람들에게는 벌써 익숙한 개념이다. 예를 들어 2015년 위성 데이터소스를 사용하는 특정 헤지펀드가 대형마트의 주차장 혼잡이 증가하는 데이터를 통해 수익을 창출했다. 실제 몇 개월이 지난 후 매장의 이익증가에 대한 보도가 나왔을 때 그 마트의 주식은 10% 이상 올랐다. 이와 같은 대체 데이터에는 쇼핑몰 교통량, 석탄 선적량, 석유 저장탱크, 산업플랜트 생산량, 홍수 데이터, 선박 위치 데이터, 지리적 태그가 지정된 모바일 트래픽이 포함된다. 다만 작황의 생산량을 정확히 예측하려면 수년 간의 사진을 면밀히 모니터링해야 한다. 현재의 작물 생산량을 보다 정확하게 알려면 머신러닝 기술도 이용할 수 있다.

---

4 대체 데이터는 금융투자와 관련해서 알파, 즉 초과 수익률을 얻을 수 있는 새로운 금광이다. 대체 데이터에 관해 가장 참조할 만한 책은 『The Book of Alternative Data: A Guide for Investors, Traders and Risk Managers(Wiley, 2020)』이다. 국내 번역서는 출간돼 있지 않다. 대체 데이터를 활용하는 미국의 핀테크 기업들이 많으며, 국내에서도 대체 데이터를 활용해 서비스 제공을 준비 중인 핀테크 기업이 늘어나고 있다. 저자는 대체 데이터에 관심이 있어 2018년 5월경에 전자세금계산서 서비스를 제공하는 '비즈니스온'이라는 기업에 투자해 괜찮은 수익률을 얻은 바 있다. 매출을 실시간으로 확인할 수 있는 대체 데이터에 주목해 보자.

대체 데이터는 새로운 알파 수익 창출요인이다

대체 데이터Alternative Data의 가용성이 높아짐에 따라 투자자는 기존 원천에서 수집한 정보를 넘어 회사의 비즈니스 전망에 대한 지식을 확장할 수 있다. 과거에는 투자자들이 회사 실적에 대한 통찰력을 얻으려면 분기별 영업이익, 애널리스트 보고서, 금융 관련 뉴스에 의존했다. 그러나 현재는 대체 데이터 원천에서 다양한 데이터를 발견할 수 있다. IDC에 따르면 실제 대체 데이터는 2020~2025년에 9.6배 증가할 것으로 예상하고 있다. 인공지능 및 머신러닝의 혁신적인 작업은 투자자와 회사가 이런 원천을 사용하는 데 도움을 줄 수 있고 더 나은 투자 의사결정을 내릴 수 있게 해준다. 비즈니스 프로세스, 거래 데이터, 기업, 정부기관에서 구한 데이터는 특히 귀중할 수 있다. 투자자는 신용카드 및 직불카드 구매정보를 수집하는 회사에서 판매한 거래 데이터를 익명으로 수집해 회사의 제품판매를 예측할 수 있다. 온라인 소매업체의 이메일 영수증 데이터도 유용할 수 있다. 2016년 11월 시장 점유율을 자랑하던 고프로GoPro의 주식은 3분기 실적이 월가 전망치보다 낮았기 때문에 3일 동안 17%가 급감했다. 앞서 언급한 데이터 플랫폼 공급업체인 퀸들Quandl은 고프로의 예상보다 큰 손실을 예측해 냈다. 즉 3백만 개가 넘는 이메일 편지함에서 카메라 메이커의 제품 영수증을 분석해 아마존, 월 마트를 포함한 소매업체의 판매량이 적은 것을 관찰했다. 고프로 매출의 약 50%를 차지하는 아마존은 그 분기에 5% 감소했고 퀸들은 대체 데이터에 대한 예측을 바탕으로 분기 매출이 애널리스트보다 훨씬 낮을 것으로 추정했다. 이제 여러 가지 대체 데이터의 종류에 대해 살펴보자.

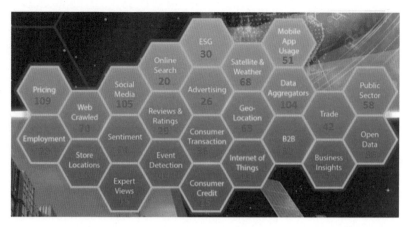

그림 4-4 이글 알파(Eagle Alpha)는 대체 데이터를 26개의 범주로 분류한다.[5]

이글 알파의 '대체 데이터' 비즈니스

이글 알파Eagle Alpha는 미국의 대표적인 데이터 컨설팅 업체이다. 헤지펀드, 운용회사 등 여러 금융기관에 대체 데이터를 제공해 주고 있으며 이글 알파라는 회사명에서 알 수 있듯이 알파 수익창출을 도와주고 있다. 2012년에 설립된 이 회사는 1,000개가 넘는 대체 데이터셋을 배포하는 데 800만 달러를 투자했다.

대체 데이터의 주요 유형

대체 데이터의 주요 유형에는 무엇이 있을까? 생성된 다른 유형의 대체 데이터 중 일부는 다음과 같다. 그 유형에 대해 간단하게 살펴보자.

웹데이터: 이 유형의 데이터에는 웹 트래픽, 인기 있는 웹 검색, 인구통계, 클릭률 등의 정보가 포함된다. 이 데이터는 광고 캠페인의 결과, 웹사이트, 제품의 인기를 측정하는 데 매우 유용하다. 또 시장조사 및 전자상거래에

---

5   이글 알파의 대체 데이터는 다음의 홈페이지에서 자료 요청하거나 구글 검색으로 자료를 찾을 수 있다.
     https://app.eaglealpha.com/download/alternative-data-use-cases-report-4

대한 탁월한 통찰력을 제공한다.

소셜 감성: 소셜 미디어 게시물 및 댓글 처리 데이터가 포함된다. 뉴스, 제품 광고 등에 대한 대중의 반응도 포함된다. 데이터는 텍스트 게시물, 디지털 이미지, 비디오 형태로 제공되는데 트위터, 페이스북, 링크드인 등과 같은 소셜 미디어 사이트 사용자 간의 온라인 상호작용도 포함될 수 있다. 이데이터는 현재 동향을 얻는 데 유용하다. 예를 들어 트위터 감성 분석은 제품출시, 이벤트, 공개발표에 대한 대중의 반응을 측정하는 데 일반적인 방법이다. 앞서 이야기했듯이 대부분 비정형 데이터로 분석을 위한 전처리가 필요하다.

지리 위치 데이터: 물리적 위치를 추적하는 데 사용되는 전자장치(주로 모바일)에서 수신한 데이터를 지리적 위치 데이터라고 한다. GPS 신호 외에 와이파이, 블루투스 신호에서도 수신된다. 이 유형의 데이터는 위치 기반 결정을 내리는 데 많은 양의 정보를 제공한다. 따라서 특정 제품이나 활동에 가장 많은 수요가 있는 위치를 잘 알 수 있다. 소매점은 이 정보를 사용해 비즈니스를 확장할 최상의 분야를 결정할 수 있다. 사물 인터넷 기술이 확장됨에 따라 이런 형태의 대체 데이터는 점점 더 유용해질 것이다.

신용카드 거래: 신용 및 직불카드 거래에서 얻은 데이터는 소매수익을 추적하는 데 매우 유용하다. 또 개인이 청구서를 얼마나 자주 받는지에 대한 통찰력을 제공해 제 시간에 대출받을 가능성이 있는지 여부를 알 수 있다. 이형태의 대체 데이터는 매우 정확하고 통찰력이 있으나 라이선스를 얻는 데 비용이 많이 들 수 있다.

이메일 영수증: 이 영수증은 구매한 제품 또는 서비스를 제공할 때 받는 전자 영수증이다. 이 형식의 데이터는 소매수익을 추정하는 데 매우 유용하다. 앞서 언급했듯이 3백만 개가 넘는 이메일 수신 편지함의 제품 영수

증을 평가해 고프로의 판매량이 감소됐다는 결론을 예측해 냈다.

POS ^{Post of Sale} 거래: POS 시스템은 상점의 전자식 금전등록기 등을 컴퓨터에 연결해 상품 데이터를 관리하는 시스템을 말한다. 매상이 발생하는 시점에서 상품명이나 가격 등에 대한 데이터를 수집해 컴퓨터로 관리하는 것을 포스^{POS}라고 한다. 이런 매장에서의 거래는 판매량 및 가격 추세뿐만 아니라 소비자 선호도, 제품 인기도와 관련된 정보를 제공한다.

위성 데이터: 이런 형태의 대체 데이터는 비싸지만 인기가 높아지고 있다. 위성이나 저수준 드론에서 얻을 수 있다. 원시형태의 데이터는 이미지 형태로 제공되며 필요한 정보를 추출하려면 데이터 전처리가 필요하다. 뒤에서 추가로 설명할 것이다.

날씨: 위성 데이터와 마찬가지로 날씨 패턴에 대한 데이터는 광범위한 경제 결정을 내리는 데 유용하다. 이 형식의 데이터는 강수 센서, 압력 센서, 온도계 등과 같은 다양한 센서에서 수집된다. 특정 지역에서 예상할 수 있는 농산물의 양, 종류, 상품유형을 분석하는 데 사용할 수 있다.

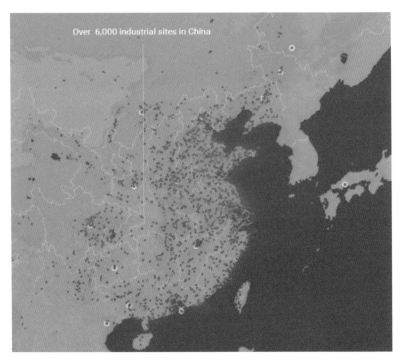

그림 4-5 스페이스노우는 중국 내 6,000개 이상의 시설에서 벌어지고 있는 산업활동에 대해 위성 이미지를 추적해 위성제조업지수(SMI)를 산출한다(출처: SpaceKnow).

상업용 인공위성, 비즈니스의 미래를 예측하다

2013년에 설립된 스페이스노우SpaceKnow는 샌프란시코의 작은 스타트업 회사로 주로 감시 인공위성의 일종인 큐브위성Cube Satellites을 사용해 정보를 수집한 후 고객이 원하는 정보 형태로 가공해 판매한다. 이 회사는 인공위성을 이용한 중국 위성제조업지수SMI를 새로 개발해 공표하고 있다.

위성사진 AI를 이용한 지형 공간분석(Geospatial Analysis)

지형 공간분석이란 이미지, GPS, 위성사진, 기록 데이터로 주로 유용한 정보를 추출하는 데 사용되는 기법인데 지형공간 데이터에 가치를 부여하거나 지형공간 데이터를 유용한 정보로 바꾸는 과정이다. 즉 지형공간 데이터와 속성 데이터를 이용해 현실세계에서 발생하는 문제에 도움을 줄 수 있는 정보를 생성하는 기법이다. 또 이전에 인식하지 못했던 패턴이나 발견되지 않은 법칙을 발견하는 과학적 목적에도 활용된다. 이런 지형 공간분석에 위성 인공지능 기법을 이용한 데이터 제공 및 분석회사 중 대표적인 회사에는 오비탈인사이트(Orbital Insight), 데카르트랩(Descartes Labs), 스페이스노우(SpaceKnow) 등이 있다. 이들은 AI 기반 플랫폼을 이용해 금융시장, 기업, 국방, 정부 및 비영리기관에 도움을 줄 수 있는 지구 데이터 분석산업을 선도하고 있다.

스페이스노우가 제공하는 SMI는 22억 개 인공사진을 통해 중국 전역 6,000개 이상의 주요 산업 시설에 대한 실물활동의 가시적 변화(재고증감, 신규건설 등)를 파악한 후 이를 수치화한 지수를 산출하고 있다. 이 지수의 개발이유는 중국의 공식통계를 믿지 않는 투자자들에게 판매하기 위함이라고 한다. 기존 설문조사의 중국 제조업지수^{PMI}보다 실제 중국 산업현장에서 일어나는 변화를 확인해 발표한 위성제조업지수^{SMI}의 신뢰성이 높다고 판단되기 때문이다. 스페이스노우는 머신러닝 학습 알고리듬을 이용해 재고, 신규건설 등의 위성 이미지에서 경제활동의 특정 변화를 분석하고 있다. 이런 인공위성 정보시장의 성장 배경에는 빅데이터와 머신러닝 붐이 많은 영향을 줬다. 방대한 빅데이터 자료는 머신러닝의 학습도구가 되는데 인공위성 이미지도 그중 하나이다.

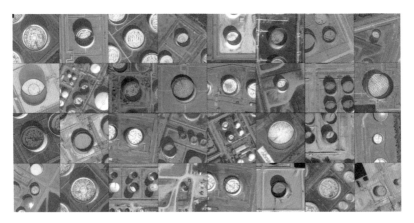

그림 4-6 수많은 석유저장시설을 찍은 위성사진이다.
얼마나 많이 저장돼 있는지는 원유탱크의 그림자 크기 등에서 잔량을 파악하는
이미지 분석엔진으로 측정된다(출처: Orbital Insight).

헤지펀드는 위성 인공지능을 어떻게 활용하고 있는가?

또 다른 위성 인공지능 지형 공간 데이터 분석회사인 오비탈인사이트Orbital Insight의 경우도 이 비즈니스 분야에서는 대기업에 속한다. 이 회사에서 분석하는 석유저장시설에 대한 정보는 사우디아라비아, 중국 등 각국이 은폐하는 원유저장량을 알 수 있는 좋은 사례이다. 이 회사는 원유탱크의 '부상형 덮개'에 주목했다. 원유탱크의 덮개는 고정된 것이 아니라 휘발성이 강한 유류가 공기 중 노출돼 증발, 손실되는 양을 줄이려고 약면의 수위에 따라 부유하는 구조이다. 따라서 탱크 벽면의 그림자를 관찰하면 부상형 덮개의 높이를 알 수 있다. 이를 통해 원유저장량의 잔량을 알 수 있게 된다. 이때 수많은 위성사진 이미지 분석을 위해 인공지능 알고리듬이 사용된다. 이 회사는 미국의 96개 쇼핑센터의 주차를 기록하고 분석한 데이터를 제공한다. 55,000개가 넘는 주차장의 위성 이미지를 통해 차량을 식별하는 딥러닝 기법이 사용된다. 이 데이터는 쇼핑체인의 판매동향과 비교되는 패턴으로 변환되는데 기업이 영업을 예측하고 비즈니스 의사결정을 최적화하는 데 도움을 주며 경쟁업체를 모니터링하는 수단으로 이용할 수 있다.

즉 경쟁업체 시설에 소비자 유입을 알고 있다면 유리한 조건에서 경쟁하기 위한 전략을 정교하게 구성할 수 있다.

켄쇼의 금융분석을 위한 '구글(Google)형' 검색엔진

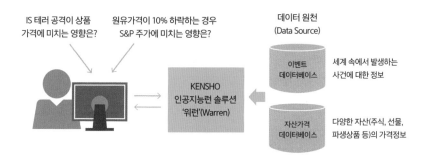

그림 4-7 구글형 검색엔진 켄쇼(KENSHO)의 '워런(Warren)'은 자연스럽게 질문을 이해하고 수천 개의 자원에서 답변을 찾는다.

켄쇼는 IBM의 왓슨Watson과 유사한 워런Warren이라는 소프트웨어를 개발했다. 이 시스템은 사용자가 일반 텍스트로 "구글 스타일 상자"에 질문을 입력하면 차트와 표를 보여주며 분석 결과를 제시해 준다. 예를 들어 회사가 새로운 아이패드를 출시할 때 어떤 애플 공급업체의 주가가 가장 많이 상승할지 묻는다면 워런은 과거 데이터를 기반으로 애플에 부품을 제공하는 공급업체를 검색하고 가격이 가장 많이 상승한 기업을 확인해 결과를 제시해 준다. 질문에서 분석까지 워런은 일반적으로 2가지 유형의 머신러닝 작업을 수행한다. 우선 '**자연어 처리**^{NLP}' 기술을 사용해 텍스트를 분석한 후 이벤트(사건) 및 회사와 같은 주요 용어 및 매개변수를 식별한다. 그런 다음 과거 데이터를 가져와서 상관관계 분석 및 '**사건연구** Event Study'를 수행해 과거의 자산가격에 대한 사건의 영향을 평가하고 분석한 후 차트로 요약해 결과를 제시해 준다. 워런의 분석 강화를 위해 켄쇼는 시장정보와 데이터를 지속적으로 자동수집해 한곳으로 모으는 "켄쇼 글로벌 사건 데이터베이스"라는 대용량 데이터베이스를 구축했다. 정보 및 데이터는 모두 공개돼 있으며 중앙은행 발표, 제품 공개 및 지정학적 사건과 같은 텍스트도 포함된다. 켄쇼는 모든 데이터를 한곳에서 정리, 처리 및 저장함으로써 빠른 속도로 많은 분석을 수행할 수 있게 해준다. 또 로이터 및 블룸버그와 같은 기존 데이터 공급업체와 차별화된 다양한 데이터 및 분석도를 제공해 주고 있다. 그러나 켄쇼가 사용하는 모든 데이터는 공개된 데이터이므로 기존 데이터 공급업체가 켄쇼를 따라잡기는 어렵지 않다고 판단된다. 실제로 워런이 수행한 분석유형이 제한적이라 워런을 사용하는 은행의 사용자는 워런이 지원하거나 분석한 회사별 개인 데이터가 필요할 경우 데이터를 다운로드하고 스스로 분석해야 한다고 불평하기도 한다.

자연어 처리(NLP)

자연어 처리(Natural Language Processing)란 인간의 언어와 같이 자연어로 표현된 언어의 형태(텍스트 및 음성)를 컴퓨터가 이해할 수 있는 형태로 만드는 방법을 연구하는 학문이다. 인공지능, 컴퓨터 과학, 언어학의 접점을 이루고 있다. 인공지능의 한 부분으로 기계가 스스로를 표현하거나 사람이 하는 것처럼 인간의 언어로 말하게 할 수 있다.

사건연구(Event Study)

1969년 Fama, French, Jensen and Roll에 의해 소개된 기법으로 시장이 효율적으로 반영하는지에 대한 검정방법이다. 이는 시장이 효율적이라는 가정하에 기업의 가치에 영향을 미칠 수 있는 특정사건이 그 기업의 주가에 미치는 영향을 측정하는 데 사용한다. 사건연구에 사용되는 특정사건은 최초 공모(IPO), 유상증자(SEO), 인수합병(M&A), 이익공시 등 다양하게 존재해 이런 사건이 주가에 어떻게 영향을 미치는지에 대한 연구가 활발히 진행돼 왔다.

[핀테크 퀀트 커리어] 핀테크 퀀트 직무와 취업 Tip

주요 취업 분야와 관련 업무

구분	핀테크 퀀트 관련 업무
증권회사	디지털 전략 팀, 디지털 혁신 팀, 디지털 자산 팀
일반은행	디지털 전략 팀, 디지털 혁신 팀, 디지털 자산 팀
인터넷 전문은행	ICT 본부 및 IT 본부 내 디지털 전략 팀
자산운용회사	AI 혁신 팀, AI 연구 센터, 디지털 금융 팀
테크핀 및 핀테크회사	지급결제, 증권투자, 중개 플랫폼, 자산관리 등
컨설팅회사	핀테크 및 디지털 전략 컨설팅 분야

직무 관련 필요사항

구분	주요 사항
학위	학사, 석사, 박사
포트폴리오	프로젝트(핀테크 분야 업무실적: 기획, 분석, 개발)
자격증	자격증(금융자격증, 빅데이터 분석가, SQLD 등)
추천사항	인턴, 동아리, 학회, 개인 프로젝트

핀테크 퀀트는 스타트업 회사에서 기존 금융기관의 핀테크 업무까지 맡고 있다. 금융과 관련돼 매일 생성되는 데이터의 양은 엄청나며 구매, 예약, 구독, 지불, 송금, 거래 등 다양한 온라인 거래가 시스템을 통해 이뤄지고 있다. 증권사 및 은행에서 해당 업무와 관련된 디지털 전환이 이뤄지고 있어 디지털 전략 팀, 디지털 마케팅 팀, 디지털 혁신 팀, 디지털 자산 팀 등 다양한 부서가 있다. 이런 부서에서는 데이터를 기반으로 고객행동을 분석하고 유도한다. 자산운용사에서도 AI 혁신 팀, AI 연구 센터, 디지털 금융 팀과 같은 부서가 신규로 생기고 있으며 금융투자모델 개발, 데이터 처리 및 가공, AI 연구분석, 인공지능 기술의 금융적용을 위한 전략기획 업무를 수행하고 있다

테크핀 및 핀테크 스타트업에서도 지급결제, 증권투자, 중개 플랫폼, 자산 관리, 크라우드 펀딩과 관련된 데이터 분석가, 개발자, 기획자, 보안전문가, 사용자 경험 디자이너(기술을 사용자 친화적으로 만드는 업무), 마케팅 전문가 등을 채용하고 있다.

핀테크는 금융권에서 디지털 전환Digital Transformation을 위해 지속적으로 디지털 금융에 관해 학습할 주요 주제가 됐다. 이와 관련된 책들을 몇 권 소개하려고 한다. 우선 금융연수원에서 발간한 『디지털 금융의 이해와 활용』,『디지털 금융, 트랜스포메이션(DX) 프론티어』,『빅데이터, 인공지능을 만나다』,『핀테크 4.0』은 디지털 금융, 빅데이터, 인공지능에 관한 최신 사례가 많이 나와 있어 학습교재로 훌륭하다. 브렛 킹의 저서 『뱅크 4.0』,『핀테크 전쟁』은 디지털 은행 시대에 펼쳐질 금융 서비스 기술에 관한 여러 관점을 제공하고 핀테크의 미래에 대한 통찰력을 제공해 준다. 이와 비슷한 책 『아마존 뱅크가 온다』는 아마존의 비즈니스 모델, 디지털 전환, 금융 비즈니스 관계, 차세대 금융 플랫폼, 사용자 인터페이스와 사용자 경험에 대해 알 수 있다. 또 『새로운 금융이 온다』는 빅데이터, 인공지능, 가상자산으로 대표되는 IT 기술이 금융산업에 접목돼 향후 해당 산업에 어떤 변화가 올지 예상해 볼 수 있는 책이다. 이 책들은 현재 금융권에서 일어나고 있는 내부의 구조적 변화, 디지털 기기를 통한 금융 서비스, 비대면 채널을 확대해 디지털 전략을 강화하고자 하는 금융회사의 생존전략을 알 수 있어 금융실무자 및 금융권 취업을 준비하는 취업준비생들에게 필수적이라 할 수 있다.

Chapter.5

쿼트 3.0, 블록체인을 만나다[1]

"20년 후에 사람들은 지금 우리가 인터넷 이야기를 하고 있는 것처럼
블록체인 이야기를 하고 있을 것이다."

— 마크 안드레센 Mark Andressen

조선시대에도 블록체인이 있었다!

조선시대에도 블록체인이 있었다고 주장하면 이상하게 보는 사람도 있을
것 같다. 조선시대에 블록체인만큼 중요한 기능을 하는 것이 있었으니 바
로 실록이다. 조선에서 가장 중요한 기록물은 실록으로 태조실록, 중종실
록 등 조선왕조실록은 왕들의 기록에 관한 것으로 국가가 관리해야 하는
중요한 역사적 기록물이었다. 이런 기록물은 한곳에서 관리하면 화재나 전

1　5장은 저자가 2018년 8월 9일 국가수리과학연구소(NIMS)에서 발표한 "장외파생상품 인프라 구축을 위
　한 블록체인 활용" 세미나자료를 토대로 작성했다(International Conference on Mathematical Finance
　& Symposium on the Role of Mathematical Finance on FinTech Business).(https://bit.ly/3L2SAaP)

쟁 시 소실될 수 있어 여러 곳에 분산해 관리했다.

실록(實錄) - 분산저장을 위한 사고(史庫)

사고史庫란 역대의 실록을 국가가 보관 및 관리하는 시설물, 즉 창고를 말한다. 임진왜란 때 4곳 중 3곳이 불타고 전주사고 실록만이 살아남았다. 전쟁 이후 보안의 취약성을 고려해 임진왜란 전보다 한곳을 더 늘려 5곳의 사고를 모두 험준한 산에 설치해 관리해 왔으나 또다시 일제시대에 수난을 맞았고 현재는 국가기록원과 서울대 규장각에 보존되고 있다.

그림 5-1 조선왕조실록(좌)과 4대 사고 중 하나인 오대산 사고(우)

비트코인의 창시자, '사토시 나카모토'는 누구인가?

앞서 2장에서 알트코인의 대명사인 이더리움 블록체인을 개발한 비탈릭 부테린에 대해 설명했으므로 이 절에서는 암호화폐의 기축통화인 비트코인 창시자에 대해 설명하기로 한다.

2008년 10월 사토시 나카모토Satoshi Nakamoto는 가명으로 서론과 결론을 포함해 총 9쪽 분량의 짧은 논문(백서)을 발표한다. 「비트코인: 개인 간 전자화폐 시스템」이라는 논문은 분량만큼이나 개념도 간단했다. 중앙기관의 개입 없이 참여자들까지 검증하는 자율적인 통화 시스템을 만들자는 것이었다.

Bitcoin: A Peer-to-Peer Electronic Cash System

Satoshi Nakamoto
satoshin@gmx.com
www.bitcoin.org

Abstract. A purely peer-to-peer version of electronic cash would allow online payments to be sent directly from one party to another without going through a financial institution. Digital signatures provide part of the solution, but the main benefits are lost if a trusted third party is still required to prevent double-spending. We propose a solution to the double-spending problem using a peer-to-peer network. The network timestamps transactions by hashing them into an ongoing chain of hash-based proof-of-work, forming a record that cannot be changed without redoing the proof-of-work. The longest chain not only serves as proof of the sequence of events witnessed, but proof that it came from the largest pool of CPU power. As long as a majority of CPU power is controlled by nodes that are not cooperating to attack the network, they'll generate the longest chain and outpace attackers. The network itself requires minimal structure. Messages are broadcast on a best effort basis, and nodes can leave and rejoin the network at will, accepting the longest proof-of-work chain as proof of what happened while they were gone.

그림 5-2 비트코인: P2P 전자화폐 시스템(비트코인 백서)

비트코인 네트워크에서는 정보나 전체를 통제하는 '중앙'은 철저히 배제
된다. 2009년에는 세계 최초의 암호화폐인 비트코인을 개발했다. 개발자
자신이 1975년생의 일본인이라 주장하고 있지만 여전히 그의 정체는 밝
혀지지 않았다. 실제 사토시라고 주장하는 인물(크레이그 라이트Craig Wright가
사토시라는 가설이 있으나 디지털 서명으로 증명해 내지 못했다.)과 죽었다(언론
에서 밝힌 기간 중에 죽은 사람이 할 피니Hal Finney라서 할 피니가 사토시라는 가설)
는 가설을 제기하고 있으나 입증할 만한 근거가 없는 가운데 금융위기 이
후 금융기관을 불신하는 사이버 펑크의 일원이라는 주장에 힘입어 개인
보다는 그룹으로 보는 견해가 우세하다. 10년간 비트코인은 모든 암호화
폐의 기축통화가 됐으며, 현재도 굳건한 위치를 차지하고 있다.

더 알아보기

비트코인은 영국 브리스톨대학교 경제학과 정승원 교수가 총 6편에 걸쳐 해설한 "비트코인 백서 완전해설" 유튜브 동영상 강의를 추천한다(https://bit.ly/35ccdNN(총 6편)). 비트코인 백서와 더불어 블록체인까지 학습하려면 https://bit.ly/3JTFiME(총 8편)를 참조하면 좋다. 비트코인 학습은 『Bitcoin and Cryptocurrency Technologies: A Comprehensive Introduction』 책을 참조하라. 동영상은 http://bitcoinbook.cs.princeton.edu에서 참조할 수 있고 국내에는 『비트코인과 암호화폐 기술』이라는 책으로 번역돼 나와 있다.

블록체인이란 무엇인가?

블록체인은 분산된 네트워크 스레드의 모든 사람들에게 안전하고 안정적인 공유 데이터베이스로 여러 트랜잭션 데이터를 저장하고 쉽게 검토할 수 있다. 뱅크오브잉글랜드는 블록체인을 "서로 모르는 사람들이 공유된 사건 기록에 대해 믿음을 가질 수 있게 하는 기술"이라 언급했다. 블록체인은 일반적으로 해시를 사용해 체인모드를 통해 서로 연결된 데이터 레코드를 유지하는 블록이 견고한 구조의 일관된 블록체인이다. 다시 말해 블록체인은 모든 비트코인 거래가 실행된 공개원장이다. 계속해서 증가하고 있으며, 각각의 새로운 거래 데이터는 거의 10초마다 새로운 블록에 공급되고 블록은 선형 및 순차적 순서로 블록체인에 추가된다. 블록체인에는 블록에 저장된 최초 트랜잭션부터 최신 트랜잭션까지의 주소 및 잔액에 대한 정보가 포함된다. 블록체인은 각 블록이 여러 트랜잭션으로 구성되는 블록의 목록 역할을 하며, 분산된 사용자 네트워크를 가질 수 있는 분산된 영구 데이터 저장소로 구성된다. 각 거래를 요청할 수 있으며 관련된 모든 사람들에게 더 나은 투명성과 신뢰를 제공한다.

블록체인에서 자주 사용되는 핵심 용어

블록체인을 공부하는 데 필요한 핵심 용어를 알아보자. 많은 용어가 있지만 그중에서 핵심적인 것만 익히도록 하자.

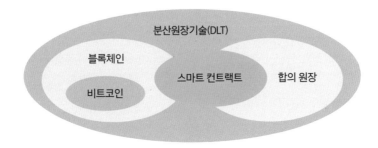

그림 5-3 분산원장기술(DLT), 블록체인, 스마트 컨트랙트의 분류

블록체인

트랜잭션의 세부사항이 정보 블록 형태로 원장에 보관되는 분산원장 형태를 말한다. 트랜잭션의 유효성을 검증하는 컴퓨터화된 프로세스를 통해 새로운 정보의 블록이 기존의 블록체인에 연결된다.

분산원장기술(DLT)

분산된 원장을 통해 정보를 기록하는 수단이다. 이런 기술을 통해 네트워크의 노드는 네트워크 노드 전체에서 일관되게 상태변경(또는 업데이트)를 제안, 검증, 기록할 수 있게 된다.

비트코인

블록체인 기술을 기반으로 만들어진 온라인 암호화폐이다. 중앙은행 없이 전 세계적 범위에서 P2P 방식으로 개인들 간에 자유롭게 송금 등의 금융 거래를 할 수 있도록 설계됐다. 비트코인의 화폐단위는 BTC로 표시한다.

스마트 컨트랙트

블록체인을 기반으로 금융거래, 부동산계약, 공증 등 다양한 형태의 계약을 체결하고 이행하는 것을 말한다. 서면으로 이뤄지던 계약을 코드로 구현하고 특정조건이 충족됐을 때 해당 계약이 이행되게 하는 스크립트이다. 블록체인 2.0이라고도 한다.

합의 프로토콜

다수의 참여자가 통일된 의사결정을 하려고 사용하는 알고리듬을 말한다.

디앱

탈중앙화된 분산원장 네트워크에서 실행되는 앱이다. 중앙화된 컴퓨팅 네트워크에서 구동되는 앱과 달리 컴퓨팅 자원, 수수료, 로열티, 보안의 부담 없이 구동되며, 트랜잭션과 서비스에 대한 비용이 블록체인과 암호자산으로 지불된다.

암호화폐공개

암호화폐공개[ICO]는 주식시장에서 최초 공모[IPO]와 같은 개념으로 기업, 기업가, 개발자가 디지털토큰 (또는 코인)과 교환함으로써 자신의 프로젝트에 자본을 창출하는 작업을 말한다.

해시함수

해시함수는 임의의 길이의 데이터를 고정된 길이의 데이터로 출력하는 함수이다. 해시함수에 의해 얻어지는 값은 해시 값, 해시 코드, 해시 체크섬 또는 간단하게 해시라고 한다.

작업증명

작업증명이란 목표 값 이하의 해시를 찾는 과정을 무수히 반복함으로써 해당 작업에 참여했음을 증명하는 방식의 합의 알고리듬이다. 채굴을 통해 작업증명을 한다.

지분증명

해당 암호화폐를 보유하고 있는 지분율에 비례해 의사결정 권한을 주는 합의 알고리듬이다. 주주총회에서 주식 지분율에 비례해 의사결정 권한을 갖는 것과 유사하다.

토큰 이코노미

블록체인에서 사용하는 코인 또는 토큰을 활용해 서비스를 제공하여 이윤을 창출하거나 참여자들에게 보상을 해줘 활성화하거나 분산원장의 거버넌스를 결합하거나 하는 경제 생태계이다. 토큰 이코노미는 암호경제를 구성하는 중요한 일부분이다.

스테이블 코인

비트코인과 같은 암호화폐는 가격 변동성이 크기 때문에 화폐로서는 문제가 있다. 이를 해결하기 위한 스테이블 코인은 1코인은 1달러로 한 개당 한 개의 법정화폐로 가격이 고정돼 있어 동일한 물건을 동일한 가격으로 구매할 수 있다.

CBDC

한국은행과 같은 중앙은행에서 발행하는 디지털 화폐를 CBDC중앙은행 디지털 화폐라고 한다. 이는 전통적인 지급준비금이나 예치금과 다른 전자형태로 중앙은행이 직접 발행하는 디지털 화폐이다.

디파이

일반적으로 디지털 자산과 금융의 스마트 계약으로 구축된 프로토콜을 통칭한다. 한마디로 블록체인과 암호자산을 기반으로 만들어진 금융 소프트웨어인데 용어 그대로 탈중앙화된 금융DeFi, Decentralized Finance 서비스를 제공하는 것을 목적으로 한다. 디파이는 암호자산의 금융시장이다.

시파이

디파이와 비견되는 것이 시파이CeFi이다. 시파이란 탈중앙화 금융에 빗대어 만든 합성어인데 중앙화 금융Centralized Finance을 말한다. 시파이는 암호화폐로만 운영되는 디파이와 달리 법정화폐와 연동할 수 있는 금융 서비스를 의미한다.

NFT

대체불가능 토큰NFT, Non-Fungible Token은 교환과 복제가 불가능해 저마다 고유성과 희소성을 지니는 블록체인 기반의 토큰이다. 영상, 그림, 음악 등을 복제 불가능한 콘텐츠로 만들 수 있어 신종 디지털 자산으로 주목받고 있다.

블록체인의 동작원리는 무엇인가?

블록에 저장된 새 데이터, 블록이 블록체인에 추가되면 블록체인이 블록체인이라는 것을 이미 안다. 블록체인에 블록을 연결하는 순서는 다음 4단계로 동작한다.

1. 거래가 발생해야 한다.
2. 거래를 확인해야 한다.
3. 트랜잭션은 블록에 저장돼야 한다.
4. 블록에는 해시가 제공돼야 한다.

만일 거래를 한다고 가정해 보자. 거래를 하려면 많은 제품을 클릭한후 최종 구매한 다음 거래를 확인해야 한다. 실제로 이 작업은 컴퓨터 네트워크가 수행한다. 플리파트에서 구매하는 동안 동일한 컴퓨터 네트워크가 거래가 예상한 형태로 나타나는지 확인하려고 속도가 빨라진다. 결국 거래시간, 지불금액, 지불 모드 등과 같은 세부사항을 확인한다. 이 완전한 프로세스는 1초 안에 이뤄진다. 거래확인을 마치면 앞으로 나아갈 수 있는 권한이 부여된다. 거래량, 디지털 서명 및 플리파트 디지털 서명은 모두 한 블록에 같이 저장되며 수천 가지 이상의 다른 거래에 참여할 수 있다. 블록의 모든 트랜잭션이 확인되면 해시라고 하는 유일한 인식 코드를 제공해야 하는데 블록에는 블록체인에 추가된 최신 블록의 해시도 제공된다. 마지막으로 블록을 블록체인에 추가한다.

은행에서의 사용

블록체인은 본질적으로 연속적이다. 은행업에 블록체인을 통합함으로써 사용자는 10분 이내에 자신의 거래가 처리되는 것을 확인할 수 있다. 은행은 블록체인을 활용해 기관에서 자금을 보다 빠르고 안전하게 송금할 수 있는 기회를 제공한다.

암호화폐의 사용

블록체인은 비트코인과 같은 암호화폐의 견고한 토대가 되고 있다. 블록체인은 중앙기관 없이도 비트코인이 동작할 수 있도록 컴퓨터 네트워크가 분산돼 있기 때문에 비트코인 또는 기타 암호화폐가 도움이 되며, 위험과 처리 및 거래수수료를 줄인다.

건강관리 용도

블록체인은 환자의 데이터와 의료기록을 안전하게 저장할 수 있다. 의료기록이 생성되고 서명될 때 그것이 블록체인에 공급되므로 환자의 기록을 변경하지 않은 증거와 확실성을 제공한다. 의료기록은 블록체인의 개인 키로 보호되기 때문에 데이터 액세스 권한이 있는 개인 이외는 사용할 수 없다.

재산 기록의 사용

재산권 기록을 유지하는 프로세스는 무겁고 비효율적이며, 모든 기록은 역동적인 작업을 위해서는 지방정부 직원이 중앙 데이터베이스에 기록을 입력할 물리적 행위에 대한 승인을 얻어야 한다. 블록체인은 사무실에서 여러 문서를 스캔하고 다양한 파일을 따라야 할 필요가 없다.

블록체인의 장단점은 무엇인가?

블록체인의 모든 기술적 복잡성에도 불구하고 무제한 데이터 기록을 유지하는 분산된 형태로 작업할 수 있다. 블록체인 기술은 사용자 개인정보보호 및 높은 보안성부터 처리비용 절감에 이르기까지 복잡성을 극복할 수 있는 장점이 많다.

1. 검증에 사람의 개입 없이 정확성과 성능 효율성을 향상시킬 수 있다.
2. 타사 인증을 배제해 비용을 크게 절감할 수 있다.
3. 가장 투명하고 명백한 기술이다.
4. 모든 거래는 비공개적이고 안전하고 효율적이다.
5. 분산화된 네트워크는 악의적 공격에 강한 저항력을 갖는다.

이에 비해 블록체인의 문제점과 한계는 아직 존재하며 이런 문제점과 기술 한계를 극복하기 위한 새로운 블록체인이 개발되고 있다. 단점은 다음과 같다.

1. 비트코인 채굴 시 상당한 기술비용과 환경비용이 발생한다.
2. 블록체인에 데이터가 기록되면 이를 수정하기가 무척 어렵다.

3. 해킹당할 수 있다.

4. 규칙성이 부족해 위험한 환경이 조성된다.

5. 초당 트랜잭션이 낮다.

6. 느리고 관리하기 어렵다.

7. 복잡한 구조 때문에 최종 사용자는 이점을 이해하기 어렵다.

분산원장기술(DLT)이란 무엇인가?

그림 5-4 원장(Ledger)은 고대시대, 중세시대, 현대에도 존재한다.
외상 장부 형태의 고대 주사위(좌), 중세시대의 장부(book)(중앙),
현대 각 전자 시스템의 파일 DB(우)

현재 대부분의 금융정보는 은행, 자산관리자, 기타 허가받은 당사자가 유지관리하는 중앙집중식 원장에 보관된다. 중앙원장의 저장장치는 모두 공통 프로세서에 연결되며 쓰기 접근은 엄격하게 제어된다. 반대로 분산원장에서는 모든 저장장치가 독립적이며 많은 참가자가 쓰기 권한을 갖고 있다. 원칙적으로 일부의 금융정보라도 변경이 불가능하다. 기존의 중앙집중식 원장의 가장 간단한 확장부터 허가된 개인 분산원장이 있는가 하면 허가된 공공원장과 같은 여러 유형의 분산원장이 있다. 분산원장의 기술은 다양한 영역에 적용할 수 있다. 비트코인과 같은 디지털 통화가 먼저 떠오를 수 있지만 실제 고객정보 및 자금세탁과 관련해 신원을 포함한 복잡한 문제도 해결할 수 있다.

블록체인의 구분 - 1.0, 2.0, 3.0과 미래

블록체인 1.0 – 암호화폐

2009년에 분산원장기술DLT의 구현으로 최초의 암호화폐인 비트코인 네트워크가 공식적으로 시작됐다. 비트코인은 가상화폐 시스템으로 비트코인 총량은 네트워크 합의 프로토콜에 의해 정의된다. 개인이나 기관은 그 안에 있는 공급 및 거래기록을 자유롭게 수정할 수 없다.

블록체인 2.0 – 스마트 계약

블록체인 2.0은 비탈릭 부테린이 2013년 말에 이더리움 백서를 발간하면서 시작됐다. 이더리움의 혁신은 프로그래밍이 가능한 스마트 계약을 통해 블록체인에 로직을 도입한 것으로 스마트 계약이 실행되는 '분산형 플랫폼'을 목표로 개발됐다. 새로운 핵심 개념은 블록체인에 살아 있는 소규모 컴퓨터 프로그램인 스마트 계약을 말한다. 이들은 자동으로 실행되는 자율적인 컴퓨터 프로그램이며 계약 이행 촉진, 검증, 시행과 같이 미리 정의된 조건에 따라 움직인다. 이 기술이 제공하는 큰 장점 중 하나는 스마트 계약을 변조하거나 해킹할 수 없는 블록체인이라는 것이다. 따라서 스마트 계약은 검증, 발굴, 중재, 사기방지 비용을 줄이고 도덕적 해이를 극복하는 투명한 계약을 허용한다. 이 분야에서 가장 눈에 띄는 것은 이더리움 블록체인인데 스마트 계약의 구현을 목적으로 하고 있다.

블록체인 3.0과 미래 – 디앱(DApp)

디앱DApp은 중앙집중식 인프라를 피하는 분산 응용 프로그램의 약어이다. 분산 스토리지와 분산통신을 사용하므로 대부분 디앱은 분산형 P2P 네트워크에서 백엔드 코드를 실행한다.

퍼블릭 블록체인과 프라이빗 블록체인

퍼블릭 블록체인은 비트코인, 이더리움과 같이 누구나 참여가 가능하며 블록을 생성하고 거래할 수 있는 플랫폼을 말한다. 퍼블릭 블록체인은 암호화폐와 함께 공존해야 한다. 하지만 금융기관들은 암호화폐 없이 운영할 수 있어 폐쇄적인 형태로 운영하게 되는데 이것이 폐쇄형 블록체인이다. 이런 폐쇄형 블록체인에는 프라이빗 블록체인과 컨소시엄 블록체인이 있다. 프라이빗 블록체인은 복잡한 연산이 필요한 작업증명 방법인 채굴이 생략되고 운영주체가 승인자 역할을 하게 된다. 컨소시엄 블록체인은 폐쇄형 블록체인의 형태 중 서로 회원으로 인정한 금융기관 또는 IT 기업 등이 참여자가 되는 것으로 인기를 끌고 있다. 컨소시엄 블록체인은 산업적인 측면에서 블록체인 표준화를 할 수 있어 협업을 통한 신기술 개발에 주력할 수 있다는 장점이 있다. 대표적인 프라이빗 블록체인으로는 금융에 특화된 R3 코다, 산업 전반에 블록체인 적용을 목표로 하는 하이퍼레저, 호환성을 강조하는 기업형 블록체인인 엔터프라이즈 이더리움이 있다.

표 5-1 프라이빗 블록체인 비교

구분	하이퍼레저	엔터프라이즈 이더리움	R3 코다(Corda)
플랫폼 유형	• 모듈형 블록체인	• 일반적 블록체인	• 금융산업에 특화된 분산원장(DLT) 플랫폼
거버넌스	• 리눅스 재단	• 이더리움 개발자	• R3
운영모드	• 허가된 프라이빗	• 퍼블릭 또는 프라이빗	• 허가된 프라이빗
합의	• 다중 접근 허용 • 합의의 넓은 개념 • 거래수준	• 작업증명(Pow) 기반 채굴 • 원장수준	• 합의의 특정 이해 • 거래수준
스마트 계약	• 스마트 계약 코드 (예: Go, Java)	• 스마트 계약 코드 (예: Solidity)	• 스마트 계약 코드 (예: Kotlin, Java) • 스마트 법률계약
거래통화	• 없음 • 체인 코드를 통한 토큰	• 이더(Ether) • 스마트 계약을 통한 토큰	• 없음

프라이빗 블록체인 – 하이퍼레저, R3 Corda, 엔터프라이즈 이더리움 블록체인

앞서 설명했듯이 비트코인이나 이더리움과 같은 퍼블릭 블록체인 외에도 많은 프라이빗 블록체인 기술이 개발되고 있다. 여기서는 하이퍼레저, 엔터프라이즈 이더리움, R3 코다Corda에 대해 살펴보자. 하이퍼레저는 리눅스 재단에서 2015년 12월에 많은 기존의 퍼블릭 블록체인의 한계를 보완하려고 만들었다. 하이퍼레저에는 여러 프로젝트가 있고 실시간으로 민감한 서비스 문제해결을 위해 실시간 대용량 거래를 처리할 수 있는 안정적인 시스템 개발과 컨소시엄 유형의 블록체인 구축 등 다양한 프로젝트를 진행하고 있다. IBM, 인텔과 같은 IT 기업과 JP Morgan, BNY Mellon 같은 금융회사도 참여하고 있다. 화폐가 아닌 응용 프로그램으로 하이퍼레저 블록체인은 표준 신뢰모델을 준수해 더욱 발전했다. 허가형 블록체인은 참가자가 초대하는 참여 권한을 얻어야 하는 기업용 응용 프로그램을 위해 제안됐다. 접근통제 메커니즘은 다양하다. 기존 참가자는 미래 참가자를 결정할 수 있고 규제기관은 참여를 위한 라이선스를 발행할 수 있으며 그렇지 않은 경우 컨소시엄이 결정을 대신할 수 있다. 글로벌 금융 서비스 개발 스타트업인 R3는 결제, 회사채, 보험 등 8개 금융 분야에 적용할 수 있는 블록체인 기술개발을 위해 2015년 9월 골드만삭스 등 9개 금융기관과 함께 R3CEV 컨소시엄을 구성했다. R3CEV는 2016년에 분산원장 기술을 적용해 네트워크 확장이 쉽고 유지관리 비용이 싼 블록체인 플랫폼인 코다Corda를 개발했다. 또 노무라홀딩스, 다이와증권, 미즈호 파이낸셜 그룹, 미쓰이 스미토모 은행은 R3CEV의 분산원장 기술 플랫폼인 코다Corda를 활용해 ISDA 마스터 계약 체결에 관한 실증 실험을 완료했다. ISDA 마스터 계약 체결 시 사내 부서 간 조정과 거래 상대방과의 계약조건 협상에 필요한 이메일 송수신을 생략하고 확인 또는 합의내용을 분산원장 플랫폼에 저장함으로써 프로세스 효율성을 증대시켰다.

스마트 컨트랙트(계약)란 무엇인가?

스마트 컨트랙트^{Smart Contract}는 1990년대 말 닉 사보^{Nick Szabo}의 "공용 네트워크상의 관계 형식화 및 보호"라는 논문에서 처음 이론화됐으며, 거의 20년이 지나 비트코인이 발명되고 블록체인 기술의 후속 개발이 이뤄진 후에야 그 진정한 잠재력과 이점을 제대로 인정받았다. 블록체인 기술에서는 스마트 컨트랙트(계약)를 실행하는 플랫폼을 제공한다. 스마트 컨트랙트는 블록체인 네트워크에 상주하는 자동화된 자율 프로그램으로 특정조건이 충족되면 필요한 기능을 수행하도록 비즈니스 로직과 코드를 담고 있다. 예를 들어 설명해 보자. 항공편이 취소되면 여행자에게 보험금을 지급하는 보험계약이 있다고 하자. 현실에서 보통 이런 과정은 보험금을 청구해서 이를 확인하고 보험금을 청구인(여행자)에게 지급하는 데 이르기까지 상당한 시간이 걸린다. 이 전체 과정이 자동으로 실행되면서 여기에 암호화를 적용하고 투명성과 신뢰를 보장하게 만들어 문제의 항공편이 실제 최소됐다는 정보를 받자마자 스마트 컨트랙트가 자동으로 발동해 청구인에게 보험금을 지급하면 어떨까? 항공편이 지연되지 않으면 스마트 컨트랙트는 자기자신의 계약금을 결제하게 된다. 스마트 컨트랙트는 현실적인 시나리오에 유연성과 속도, 보안, 자동화를 제공하는 블록체인의 혁신적인 기능이며, 이를 통해 막대한 비용을 절감하면서 신뢰할 만한 시스템의 구축이 가능하다. 스마트 컨트랙트 프로그램을 작성해 블록체인 사용자가 구체적인 비즈니스 요구사항에 따라 어떤 동작이든 수행할 수 있다.

금융시장의 블록체인 활용 - 장외주식, 장외채권, 장외파생상품

퍼블릭 블록체인 기술은 방대한 양의 사용자 데이터를 효율적으로 처리하는 데 충분치 않다. 아울러 속도면에서도 거래소 주식 및 장내파생상품을 처리할 수 있을 정도의 기술이 보편화돼 있지 않다. 물론 프라이빗 블록체인으로 개발돼 진행 중인 여러 블록체인에서 데이터 처리와 속도를 높일 수 있도록 하고는 있다.

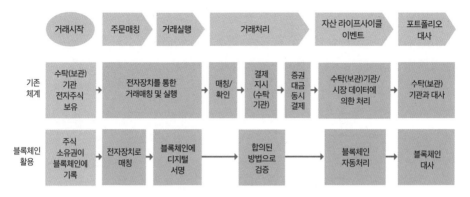

그림 5-5 거래 라이프사이클에 대한 블록체인 활용(출처: Ernst & Young)

따라서 속도면에서 초 단위를 다투는 거래가 아닌 장외주식(비상장주식), 장외채권, 장외파생상품에 대한 블록체인 기반 거래가 진행 중이다. 비상장주식과 관련해 한국거래소와 블록체인 기술 스타트업 블로코가 협력해 장외주식 거래를 위한 KSM 시스템을 개발했다. KSM 플랫폼은 장외주식 거래를 체결하면 거래내역 확인서라는 매매 청약서가 생성되고 이를 발급받은 KSM 인증서로 전자서명하면 바로 증권사에 전달된다. 해당 청약서의 고유 값은 블록체인에 등록돼 명확하게 거래를 증명할 수 있고, 내용도 보장받을 수 있다. 그림 5-5와 같이 블록체인을 사용하면 기존 거래에서의 업무 단계를 확연하게 줄일 수 있다. 다만 장외파생상품 등에서와 같이 복잡한 금융시장에서 블록체인은 효과를 발휘하지 못할 수 있다. 금융구조가 복잡할 때 거래에 주석을 달고 추적하는 일이 매우 번거롭고 너무 정교한 부분까지의 장외거래에서는 블록체인이 힘을 잃을 수 있기 때문이다. 이에 대한 기술적 문제점은 점차 해결이 가능할 것으로 보인다.

디지털 화폐 전쟁의 시대 - 누가 승자가 될 것인가?

2008년 10월 30일 사토시 나카모토가 작성한 비트코인 백서가 발표되고, 약 2개월 후인 2009년 1월 3일 비트코인 제네시스 블록이 생성됐다. 그후

10년 이상이 흘렀고 비트코인은 원화가치로 3,200만 원(2022년 8월 현재)을 기점으로 등락을 거듭하고 있다. 비트코인과 같은 디지털 자산은 화폐로서의 '교환기능'이 잘 충족되고 있다고 보기 힘들며 '가치저장의 기능'을 하고 있다고 판단된다. 즉 10년 이상 살아남은 비트코인은 희귀재로 반감기를 거치며 상당 부분의 가치가 더 상승할 것으로 보인다. 개인적으로 비트코인은 다른 사람의 메모리를 가져다 쓸 수 있는 비트코인 채굴^{mining}과 같은 보상^{reward} 시스템과 4년마다 보상금액을 반으로 줄여 희소성을 높이는 에코 시스템을 잘 설계해 디지털 자산의 기축통화와 같은 역할을 하고 있다고 판단된다. 현재 비트코인과 이더리움은 화폐와 같은 역할을 하고 있지는 않지만 점차 처리속도 등과 같은 문제점이 해결돼 실생활에 사용할 수 있는 수준까지 진화하리라 생각된다.

점점 예금, 대출, 외환, 결제와 같은 전통적인 금융인 법정화폐중심에서 법정화폐와 디지털 자산 간의 연동을 의미하는 시파이^{CeFi} 서비스로 나아가게 되고, 향후에는 디지털 자산으로만 예금, 대출, 외환, 결제를 진행할 수 있는 '탈중앙화 금융^{DeFi, Decentralized Finance}'을 의미하는 디파이 서비스 형태로 진화하리라 생각된다. 이런 이유로 국내외 은행들은 블록체인을 결합한 디지털 플랫폼 선점에 많은 예산과 인력을 들여 지속적인 개발을 진행 중이다. 특히 알리바바, 텐센트, 바이두와 같은 빅테크 기업들은 콘텐츠와 블록체인의 결합시장인 대체불가 토큰^{NFT} 시장에 뛰어들어 NFT 인프라 구축에 사활을 걸고 있다.

[블록체인 퀀트 커리어] 블록체인 퀀트 직무와 취업 Tip

주요 취업 분야와 관련 업무

구분	블록체인 관련 업무
디지털자산거래소	블록체인 관련 데이터 분석 및 기획업무
금융기관(은행 및 증권)	블록체인 신사업부서
SI업체	블록체인 개발부서
테크핀 및 핀테크회사	지급결제 등 블록체인 활용 기업
컨설팅회사	AI 컨설팅회사(데이터 분석 및 모델링)

직무 관련 필요사항

구분	주요 사항
학위	학사, 석사, 박사
포트폴리오	프로젝트(블록체인 분야 업무실적: 기획, 개발)
추천사항	인턴, 동아리, 학회, 개인 프로젝트

블록체인은 비트코인에서 대체불가 토큰[NFT]까지 블록체인 기술과 관련된 시장이 주목받으며 점차 채용시장이 확대되고 있다. 블록체인 채용공고 직무는 주로 개발자, 프로젝트 매니저, 보안 및 준법 관련 업무가 주를 이루고 있다. 블록체인 개발(솔리디티 기반의 컨트랙트 개발, 이더리움 기반의 데이터 분석 프로그램 개발)과 관련된 분야는 이 책의 범위를 넘어선다. 주로 데이터 과학과 관련해 회사별 업무와 관련된 분야와 연관된 블록체인 서비스 기획, 활용과 관련된 블록체인 생태계와 관련해 지원이 가능하다. 또 자금세탁방지[AML]와 같은 보안 및 준법 관련된 블록체인 인력도 점차 늘어나

고 있다. 블록체인에 관련한 최신 트렌드(NFT 프로젝트)와 함께 프로그래밍 경험이 좋은 스펙으로 자리매김할 수 있으며 블록체인 분야와 관련된 포트폴리오도 스펙에 도움이 될 수 있다.

1. 재미있게 읽을 만한 암호화폐

서점에는 흥미 위주의 개론서부터 프로그래밍까지 비트코인과 블록체인에 관한 다양한 책이 나와 있다. 블록체인 이론 입문서로는 『블록체인 펼쳐보기』, 『블록체인 무엇인가?』, 『보면 아는 블록체인』을 추천한다. 앞의 두 권은 이론서 중 내용도 좋고 분량도 작다는 장점이 있다. 『보면 아는 블록체인』은 그림으로 설명해 쉽게 이해할 수 있다. 또 『크립토애셋, 암호자산 시대가 온다』, 『2025 블록체인 세상 여행하기』, 『애프터 비트코인』, 『트루스 머신』, 『암호화폐, 그 이후』와 고란, 이용재의 『넥스트 머니』도 추천한다. 개인적으로는 오태민 님이 쓴 에세이 형식의 『스마트 콘트랙』이 흥미가 있다. 요즘은 혼자 공부하는 것보다 관련 세미나에 참여하는 것도 좋다고 생각한다. 딥러닝뿐만 아니라 블록체인도 결국에는 프로그래밍을 할 줄 아느냐와 모르냐에 따라 공부의 범위가 달라진다.

2. 블록체인 프로그래밍

다음 단계에는 『엔지니어를 위한 블록체인 프로그래밍』, 『솔리디티 프로그래밍 에센셜』 등과 같은 프로그래밍을 통한 프로젝트 구축 단계의 책이 필요하다. 실제 솔리디티로 구현해도 좋으나 최근에는 『파이썬으로 배우는 블록체인 구조와 이론』 같이 파이썬으로 원리를 알 수 있도록 구현한 책들이 출간되고 있다. 종합적인 책으로는 이병욱 님의 『비트코인과 블록체인, 가상자산의 실체 2/e』, 『블록체인 해설서』도 참고하길 바란다.

마치며
경력과 취업을 위한 퀀트 가이드

"'기계에 대항해' 경주하지 말고, '기계와 함께' 경주해야 한다."

— 『제2의 기계 시대』의 저자 에릭 브린욜프슨, 앤드루 맥아피

"과거에 일어난 것을 알려면 검색하고, 현재 일어나고 있는 것을 알려면 사색하고, 미래를 알려면 탐색하라. 검색은 컴퓨터 기술로, 사색은 명상으로, 탐색은 모험심으로 한다."

— 이어령

미국, AI 기술이 필요한 금융업무는 2019년 한 해 60% 증가했다

금융산업은 점차 인공지능^AI^을 기반으로 발전하고 있으며 그에 따라 새로운 일자리가 창출되고 있다. 전통적인 금융기관이나 핀테크 신생기업 모두 인공지능, 머신러닝, 데이터 과학을 전문적으로 공부한 취업준비생을 찾고 있다. 국내는 점진적으로 증가하고 있으나 미국의 경우 블룸버그에 따르면 금융산업에서 AI 기반 기술을 필요로 하는 직업목록이 2018년에 비

해 2019년에는 거의 60% 증가한 것으로 보고되고 있다. 글래스도어의 자료에 따르면 "인공지능과 금융에서 가장 흔한 일자리 중 일부는 머신러닝 엔지니어와 데이터 엔지니어이고 다른 고도의 전문 소프트웨어 공학, 컨설턴트, 연구원을 포함해 AI 환경의 업무에 더 많은 신입이나 경력직원을 고용하고 있다."고 한다. 그러나 모든 직무가 컴퓨터 과학이나 공학에 뿌리를 두고 있는 것은 아니다. 챗봇 카피라이터, 제품전략가, 기술영업 담당자 수요도 증가하고 있다. 이런 경우 비즈니스 또는 커뮤니케이션 경력이 있는 사람이 더 적절할 수 있다. 비즈니스와 금융 분야의 도메인 전문지식을 갖고 있는 사람이 인공지능을 익힌다면 미래 기술 분야에서 자신이 차별화될 수 있는 가장 좋은 방법이다. 다음은 미국 취업전문 사이트인 글래스도어의 금융 서비스 분야의 AI 채용정보에 대한 내용이다.

뱅크오브아메리카(Bank of America), 선임 경험 디자이너

- **직무** - 모바일 앱, 반응형 웹, ATM, 인공지능 및 기타 새로운 기술을 포함한 디지털 플랫폼을 위한 사용자 경험[1]을 만드는 직업
- **최소자격** - 디자인 학위 또는 석사학위
- **예상연봉** - 1.3억 ~ 1.5억(원달러 환율 1,200원 가정)

모건스탠리(Morgan Stanley), 데이터 과학자

- **직무** - 판매 타겟팅 및 세분화, 리드 생성 및 제품추천과 같은 판매, 마케팅 내 다양한 사용 사례에 대한 데이터 분석, 예측 모형 개발
- **최소자격** - 컴퓨터 과학, 통계, 응용수학 또는 관련 분야 석사학위
- **예상연봉** - 1.5억 ~ 2.2억(원달러 환율 1,200원 가정)

---

1   사용자 경험(UX, User Experience)은 사용자가 어떤 시스템, 제품, 서비스를 직·간접적으로 이용하면서 느끼고 생각하게 되는 지각과 반응, 행동 등 총체적 경험을 말한다.

제이피모건(JP Morgan), AI 백엔드[2] 엔지니어

- **직무** - 핵심 데이터 백엔드 시스템과 머신러닝 플랫폼을 설계하고 구축해 비즈니스 운영 혁신/데이터 처리 및 머신러닝 업무 처리하는 내결함성, 확장이 가능한 백엔드 시스템 개발
- **최소자격** - 컴퓨터 과학, 관련 분야의 학사, 석사, 박사
- **예상연봉** - 1억 ~ 1.3억(원달러 환율 1,200원 가정)

캐피털원(Capital One), 커머셜 신용분석 부분 수석관리자

- **직무** - 디자이너, 엔지니어, 데이터 과학자, 분석가로 구성된 팀을 이끌며 제품 전략을 정의하고 제품 및 서비스 개발, 출시, 업무 진행/자동화, 머신러닝, 인공지능, 예측분석 기술을 적용해 캐피털원의 위험관리 방식 재정의
- **최소자격** - 컴퓨터 과학 또는 공학 학사학위
- **예상연봉** - 8천만 원 ~ 1.3억(원달러 환율 1,200원 가정)

이와 같이 컴퓨터 과학과 엔지니어링 분야에 전문지식을 가진 전문가는 금융 분야에 취업할 가능성이 높아지고 있다. 이와 비례해서 STEM 기술이 없는 인문, 상경계열 전공자들에게도 금융 도메인 지식을 기반으로 머신러닝, 딥러닝 등 빅데이터 처리 기술을 배우는 것이 더욱 중요해지고 있다. 이런 기술은 온라인 과정을 통해 배울 수 있다. 국내외 대학 및 온라인 교육업체는 클라우드 컴퓨팅, 인공지능, 분석추론과 같은 기술을 배울 수 있는 온라인 과정을 제공하고 있다. 기업도 외부에서 전문가를 채용하는 것보다 내부에서 지속적으로 투자해 수요가 있는 부문에 기존 인력을 투입하려고 재교육하고 있다.

---

2 일반적으로 프론트엔드(front-end)와 백엔드(back-end)라는 용어는 프로세스의 처음과 마지막 단계를 가리킨다. 프론트엔드는 사용자로부터 다양한 형태의 입력을 받아 백엔드가 사용할 수 있는 규격을 따라 처리할 책임을 진다. 흔히 웹 개발에서 프론트엔드는 사용자에게 시각적으로 보여지는 부분(UI), 백엔드는 사용자에게 드러나지 않는 DB 공간(회원가입, 로그인)과 서버를 구축한다. 프론트엔드에는 주로 HTML, 자바, CSS, 리액트가 사용되고, 백엔드에는 주로 PHP, Node, 자바, 파이썬 등이 사용된다. 최근에는 프론트엔드와 백엔드를 동시에 개발할 수 있는 영역인 풀스택 개발자가 늘어나고 있다.

퀀트 3.0 시대: 금융공학 퀀트 vs 금융 데이터 과학자

이 책의 전반적인 내용인 퀀트 트렌드에 있어 금융공학 퀀트의 수요가 줄고, 금융 데이터 분석의 수요가 늘어났다는 것은 다음 그림의 '금융공학 퀀트 JOB vs 데이터 분석 JOB 트렌드'에서 여실히 알 수 있다. 2008년 금융위기 이후 미국을 비롯한 여러 국가에서 파생상품 규제가 잇따랐다. 따라서 금융공학 퀀트의 수요가 줄어들고 대신 테크기업의 폭발적인 성장에 힘입어 테크기업 퀀트 수요가 증가했다. 데이터 분석 시장의 호황에 따라 미국에서도 월가의 퀀트 직업을 구하기보다는 데이터 분석 시장의 퀀트 직업을 구하는 것이 보편화됐다. 데이터의 증가, 컴퓨터 성능의 발전, 알고리듬의 진화는 기존의 금융공학 퀀트를 넘어 헤지펀드 퀀트, 핀테크 퀀트, 블록체인 퀀트로의 발전이 가속화되고 있다. 이처럼 금융 데이터 과학자는 금융뿐만 아니라 테크기업에서 다양한 업무의 패턴을 찾아 데이터를 처리해 자동화, 기계화, 전문화할 수 있는 역량을 갖추는 것이 필수 불가결한 요소가 돼 가고 있다.

금융공학 퀀트 Job 트렌드

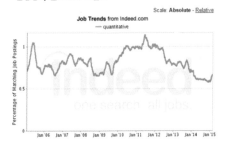

데이터 애널리틱스 Job 트렌드

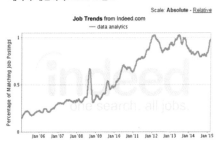

금융공학 퀀트 JOB(좌) vs 데이터 분석 JOB 트렌드(우)

(출처: 인디드)

금융 데이터 분석을 위한 소프트웨어의 종류와 유형

금융 데이터 분석을 위해 전통적으로 금융기관에서 사용하는 상용 프로그램과 오픈소스 프로그램을 알아야 한다. 최근의 추세가 파이썬과 R로 데이터 분석 프로그램이 일원화되는 상황이나 상당수의 금융기관이 레거시 legacy로 사용하는 상용 프로그램들이 존재하고 있다.

- **MATLAB** - 금융사 리스크 관리 팀, 평가회사 연구소 많이 사용, 유료로 고가
- **SAS** - 통계분석의 최강자, 유료로 고가
- **Eviews** - 계량경제분석계의 SPSS, 참고로 SPSS는 금융권 거의 사용 안 함
- **STATA** - Eviews만큼이나 사용성 편이, 논문작성을 위한 통계분석 용이
- **Python** - 범용 프로그래밍 언어이나 머신러닝/딥러닝 라이브러리 지원으로 데이터 분석용 언어로 널리 활용, 오픈소스
- **R** - 가장 진보한 통계분석 언어, 오픈소스
- **Excel VBA** - 대부분의 금융권에서 99% 사용하는 데이터 계산용 프로그램, VBA를 사용하는 인력도 많지는 않고 대부분 엑셀 사용

금융권에서 알아야 할 코딩 언어와 데이터 분석 패키지

R 언어

R은 데이터 분석가에게 가장 많이 사용되는 프로그래밍 언어이다. 일부 대규모 조직의 많은 최고 데이터 과학자들이 선택한 프로그래밍 언어이기도 하다. R은 여러 커뮤니티를 통해 서로 도움을 제공하며 통계 및 데이터 시각화와 같은 활동을 수행할 수 있다.[3]

---

3 "금융공학 교육을 위한 R 통계 패키지의 활용방안", 홍창수, 백재승, 금융공학산학연구 제2권, 2017. 다운로드 https://bit.ly/3L2SAaP

파이썬

지난 몇 년 동안 데이터가 주류가 되면서 데이터 과학 세계에서 파이썬의 채택이 증가했다. 파이썬은 거대한 커뮤니티를 제공하며 거의 모든 작업을 수행할 수 있는 라이브러리를 갖고 있다. 또한, 초보자부터 전문가까지 다양한 사용자층을 가지고 있다. 다양한 플랫폼에서 쓸 수 있어 대학을 비롯한 연구기관, 산업계에서 이용이 증가하고 있다. 순수한 프로그램 언어로서의 기능 외에도 다른 언어로 쓰인 모듈들을 연결하는 언어로써 자주 이용된다. 배우기 쉽고 기업규모의 데이터 제품을 구축하는 데 사용할 수 있다. 다음 그림과 같이 파이썬 프로그래밍 입문 후 사이킷런Scikit-learn, 넘파이Numpy, 판다스Pandas, 맷플롯립Matplotlib 등의 라이브러리를 사용한 데이터 과학, 이후 텐서플로와 케라스 라이브러리 위주의 딥러닝 학습, 금융 데이터를 이용한 금융 머신러닝·딥러닝 단계로 학습해 나가면 많은 도움이 된다. 물론 앞서 소개한 R도 비슷한 단계로 학습할 수 있다.

대학생의 경우는 그림의 단계별로 각 2개월 정도(총 9개월)를 잡고 공부하고, 직장인의 경우는 각 3개월 정도(총 1년)를 잡고 공부하는 것이 좋다. 요즘은 무료 및 유료 온라인 강좌가 많으니 학습시간(자신이 설정한 정규적인 시간 또는 몰아듣기)을 편성해서 집중적으로 학습하면 수준이 많이 향상될 것이다. 파이썬 단계별 학습에 관한 동영상은 '[부록1] 파이썬 입문, 데이터 과학, 머신러닝·딥러닝 동영상 강좌 모음집'을 참조해 공부하면 목표로 하는 시간에 마스터할 수 있을 것이다.[4]

---

4 파이썬 입문, 데이터 과학, 머신러닝·딥러닝 동영상과 관련해 웹에서 쉽게 링크된 자료를 찾으려면 저자의 브런치 URL 참조. https://bit.ly/3uALLYn(총 20개 추천 무료강좌)

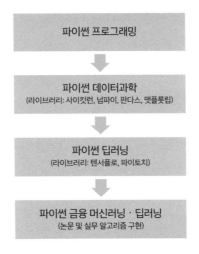

금융 머신러닝을 위한 파이썬 단계별 학습내용
(프로그래밍부터 데이터 과학과 금융 머신러닝까지)

사이킷런

방대한 양의 데이터를 다루고 있으며 이를 사용해 미래를 예측하거나 계산된 행동을 제안하려면 머신러닝을 위한 기술을 배워야 한다. 사이킷런은 파이썬용 머신러닝 라이브러리로 회귀, 베이즈, 랜덤 포레스트, 그레이디 언트 부스팅, k-평균과 같은 다양한 머신러닝 알고리듬을 제공한다.

판다스(Pandas), 넘파이(Numpy), 사이파이(Scipy)

파이썬에서 데이터 분석을 수행하는 데 필수적인 라이브러리이다. 판다스 는 데이터 조작 및 분석을 위해 설계된 라이브러리이고, 넘파이는 과학 컴퓨팅을 위한 라이브러리이다. 넘파이는 행렬 곱셈과 같은 작업을 매우 쉽게 수행할 수 있다. 사이파이는 넘파이를 확장하고 통계, 최적화, 선형대수, 기타 수학 연산을 위한 모듈을 포함한다.

더 알아보기

판다스 추천도서는 『Do it! 데이터 분석을 위한 판다스 입문』, 『손에 잡히는 판다스』, 『파이썬 머신러닝 판다스 데이터 분석』 등이다. 웹으로는 테디노트의 『한 권으로 끝내는 판다스 노트』(https://wikidocs.net/136309)를 참조하라. 유튜브 동영상 강좌는 허민석의 'Pandas 판다스 강의 기초실습'(https://bit.ly/3KxtGPD)을 추천한다. 넘파이는 『딥러닝·머신러닝을 위한 파이썬 넘파이』 책을 참조하라.

시각화 라이브러리

데이터 시각화의 경우 맷플롯립, ggplot2와 같은 파이썬 및 R라이브러리에 익숙해야 한다. 맷플롯립, ggplot2는 모두 정적 그래프와 시각화를 만드는 데 도움이 된다. 그러나 그래프를 대화형으로 만들려면 대화형 데이터로 시각화할 수 있는 자바 스크립트 라이브러리인 D3.js에 익숙해져야 한다.

SQL과 NoSQL

대부분의 데이터는 서로 다른 종류의 데이터베이스에 있으며 데이터 과학자는 작업 중 하나는 이런 데이터베이스에서 데이터를 검색한다. 따라서 데이터 과학자는 SQL 및 NoSQL 데이터베이스에 대해 잘 알고 있고 데이터베이스에서 데이터를 추출하는 방법도 알고 있어야 한다. (실제로 금융권에서는 정형화된 데이터베이스를 주로 다루고 있어 보통 SQL로 처리한다.)

금융 데이터 과학자가 되는 데 필요한 기술

계량기법을 포함한 데이터 과학 지식

통계, 의사결정과학, 계량경제학, 예측분석을 포함해 데이터 분석을 수행하는 데 가장 중요하고 가장 필요한 지식을 말한다. 데이터 과학자는 데이터 분석 문제를 정의하고 데이터의 품질을 이해하고 데이터의 틈을 매우거나 그것에 대한 올바른 가정을 하고 올바른 통계 모형을 선택하고 분석할 수 있어야 한다. 기술도구를 사용해 분석 결과를 정확하게 추론하고 결과를 이해관계자들에게 의미 있는 방식으로 제공해야 한다. 금융 데이터의 형태가 대부분 시계열 데이터이므로 금융시계열 분석을 배우는 것이 필요하다.

프로그래밍을 포함한 기술지식

데이터 분석 및 통계기법과 함께 중요한 지식은 데이터 분석을 수행하는 데 필요한 도구에 대한 지식이다. 과거의 일반적인 금융분석에는 엑셀Excel 이 사용됐지만 현재 빅데이터를 다루려면 다양한 도구와 프로그래밍 지식이 필요하다. 전통적인 금융 프로그래밍에는 Excel VBA, MATLAB, C++ 가 주로 사용됐지만 지금은 무료로 지원하는 다양한 오픈소스 라이브러리 덕분에 파이썬과 R이 데이터 분석 및 시각화를 위한 프로그래밍 언어로 자리매김하게 됐다. R은 특별히 데이터 분석과 통계학을 염두에 두고 개발된 언어이고, 인기가 급상승한 파이썬은 분석기능에 대한 방대한 커뮤니티 및 라이브러리를 제공한다. 최근에는 머신러닝·딥러닝 등 제공하는 패키지 및 라이브러리의 성능이 다양하므로 하나만 배우기보다는 둘 다 배우는 것이 바람직하다.

데이터 전처리

데이터 전처리는 모든 분석에 필수불가결한 요소이다. 최근에는 데이터의 크기가 크기 때문에 데이터 전처리 기술이 더욱 발전했다. 데이터 변환은 원시 데이터를 액세스해 분석하기 쉬운 형식으로 변환하는 것과 관련이 있다. 물론 현재 사용할 수 있는 기술도구를 이용해 작업할 수 있으나 다양한 데이터소스 간의 관계를 고려해 정확하고 의미 있는 방법으로 결합할 수 있어야 한다. 데이터 전처리는 데이터가 다양한 형태로 다양한 곳에서 제공되므로 데이터 과학자가 시간을 가장 많이 소요하는 작업이다. 데이터 전처리는 데이터 멍잉Data Munging 또는 데이터 랭글링Data Wrangling이라고도 한다.

금융 도메인 지식

금융 데이터 과학에서 분석하려는 특정 데이터 필드에 대한 금융 도메인 지식이 있어야 한다. 예를 들어 분석 대상이 대출 관련 데이터인 경우 데이터 과학자는 대출업무방식, 대출 포트폴리오 관리방식을 이해해야 한다. 은행 및 증권사업무와 관련해 재무분석, 위험분석, 포트폴리오 관리, 금융 시장에 대한 지식도 습득해야 한다. 데이터 분석지식과 통계기술, 분석을 수행하는 기술, 금융영역의 지식을 결합하면 금융 데이터 과학자가 되는 최상의 커리어를 쌓을 수 있다.

금융공학과 데이터 과학: 프로그래밍 언어의 진화

금융권에서 주요 데이터 분석 도구는 사실상 엑셀이다. 단정적으로 말할 수는 없지만 거의 99%라고 말할 수 있을 정도이다. 전 부서에서 사용하고 있음은 물론이고 좀 더 고수의 사용자들은 VBA와 엑셀 고급함수로 대부분의 데이터 분석과 모델링을 하고 있다. 물론 특정 연구부서나 IT 부서 등 회사에서 지정하는 상용 통계 패키지를 이용하는 곳도 있다. 예를 들어 K 증권사 데이터 분석부서의 경우 공식적인 데이터 분석 도구는 SAS이다. 또 저자가 근무했던 H증권사 리스크 관리팀과 자산평가사 금융공학연구소는 재직 당시 데이터 분석과 모델링 도구가 MATLAB이었다. 이렇듯 특정부서에서 정형적으로 사용하는 고가의 분석 도구도 많다. 비교적 오픈소스 프로그래밍 언어가 많지만 기존에 사용하던 것을 계속 사용하기도 한다. 이는 오픈소스의 버전 관리에 대해 금융권에서 신뢰하지 않는 부분이 있기 때문일 것이다.

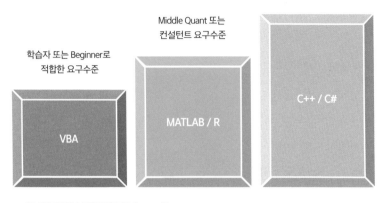

학습자 또는 Beginner로
적합한 요구수준

Middle Quant 또는
컨설턴트 요구수준

프런트 퀀트 또는
퀀트 디벨로퍼 요구수준

VBA

MATLAB / R

C++ / C#

※참조: 일부 대형증권사 금융공학 팀 및 퀀트 팀 Python 사용

금융 프로그래밍 언어의 사용 형태

헤지펀드 AQR의 퀀트, 파이썬 판다스를 만들다

판다스Pandas는 데이터 분석을 위해 널리 사용되는 파이썬 라이브러리 패키지이다. 구글, 페이스북, JP Morgan 및 데이터를 분석하는 모든 주요 회사의 데이터 과학자는 판다스를 이용한다. 판다스는 R의 데이터프레임Data Frame과 유사한 파이썬 라이브러리로 넘파이Numpy 기반으로 개발돼 넘파이와도 잘 어울리고 데이터를 엑셀 표처럼 사용이 가능하다. 즉 엑셀의 행이나 열과 유사한 2차원의 데이터 구조로 돼 있어 데이터를 자르고 붙이고 원하는 형태로 가공할 수 있어 데이터 전처리가 아주 쉽다.

판다스를 알면 데이터 분석의 80~90% 처리가 가능하고 금융시계열 분석에도 많이 이용된다. 현재 파이썬 데이터 분석에서 빼놓을 수 없는 라이브러리로 자리매김했지만 개발 배경은 좀 이색적이다. 판다스는 헤지펀드 AQR Capital Management의 프론트 퀀트 리서치 팀에서 근무하고 있던 웨스 매키니Wes McKinney가 금융 데이터에 계량분석(매키니는 AQR에서는 주로 글로벌 매크로 및 신용거래 전략을 연구했다.)을 수행할 수 있는 적합한 데이터 분석 도구의 필요성을 느끼고 2008년 파이썬을 배우면서 시작한 프로젝트이다. 헤지펀드에서도 데이터가 가장 중요한데 데이터 작업에서 가장 중요한 작업은 새로운 데이터소스를 수집하고 데이터셋을 병합하고 정리하는 일이다. 데이터 과학 분야에서 일하는 사람이라면 누구나 알고 있듯이 '고급데이터'는 '고급분석'보다 훨씬 중요하다. 매키니는 전공이 수학(MIT 이론수학)이었고 프로그래밍에 익숙하지 않았기 때문에 초창기에는 컴퓨터 과학을 전공한 대학 친구이자 AQR 동료인 창시Chang She(중국인으로 10살 때 미국으로 이사)와 함께 파이썬을 공부하면서 코드의 많은 부분을 시작했다.

AQR | CAPITAL MANAGEMENT

판다스Pandas라는 명칭은 판다 곰을 연상시키지만 동일 기관이나 개인에 대해 오랜 기간에 걸친 관측치를 포함해 분석하는 계량경제학에서 쓰이는 용어인 패널 데이터 시스템Panel Data System에서 따왔다. 2013년 매키니가 AQR 동료인 창시Chang She와 창업한 데이터패드DataPad(주로 시각적 분석 시스템을 판매)가 2014년에 클라우데라에 인수된 이후 2016년 매키니는 아파치 소프트웨어 재단의 멤버로 파이썬 데이터 과학 프로젝트에서 투시그마의 소프트웨어 엔지니어로 일했다. 그는 RStudio와의 파트너십으로 구축된 아파치 애로로 구동되는 파이썬 및 R용 데이터 과학 분석 도구에 중점을 둔 비영리개발그룹인 Ursa Lab 이사로도 활동하고 있다. 매키니는 판다스와 더불어 『Python for Data Analysis(파이썬 라이브러리를 활용한 데이터 분석)』의 저자로도 유명하다. 다음은 판다스 개발의 기여자인 창시Chang She가 판다스 개발 시작 동기에 대해 인터넷에 밝힌 내용이다.

"모두 알고 있듯이 판다스는 웨스매키니에 의해 개발됐습니다. 그와 저는 헤지펀드 AQR Capital Management에서 함께 일했습니다. 우리가 주니어 분석가였을 때 우리의 직무는 데이터 로딩 및 정리, 데이터 준비, 데이터 엔지니어링 작업이었습니다. 당시의 도구는 엄청나게 비효율적이었습니다. 웨스매키니는 다음과 같이 이야기했습니다. '좋아요. 쉽게 할 수 있는 도구를 만들어 봅시다. 아, 넘파이라는 것이 있는데 행렬과 배열 조작을 매우 쉽게 만듭니다. 다만 실제 이용할 수 있는 데이터까지 도달하려면 넘파이가 해결하기에 적합하지 않은 종류의 문제가 많으므로 새로운 것을 만들어 봅시다.' 이날이 바로 판다스^{Pandas}가 만들어진 날입니다."

데이터 과학자, '캐글'과 '데이콘'에서 배우자!

kaggle 🦃

미국 샌프란시스코에 본사가 위치한 캐글^{Kaggle}은 세계 최대의 데이터 과학자 및 머신러닝 엔지니어 커뮤니티를 위한 플랫폼이다. 2010년에 설립됐고, 2017년 3월에 구글의 모회사인 알파벳에 인수돼 현재 구글의 자회사이다. 캐글은 사용자가 데이터셋을 찾아서 게시하고, 웹 기반 데이터 과학 환경에서 모형을 탐색 및 구축하고, 다른 데이터 과학자와 머신러닝 엔지니어와 협력해 데이터 과학 과제를 해결하는 경쟁에 참여할 수 있다.

캐글(Kaggle) – 세계에서 가장 큰 데이터 과학 커뮤니티[5]

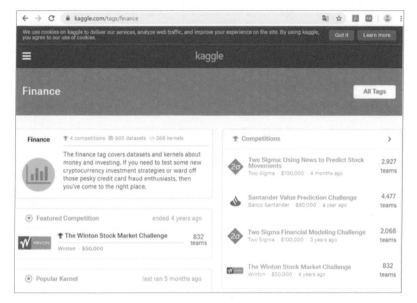

캐글의 금융(finance) 분야 Competition

금융 분야에서 가장 유명하고 흥미로운 과거 사례는 역시 헤지펀드인 투시그마가 제시한 과제였다. 투시그마에서 제시한 과제는 뉴스 분석 콘텐츠를 사용해 주가성과를 예측하는 것이었다(Using News to Predict Stock Movement). 이 대회에서는 2가지 데이터소스를 기반으로 향후 주가 수익률을 예측해야 했다. 2,927개 팀이 참가해 총 10만 달러의 상금을 놓고 겨뤘다. 1위 상금은 25,000달러, 2위는 20,000달러, 3위는 15,000달러, 4~7위는 10,000달러였다. 물론 돈을 벌 수도 있지만 돈은 덤이고 실력과 경험을 쌓으려는 데이터 과학자뿐만 아니라 데이터를 사용해서 트레이딩하는 트레이더에게도 많은 도움이 된다.

---

5 캐글 관련 책이 국내에도 많이 나와 있다. 캐글을 통해 데이터 과학 교육과 훈련이 많이 되므로 다음 책들을 참조하면 좋다. 캐글은 일본책 번역서와 국내 집필서가 주종을 이루고 있다. 『쉽게 시작하는 캐글 데이터 분석』, 『파이썬으로 캐글 뽀개기』, 『데이터가 뛰어노는 AI 놀이터 캐글』을 참조하라.

현재 캐글은 13,000개가 넘는 데이터셋을 보유하고 있으며 예술, 기후, 사회문제, 경제금융을 다루는 광범위한 데이터셋을 공개하고 있다. 특히 재무와 투자를 다루는 학생이나 실무자에게 캐글 데이터셋은 매우 유용하다. 또 파이썬 및 R에 능통한 경우 데이터 작업 및 데이터 과학 포트폴리오 구축을 위해 역동적인 환경을 제공한다. 마지막으로 데이터 기반의 의사결정을 위해 데이터 과학자 및 투자자들이 데이터를 종합적으로 분석하고 다양한 분석 도구를 활용해 전 세계 사람들과 협업할 수 있는 능력을 갖춘다면 정확한 정보에 근거한 투자 결정을 내릴 수 있게 될 것이다.

데이콘 – 한국에도 캐글과 같은 데이터경진대회가 있다[6]

현재 여의도 위워크WeWork에 입주해 있는 데이콘Dacon은 카카오와 데일리 금융그룹에서 근무했던 김국진 대표가 2018년 7월에 설립한 국내 최초의 데이터경진대회와 교육을 제공하는 플랫폼 회사이다. 데이콘이라는 의미는 '데이터 커넥트DATA CONNECT'라는 뜻으로 데이터 과학을 통해 개인과 기업을 연결한다는 의미이다. 데이콘의 경진대회를 통해 기업은 기술획득의 기회를 가지며, 개인은 데이터 경쟁을 통해 우수한 인력으로 인정받는 계기가 된다. 과거 데이콘은 KB금융그룹과 함께 스미싱(문자메시지SMS와 피싱Phishing의 합성어로 개인 금융정보 탈취) 문자 사기패턴을 발견해 고객들의 피해를 방지하기 위한 "금융문자 분석 경진대회"를 진행했었다. 금융문자 분석 경진대회는 참가자들이 개발한 AI 분석 알고리듬이 KISA한국인터넷진흥원에 접수된 금융기관 사칭 문자를 얼마나 잘 잡아내는지 그 성능을 비교해 순위를 결정하는 방식으로 진행됐다. 문자분석 알고리듬이다 보니 역시 자연어 처리NLP 알고리듬에 관심 있는 데이터 과학자가 유리했다. 총 상금은 2,000만 원이며 학생, 일반인 등 모두 참여할 수 있었다.

---

6 데이콘(http://dacon.io/) 경진대회를 위해 위키북스에서 출간된 『데이콘 경진대회 1등 솔루션』 책을 추천한다. 이 책은 대회 문제 소개부터 시작해 도메인 분석, 환경구축, 데이터 탐색, 전처리, 모델 구축과 검증, 앙상블에 이르는 전 과정을 소개하고 있다. 또 각 장에는 우승한 팀과 인터뷰한 내용들이 수록돼 있다.

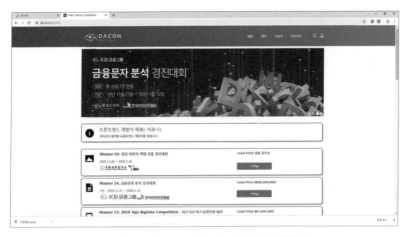

데이콘(https://dacon.io)의 금융문자 분석 경진대회 예

머신러닝, 커뮤니티에서 배우자!

마이크로소프트사의 이사인 이소영 님의 저서 『홀로 성장하는 시대는 끝났다』의 유튜브 동영상[7]을 보면서 "아! 나도 저렇게 커뮤니티에서 공부하며 성장했지!"라는 말이 저절로 나왔다. 결국 커뮤니티 리더십을 가진 사람이 조직과 개인의 성장을 이끈다는 것이다. 커뮤니티 리더십은 "내가 알고 있는 지식과 경험을 최대한 널리 알리고 공동체의 성장을 도와 사람들이 자발적으로 내 의견이나 정보에 귀 기울이게 만드는 능력"으로 정의했다. 사실 저자도 커뮤니티 리더이다. 삼성경제연구소가 사이버 포럼을 만든 것은 20년 전이다. 1999년 11월 석사학위 졸업논문 발표 후 뭔가 의미 있는 일을 해보자며 만든 것이 "삼성경제연구소 금융공학 포럼"이었다. 국내 금융공학의 전성기는 2009년 금융위기 직전이 피크였고, 금융위기 이후 하강세를 그렸다. 잘 나갈 때는 회원 수가 2만 명이나 됐다.

---

7   https://bit.ly/3AZAbaA(데브그리운드 주니어, 2019). 이소영 님은 이 책 출간 이후 『당신은 다른 사람의 성공에 기여한 적이 있는가?』(퍼블리온, 2021)라는 책을 추가로 출간했다.

홍대 머신러닝 스터디 커뮤니티(박해선 GDE 주최)

금융공학 포럼의 회원들끼리 오프라인 스터디도 많이 진행했고, 저자도 매년 금융공학 포럼 명의로 금융공학컨퍼런스를 열기도 했다. 커뮤니티의 장점이 커뮤니티가 될 정도로 인원이 모이면 리더가 있고 그 리더가 스터디를 이끌 수 있기에 리더와 팔로워 모두에게 도움이 된다. 홍대 머신러닝 스터디를 이끄는 박해선 GDE는 머신러닝 및 딥러닝 번역서 및 저서(『Do It! 딥러닝 입문』)로 유명하다. 구글 디벨로퍼 익스퍼트GDE, Google Developer Expert는 한 가지 이상의 구글 기술에 있어 전문가이자 동시에 영향력 있는 개발자들의 글로벌 네트워크이다. 이는 컨퍼런스 스피커 활동, 예제 코드, 발표자료 등 개발자 생태계에 기여하거나 기술을 나누는 사람에게 부여하는 구글의 커뮤니티 리더 명칭이다. 저자도 박해선 GDE의 홍대 머신러닝 스터디 커뮤니티에 참여해 소정의 장소료만 내고『딥러닝 입문』한 권을 공부하는 계기를 가졌다. 홍대 머신러닝 스터디 커뮤니티와 같은 meetup에 참여해 네트워크도 넓히고 값비싼 강의료를 내지 않고 공부하는 방법도 좋은 성장의 기회가 된다.

MOOC보다는 K-MOOC와 KOCW로 배워라!

최신 인공지능을 배울 수 있는 좋은 사이트

무크는 수강인원 제한 없고 누구에게나 열려 있는 온라인 환경 강좌의 앞 글자를 딴 말이다. 시간과 공간의 제약 때문에 교육을 받지 못하는 사람이 없도록 자신의 꿈을 위해 누구나 원하는 공부를 할 수 있도록 만든 것이 무크이다. 코세라, 에드엑스, 유다시티 등이 무크 서비스이다. 대부분의 무크가 무료이지만 수료증을 받으려면 유료로 등록해야 한다. 국내에는 인공지능을 무료로 배울 수 있는 여러 단체(edwith, k-mooc, Tacademy 등)가 있고 유튜브가 제공해 주는 온라인 강의와 유료 온라인 강의를 제공하는 사이트 등도 있다.

K-MOOC(kmooc.kr) - 금융 인공지능 및 블록체인 추천 강의목록

추천 강의목록	동영상 강좌 단축 URL
금융공학을 위한 인공지능	https://bit.ly/3uQX5j7
금융 AI	https://bit.ly/3Buh88r
실습으로 배우는 머신러닝	https://bit.ly/3uSLrV4
블록체인과 비즈니스 서비스	https://bit.ly/3xmjQLc

인공지능, 머신러닝, 딥러닝에 관한 강의자료는 앞서 금융공학 파트에서 소개한 kocw.net에서 제공하는 양질의 인공지능 강의목록을 추천한다. 사실상 유료 강의 수준의 강의를 제공해 주는 강의가 많지만 홍보와 마케팅이 거의 없어 정보가 소개되지 않기 때문에 활용하는 이용자가 많지 않은 것 같다.

K-MOOC 제공 강좌 예(금융공학을 위한 인공지능)[8]

그중 최근에 양질의 강의를 제공하는 대학이 많은데 그중 주목할 만한 대학교는 고려사이버대학교이다.[9] 또 AI팩토리 김태영 대표와 이혜영 대표의 강의(AI 서비스 기획, AI 활용 업무 데이터 분석과 시각화)를 추천한다. 다음에 소개하는 강의는 2021년에 올라온 강의인데 이외에도 자신이 필요한 강의를 kocw.net에서 한 번 찾아보면 좋을 것 같다.

---

8 K-MOOC는 KOCW와 달리 학기제로 수강신청을 하고 그 학기 내에 수업이 진행된다. 따라서 한시적으로 그 과목을 들을 수 있는 과목이 있는가 하면 강의가 완료되면 다시 듣지 못하거나 또는 청강이 가능한 과목도 있다. 추천할 만한 강의는 '금융공학을 위한 인공지능'으로 전남대 허정규 교수님이 진행하는 강의이다. 파이썬 문법, 파이썬 패키지, 인공지능, 금융, 인공지능+금융에 관해 학습할 수 있다. 또 '금융 AI'는 중앙대 유시용 교수님이 진행하는 강의이다. 금융 AI 강의 내용 중 '금융전문가를 만나다' 인터뷰에서 저자도 금융 AI 활용에 관한 인터뷰에 참여했다.

9 여기에 소개된 인공지능 강의목록은 브런치 홍창수의 개인계정에 일부 소개돼 페이스북을 통해 수많은 사람이 공유해 3일 만에 총 3,000회가 조회된 인기글이 됐다. 최신 인공지능을 배울 수 있는 좋은 사이트(https://bit.ly/3ANwBjD)이다.

KOCW.NET 인공지능 추천 강의목록 - 고려사이버대학교 제공	
추천 강의목록	**동영상 강좌 단축 URL**
AI 서비스 기획	https://bit.ly/3xnhnQB
AI 활용 업무 데이터 분석과 시각화	https://bit.ly/3CRVZUT
실무에 활용하는 머신러닝	https://bit.ly/3xkz8Qu
실무에 활용하는 딥러닝	https://bit.ly/3xmjQLc
AI 서비스 개발을 위한 딥러닝 자연어 처리	https://bit.ly/32xazEN
AI 트랜스포메이션	https://bit.ly/3p3d5dD

'AI 서비스 기획' 강의는 서비스 요구사항 분석을 통해 AI 서비스 시나리오를 기획하고 실행계획을 수립하는 전략을 공부할 수 있다. AI 서비스를 기획하는 다양한 사례를 배울 수 있다. 'AI 활용 업무 데이터 분석과 시각화' 강의는 데이터의 수집부터 분석, 결과해석 및 시각화 과정에 대해 학습할 수 있다. 소셜, 공공, 금융 등의 데이터를 대상으로 분석 프로젝트를 진행하고, 실무 전문영역에서 데이터 기반의 의사결정을 수행할 수 있는 역량을 배울 수 있다. '실무에 활용하는 머신러닝' 강의는 실무에서 활용하는 다양한 데이터를 기본적인 파이썬 코딩과 머신러닝을 통해 분석하는 방법에 대해 공부할 수 있다. '실무에 활용하는 딥러닝'과 'AI 서비스 개발을 위한 딥러닝 자연어 처리' 강의는 다양한 데이터를 기본적인 파이썬 코딩과 딥러닝을 통해 분석하는 방법과 실무자가 다양한 유형의 비정형 텍스트 데이터를 처리할 수 있는 기법을 익힐 수 있다. 실제 현장에서 활용되는 텍스트 데이터를 수집하고 분석한다. 'AI 트랜스포메이션' 강의는 인공지능의 정의, 역사 및 핵심기술에 대한 기본 개념을 정립하고 AI를 기업에 도입하기 위한 전략을 배울 수 있으며, 회사의 업무에서 AI 서비스를 적용할 수 있는 부분을 탐색하고 지능적 혁신을 기획하는 데 도움을 준다.

논문 공부를 위해 '학술공유 플랫폼'을 잘 활용하자!

퀀트 관련 지식을 습득했다고 그 지식이 오래가는 것은 아니다. 꾸준히 새로운 지식이 나오고 그것을 학습하는 것이 가장 중요하다. 금융공학, 퀀트 투자, 머신러닝과 같은 분야는 계속적으로 새로운 지식이 업데이트되므로 논문과 관련 뉴스를 계속 학습해야 한다. 논문을 다운로드받으려면 해당 저널을 통해 다운받으면 되지만 유료로 제공되는 저널이 대부분이므로 논문 공유 플랫폼을 이용하면 좋다. 여기서는 페이스북처럼 관련 저자와 질의응답을 할 수 있고 해당 논문도 제공받을 수 있어 여러 모로 도움이 된다. 논문 공유 플랫폼으로는 리서치게이트와 아카데미아가 유명하다. 계정을 만들면 좋은 것이 관심 논문을 자동으로 찾아주고 자기 논문도 홍보할 수 있다. 데이터 과학자, 연구자가 깃허브를 통해 코드를 공유하듯이 논문을 공유해 보자. 그리고 자신이 관심 있는 출판 논문이나 워킹페이퍼를 찾아보자.

ResearchGate

리서치게이트(www.ResearchGate.net)는 유럽을 대표하는 과학자를 위한 소셜 네트워크 서비스이다. 논문을 읽는 데는 등록이 필요하지 않지만 회원이 되려면 계정이 필요하다. 아카데미아 계정은 바로 만들 수 있지만 리서치게이트는 논문을 요구해 연구자를 자체 검증하는 것 같다. 리서치게이트는 활성 사용자 측면에서 가장 큰 학술 소셜 네트워크로 사용자는 다른 사용자의 활동을 팔로우할 수 있고 토론도 할 수 있으며 아카데미아와 달리 페이스북, 구글 계정 없이도 논문을 다운로드할 수 있다. 또 아카데미아보다 동적으로 자료를 찾고 자료를 추천해 주는 기능이 좋다.

ACADEMIA

아카데미아(www.Academia.edu)[10]는 학술을 위한 미국 상업 소셜 네트워킹 웹사이트이다. 연구논문 공유 플랫폼으로 이 웹사이트를 통해 사용자는 프로필을 작성하고 관심 영역을 선택할 수 있다.

아카데미아에서는 메트릭스에 의해 측정된 논문을 공유하고 논문 임팩트를 모니터링할 수 있다. 논문보기는 계정이 없어도 되지만, 논문을 다운로드받는 데는 페이스북이나 구글 계정이 필요하다. 계정은 바로 만들 수 있는데 무료 계정을 만들고 나면 약간의 돈을 쓰면 좋은 기능이 많이 제공되는 프리미엄을 쓰라는 광고가 많이 날아온다. 무료 서비스만 사용해도 된다.

금융분석을 위해 'SQL'을 필수적으로 공부하자!

금융권에서 SQL을 많이 사용하는 부서는 역시 IT 관련 부서이다. 그 외에 증권사 리스크 관리 팀, 컴플라이언스 팀, 감사 팀에도 SQL 전문가들이 많으며, 운용사 리스크&컴플라이언스 부서도 SQL을 많이 사용한다. 또 회계법인 컨설턴트를 비롯 금융 컨설턴트들도 대부분 SQL을 잘 사용한다. 이런 부서와 담당자들은 데이터 분석이나 고객과의 문제점을 개선해 준다는 점에서 SQL을 많이 사용한다. SQL 사용에 대해 최근에 겪은 일화를 소개한다. 한 컨설턴트가 채권의 성과평가 시스템을 구축하러 K증권사에 들어갔다. 이 컨설턴트는 주로 업무를 위한 로직을 세워주고 이후 개발자가 그 로직을 기초로 시스템을 개발해 주는 업무를 담당했다. 실제 로직을 만들려면 회사의 DB에 존재하는 값들이 실제로 존재하는지 알아봐야 하므로 개발자가 그 DB값을 뽑아 지원해 줘야 컨설턴트가 업무를 진행할 수

---

10 저자의 리서치게이트와 아카데미아 계정 단축 URL은 다음과 같다. 파생상품 및 데이터 과학 관련 논문, 강의자료가 등록돼 있다. 리서치게이트와 아카데미아를 통해 많은 논문을 찾아보자. 구글로 논문을 찾았을 때보다 훨씬 많은 논문을 찾게 될 것이다.
 – 리서치게이트 https://bit.ly/3dHcsAZ
 – 아카데미아 https://bit.ly/3yjp7n3

있다. 그런데 개발자가 입사가 몇 주나 늦어져서 실제 컨설턴트가 직접 로직을 개발하기 위한 기초 데이터를 뽑아야 했는데 이 컨설턴트는 SQL을 배우지 않았다. 개인적으로 SQL에 관해 가장 빨리 배울 수 있는 책을 추천해 달라고 해서 관련 책을 소개했고 그후 업무를 성공적으로 수행할 수 있었다. 이처럼 쿼리를 뽑을 수 있는 사람에게 부탁해서 할 수도 있지만 그렇지 못한 환경도 많으므로 DB와 관련된 데이터 과학자나 컨설턴트는 SQL을 반드시 배워야 한다.

더 알아보기

추천할 만한 SQL 책은 4권인데 얇은 책, 중간 두께의 책, 두꺼운 책이다. 얇은 책은 상당히 직관적이고, 중간 책은 적당히 쉬우며, 두꺼운 책은 깊이가 있다. 각각 순서대로 보면 좋겠다. 『누구나 쉽게 SQL』은 SQL을 전혀 모르는 컨설턴트에게 추천했는데 지금까지도 업무수행에 큰 도움이 됐다는 인사를 듣고 있다.

- 『누구나 쉽게 SQL』(홍형경, 길벗, 2019)
  이 책 이후 홍형경 님은 『Let's Get IT SQL 프로그래밍』(길벗)을 저술했다.
  강의 동영상 자료: https://bit.ly/3sbVku8

- 『혼자 공부하는 SQL』(우재남, 한빛미디어, 2021)
  강의 동영상 자료: https://bit.ly/35BSHdj

- 『모두의 SQL』(김도연, 길벗, 2018)
  참고 URL: https://www.datachef.co.kr

- 『Do it! SQL 입문』(강성욱, 이지스퍼블리싱, 2022)
  강의 동영상 자료: https://bit.ly/3AghLnx

향후 금융권 주요 분석 도구는 '엑셀+파이썬'이 된다

지금까지 금융권의 주요 분석 도구는 엑셀이었다. 엑셀에서 한 단계 나아가 엑셀 VBA까지 사용하면 고수로 인정받던 시절이었다. 2000년대 초에 선물협회와 금융투자교육원 '엑셀 VBA를 이용한 주식파생상품 모델링' 강사로 활동하며 강의를 다닐 때 엑셀 VBA를 익히면 연봉을 천만 원 더 받을 수 있다고 엑셀 VBA 교육을 꼭 받으라고 강조했던 적이 있다. 실제 엑셀 고급함수를 이용해 재무분석을 하는 경우도 많지만 증권사 리스크 관리 팀이나 금융자산평가사 평가를 보면 엑셀 VBA를 활용해 많은 리스크 및 평가업무를 했다. 현재도 엑셀 VBA가 많이 활용되지만 20년 전의 업무 자동화는 엑셀 활용 업무 자동화를 말하는 것이었고 자동화를 위해 엑셀 매크로를 사용할 줄 알아야 했다.

시대가 변해서 이제 업무 자동화는 파이썬 업무 자동화를 말하는 시절이 됐다. 반병현의 저서 『코딩하는 공익』이라는 책을 보면 노동청 공익을 하면서 파이썬을 활용해 업무 자동화를 구현해 모범사례로 정부부처에 불려다닌 내용이 나온다. 이때의 경험을 살린 책이 『6개월 치 업무를 하루 만에 끝내는 업무 자동화』다. 대부분의 업무가 엑셀을 기본으로 하고 있기 때문에 이 책에서도 엑셀의 반복적인 업무를 파이썬을 통해 자동화를 실현한 내용이 많이 나온다. 금융권에서도 이제 엑셀에서 한 단계 나아가 파이썬을 활용해 데이터 분석이 이뤄지리라고 전망된다. 이는 엑셀로만 처리하기에는 너무 큰 데이터이거나 전처리하는 데 많은 수작업이 필요한 경우를 의미한다. 즉 엑셀+파이썬이 향후에 금융권을 대표할 데이터 분석 도구가 될 것이다. 엑셀로 할 수 있는 간단한 일을 파이썬으로 하거나 파이썬으로 할 수 있는 복잡한 일을 엑셀로 하는 것은 바람직한 업무처리가 아닐 수 있다. 간단한 것은 엑셀로 처리하고 좀 더 복잡한 일을 파이썬으로 처리하되 각각의 좋은 기능을 연결해서 처리하는 것이 바람직하다. 이에 관한 좋은 책들이 많이 나오니 관심 있는 독자는 소개되는 책을 참조하길 바란다.

추천할 만한 파이썬 업무 자동화 책은 4권이다. 엑셀과 파이썬의 풍부한 패키지를 활용한다면 값비싼 RPA 소프트웨어 없이도 자신의 업무를 자동화할 수 있다.

- 『엑셀 자동화 with 파이썬』(최은석, 위키북스, 2020)
- 『엑셀과 비교하며 배우는 파이썬 데이터 분석』(장권홍, 2021)
- 『엑셀 파이썬 코드 레시피 125』(카네히로 카즈미, 에이케이커뮤니케이션즈, 2021)
- 『엑셀이 편해지는 파이썬』(펠릭스 춤스타인, 한빛미디어, 2022)

오픈소스 데이터 분석의 핵심은 '프로그래밍'과 '라이브러리 사용법'이다

"국내 자동차 대기업 A사는 자율주행차와 인공지능AI 분야에서 일할 대졸 신입사원을 뽑으면 가장 먼저 기본적인 프로그래밍 언어부터 새로 가르친다. 일명 '파이썬Python'으로 불리는 이 언어는 간결한 문법에 직관적인 구조로 돼 있어 산업현장 대부분에서 널리 사용 중이다. 미국 등 해외 대학도 벌써 수년 전부터 프로그래밍 개론 수업의 언어를 기존 자바 등에서 파이썬으로 바꾸는 추세이다. 하지만 국내 대학 출신 신입사원 대부분은 여전히 C 언어, 자바 등만 알고 들어오는 실정이다. 파이썬을 정규 과목으로 채택한 대학이 거의 없어서이다. 독학이나 교양 과목 수강을 통해 파이썬을 배우고 들어오는 신입사원들도 있지만 현장에서 바로 쓸 수 없는 기초적인 수준이어서 A사는 반드시 6개월가량의 재교육을 시킨다."

앞의 글은 "현장에선 '파이썬'을 쓰는데 대학은 '자바' 교육…기업들 바로 쓸 신입이 없다"[11]라는 기사를 일부 발췌했다. 이 기사를 두고 페이스북 개발자들 포럼에서 많은 논란이 일었다. 논란의 쟁점은 C나 자바가 배우기 어렵지 파이썬은 배우기 쉽다는 것이었다. 사실상 기계어인 C보다 인간

---

11 「한국일보」 2021. 3. 22 보도기사

이 인지하기 쉬운 인터프리터 언어인 파이썬이 직관적이라는 점에서 배우기 쉽다는 점은 모두가 동의한다. 다만 이 기사의 주된 이야기처럼 바로 파이썬을 제대로 사용하려면 많은 '라이브러리'와 그 '사용법usage'을 익혀야 한다. 실제로 금융권에서도 파이썬 개발자를 찾는 경우가 많은데 바로 현장에 투입해 개발할 수 있는 개발자를 찾기가 쉽지 않다. 기본적인 파이썬 프로그래밍을 배우기는 쉽지만 파이썬과 연관된 기술적인 측면을 해결해 줄 수 있는 전문가 수준이 되려면 비교적 시간이 많이 걸린다. 오픈소스 언어(파이썬 등)를 마스터한다는 것은 '프로그래밍'과 더불어 '라이브러리 사용법(판다스, 넘파이, 맷플롯립 등)'을 제대로 익힌다는 것을 의미한다.

자신의 도메인 분야에서 경쟁력을 확보하고 브랜드를 구축하라!

브랜드와 관련한 홍성태 교수님의 『모든 비즈니스 브랜딩이다』 책을 추천한다. 1990년대 초 학번 대부분이 광고 분야에 관심이 많아 저자도 마케팅과 관련해 석사과정을 시작했다가 재무finance 쪽으로 전공을 선회해 "전환사채 발행기업의 장단기 성과분석"이라는 석사논문을 쓰고 졸업했다. 홍성태 교수님의 이야기를 일축하고, 나의 이야기로 돌아가자면 회사의 제품을 홍보하기 위한 마케팅 전략에 관심이 많았으나 자신을 PR할 수 있는 전략이 필요하다는 것을 느끼고 이에 대해서도 많은 고민을 했다.

회사의 제품을 홍보하기 위한 마케팅 전략도 관심이 많지만 개인마다 자신을 PR할 수 있는 전략이 필요하다. 앞서 언급했듯이 저자는 1999년 겨울 삼성경제연구소SERI에 금융공학 포럼을 개설해서 최근까지 20여 년간 운영했다. 지방에서 올라와 서울에 연고가 많지 않고 인맥도 거의 없었기 때문에 회원 수가 2만 명 정도 되는 금융공학 포럼을 통해 직·간접적으로 SERI금융공학 포럼의 시삽으로 많은 PR이 됐다. 금융공학 포럼에서 알게된 이들을 통해 이직하게 됐으니 국내에서 커뮤니티의 힘이 크다고 할 수 있다. 자신의 전문성을 높이는 공부 외에 여러 플랫폼(브런치, Tistory 블로그, 깃허브 블로그)에서 자신을 PR해 보자. 개인적인 공부를 정리한 것도 좋고 관심사에 관한 서평도 좋고 꾸준히 올려보도록 하자. 개수가 늘어나고 전문성이 조금씩 높아지면 자신의 브랜드 인지도도 훨씬 높아질 것이다. 이는 취업과 관련된 활동 이외에 직장생활에도 큰 도움을 준다. 전문지식, 네트워크(자기 PR, 인맥), 차별화 포인트, 커뮤니케이션 능력은 직장생활을 하면서 계속적으로 업그레이드해야 할 요소임에 틀림없다.

실제 금융 데이터 과학자 채용 요인으로 무엇을 볼까?

앞서 일반적으로 필요한 금융 데이터 과학자의 자질에 대해 이야기했다. 실제 금융 데이터 과학자 채용을 위한 요인은 무엇일까? 앞에서도 금융 도메인 지식을 이야기했다. 금융 도메인 지식이 없다고 금융권에 입사하지 못하는 것은 아니다. 다만 금융지식이 많으면 많을수록 더 유리하다고 할 수 있다. 2008년 금융위기가 오기 전인 2005년에서 2008년까지 이공계 박사들이 금융권으로 많이 진입했다.

경력직	금융기관 자산운용/펀드운용/리서치 관련 업무 유경험자(대리~차장급) - 금융공학 운용 팀: 계량 리서치/ 인공지능 모델링/ - 프로그래밍(VBA, R, Python, SQL 등) 가능자 선호
주니어	자산운용 및 리서치 관련 경력(1년 내외) 및 졸업예정자(대학(원)) (사원급) - 상경계, 수리/통계, 공학계열 전공자 선호 - 졸업예정자의 경우 주식동아리, 투자동아리 출신 선호 - 프로그래밍(VBA, R, Python, SQL 등) 가능자 선호

A 운용사의 금융공학운용본부 퀀트 투자 업무 및 자격요건

금융수학이나 금융공학을 전공하지 않았지만 공학적 능력과 프로그래밍 능력을 기반으로 금융공학을 습득할 수 있었다. 지금도 통계학이나 산업공

학 전공자 등 이공계가 금융권으로 많이 진입하고 있다. 저자가 근무하고 있는 회사에서 금융 데이터 과학자 채용한 적이 있었다. 24명의 지원자 중 12명이 서류면접을 통과해 실무면접을 진행하게 됐는데 면접에 앞서 다음 그림과 같은 내용에 본인의 실력을 체크하게 했다.

1. Oracle/MS-SQL Query 사용 가능 여부	상	중	하
2. 엑셀 VBA 사용 가능 여부	상	중	하
3. 엑셀 고급내장함수 사용 가능 여부	상	중	하
4. R, 파이썬 등 데이터 분석 사용 가능 여부	상	중	하
5. 파생상품 이해도	상	중	하
6. 금융 분야 컨설팅 업무 이해도	상	중	하
7. 데이터 분석 시 활용한 데이터 유형	① 웹 스크롤 ② 제공된 대용량 데이터 ③ 소규모 데이터		

A 금융자산평가사(채권평가사)의 금융 데이터 과학자 채용 설문조사

물론 본인의 실력을 체크하게 한 후 면접을 통해 실제 어느 정도 수준인지 검증하는 절차를 가졌다. 데이터베이스에 대한 이해를 위해 SQL에 대해 질문을 했는데 데이터 과학 전반을 훈련시키는 학과의 경우에는 대부분 SQL에 대한 지식이 있었다. 그러나 특정 언어를 통해 데이더 분석에 치중한 학과 출신의 지원자인 경우에는 SQL 지식이 전혀 없었다. 엑셀에 대한 질문도 대부분의 데이터 과학자 지원자의 경우 R과 파이썬에 대해 중상급 이상의 지식을 가졌지만 엑셀에는 강점을 보이지 못했다. 실제 금융권의 경우 R과 파이썬으로 전환되고 있지만 현재 사용되는 작업(데이터 과학)의 도구가 엑셀인 경우가 99%이다. 금융자산평가사의 경우도 R과 파이

썬 지식을 가진 입사자가 늘어나고 있으나 기존 시스템 외에 수작업으로 금융계산에 사용되는 것이 엑셀 VBA로 만들어진 것이 대부분이므로 이에 대한 부분도 신경 써야 한다. 무엇보다 금융 데이터 과학자를 뽑는 것이 파생상품과 관련된 금융 컨설팅을 진행하고자 하는 것이기 때문에 파생상품에 대한 이해가 필수적이었다. 이런 내용은 각 금융기관이 필요한 업무(머신러닝 및 딥러닝 등)도 다르고 어느 특정시점의 트렌드와도 연관돼 있기 때문에 참고할 만할 내용이라 생각된다.

금융권 취업을 위한 조언: 퀀트 데이터 과학자 포함

금융권 취업을 준비하는 학생들을 위한 특강을 할 때 항상 이야기가 있다. 앞서 설명했듯이 취업과 관련해서 실무 적응성을 볼 때 뽑으려는 포지션에 최적인 사람을 뽑는 경우도 있지만 어떤 포지션에서도 문제를 해결할 수 있는 문제해결능력을 보는 경우도 많다.

- 금융 관련 실무 책자를 모두 섭렵하자(금융공학, 금융수학 등 공부한 책 명시).
- 경제와 금융 관련 시세변화와 시황을 공부하자(매일경제, 한국경제, 경제블로거).
- 금융공기업, 은행, 증권사, 자산운용사 취업 스펙을 미리 확인하고 정보수집하자.
- 스펙보다는 직무경험과 직무가능성이 중요하다(인턴을 경험하자).
- 좋은 방향으로 변동성을 높여라(정보를 가진 사람을 만나다, 사람이 답이다).
- 경쟁이 심한 곳은 가급적 피하고 돌아가는 방법도 고려하자(금융자산평가사를 노려라).
- 모형과 구현은 중요하다(이력서에 구현해 본 모형, 실제 분석결과를 명시하자).
- 좌뇌와 우뇌를 같이 사용하자(퀀트가 된 인문학도, 인문학도가 된 퀀트).
- 자격증은 도움이 된다. 단 시간소요를 고려하자(IB-CFA, CPA, PB-CFP, FRM 등).
- 본인의 성격에 맞는 직무를 고려하자(성격의 장단점 고려).

금융권 취업을 위한 10가지 조언

이를 위해 금융 및 데이터 과학 프로젝트의 결과물인 포트폴리오가 있으면 좋고, 공부와 관련된 책자 등도 명시하면 좋다. 또 시장의 현황을 살펴보려고 경제신문 등을 매일 읽는다면 시황에 맞게 일할 수 있는 능력을 배양할 수 있으리라 생각된다. 최근에는 인턴을 뽑는 경우가 많지 않으나 학교와 연관된 기관에서 꼭 인턴을 경험하는 것이 좋다. 직무경험과 직무가능성을 살펴볼 수 있는 좋은 기회가 될 것이다. 자신이 원하는 금융기관으로 바로 가지 못하는 경우 직무를 익혀 원하는 금융기관의 해당 직무 포지션으로 옮겨 가는 것도 좋은 방법이다. 저자의 경우 외환은행 계열사인 선물회사에서 첫 금융권 생활을 시작하고 2년 후쯤 증권사 경력직으로 이직할 수 있었다. 금융권의 진입장벽이 높은 것은 사실이나 조금 작은 금융회사에서 직무경험을 쌓고 원하는 포지션으로 이직하는 것이 현실적으로 좋은 방법이라 생각된다.

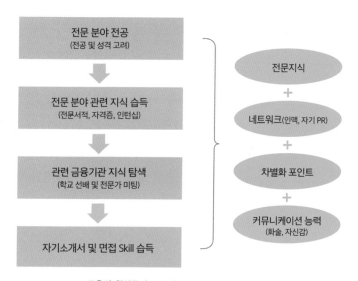

금융권 취업준비 프로세스: 퀀트 전문가가 되는 길

'퀀트'를 위한 면접 질문을 준비하자!

퀀트(금융공학 퀀트, 퀀트 투자, AI 퀀트 등)를 위한 면접 질문을 준비해 보자. 퀀트 면접에 가장 필요한 요소는 앞에서 많이 이야기했듯이 금융지식, 프로그래밍, 통계 지식을 들 수 있다. 개인적으로는 금융(파생상품 및 금융공학) 이해도, SQL 및 데이터베이스 이해도, 프로그래밍(파이썬 등) 능력, 엑셀(MS-Office 사용능력), 머신러닝 및 딥러닝 지식을 보는 편이다. 금융상품 지식 중 파생상품(이자율스왑^{IRS}, 신용부도스왑^{CDS}, 총수익률스왑^{TRS})에 대해 물어보면 상경계열 학생이나 이공계열 학생 중 전혀 설명을 못하거나 설명을 하더라도 기본적인 수준에서 답변을 하는 경우가 많았다.[12] 데이터베이스와 관련해 SQL에 관한 기본적인 문법을 물어보기도 하고, 파이썬이나 R 프로그래밍과 관련해 구체적인 질문을 하기도 한다. 앞서 계량적으로 점수화가 가능한 부분과 더불어 커뮤니케이션 능력, 지원동기, 면접태도, 근무의욕 및 열정 등의 정성적인 부분도 체크해 지원자의 순위를 매겨 평가하기도 한다. 회사와 부서마다 원하는 퀀트의 분야가 다르기 때문에 실제로 앞서와 같은 면접 질문을 일반화할 수는 없다. 따라서 지원하는 회사 및 부서의 채용공고에서 원하는 부분을 개별적으로 점수화해 준비해 나가야 한다. 다음은 한국투자증권 투자공학부 박창래 퀀트 팀장, 현대자산운용 이성민 퀀트운용본부장, 신한은행 AI Competency Center^{AI통합센터}에 근무하는 이태영 수석님이 제공해 주신 퀀트 면접 질문이다. 회사마다 또는 개인마다 면접 질문을 프레임화해 질의하고 있기 때문에 기본적인 퀀트 면접의 형식을 엿볼 수 있는 좋은 자료이다.

---

12 퀀트 데이터 과학자(컨설턴트)의 경우는 기본적으로 상품구조를 알고 일반적인 수준의 가격 결정을 알고 있으면 좋지만 금융공학 퀀트의 경우는 가격 결정에 관해서는 심화된 부분까지 알고 있어야 한다. 따라서 일반적인 파생상품뿐만 아니라 구조화상품(ELS, 금리구조화, 환율구조화)의 가격 결정(파이썬, R, MATLAB 등)에 많은 시간을 투자해야 한다.

금융공학 퀀트 면접 질문 한국투자증권 투자공학1부 박창래 팀장(Ph.D.) 제공

Overview

퀀트란 직업은 매우 특수해서 일반인들에게 잘 알려져 있지 않고, 매스컴에 의해 발생한 오해의 소지도 매우 많습니다. 따라서 지원한 기업에서 원하는 퀀트에 대한 깊이 있는 이해가 필수적이고, 특히 이것이 본인과 잘 맞는지에 대해 많이 고민해 보는 것이 중요합니다. 저는 증권사 프론트 퀀트로서 다음 몇 가지 질문과 답변에 따라 파생된 추가 질문들을 통해 지원자가 얼마나 퀀트에 적합한가에 대해 학문적 소양 및 인생관을 알아보려고 합니다.

I. 퀀트 관련 면접 질문

1. 퀀트가 무엇이라고 생각하고, 왜 되고 싶은지 이야기해 주세요.

[질문 의도] 퀀트라는 직업의 본질에 대해 명확히 이해하고 있고, 본인의 인생에 비춰 퀀트에 대한 충분한 고민을 거쳐서 자신의 적성을 파악하고 있는지에 대한 질문

2. 퀀트가 되려고 어떤 노력을 하셨는지 설명해 주세요.

[질문 의도] 퀀트가 되는 데 수반되는 경제/경영/통계/컴퓨터공학/물리학/수학적 지식과 외국어 능력 및 커뮤니케이션 스킬, 업계 시장조사 및 전망, 실무적 지식 등에 대해 얼마나 준비가 돼 있는지에 대한 질문

3. 퀀트로서 앞으로 무엇을 하고 싶은지 이야기해 주세요. (개인으로서, 조직 안에서, 사회 안에서)

[질문 의도] 인생의 방향 설정 체크. 사회의 일원으로 어떤 역할을 수행하며 소속 집단과 세상에 기여할 수 있는지, 인문학적/윤리적인 마인드를 갖고 자기주도적인 삶을 사는지에 대한 질문

II. 일반적인 내용의 질문

1. 살면서 위험에 봉착했을 때 어떤 방식으로 문제를 해결하는지. 관련해 어떤 경험을 했는지에 대해 이야기해 주세요.

[질문 의도] 퀀트 실무자로서 가장 중요한 덕목인 문제해결능력에 대한 질문

2. 지식이 무엇이라고 생각하며 앞으로의 인생에서 지식을 어떻게 관리하며 살아갈 것인지에 대해 이야기해 주세요.

[질문 의도] 지식의 최전선에 있는 퀀트가 되는 데 적합한 인생관을 갖고 살고 있는지에 대한 질문

3. 가장 좋아하는 것과 싫어하는 것에 대해 자유롭게 설명해 주세요.
(+대학 때 가장 좋아했던 전공/교양 과목은? +본인은 무엇을 하면 가장 즐거운지)

[질문 의도] 전반적인 취향에 대해, 기존 팀원과 조직에 잘 맞는지 또는 보완이 되는지에 대한 질문

앞서의 금융공학 퀀트 면접 질문에서는 금융 프로그래밍과 같은 테크니컬한 질문보다는 퀀트가 되기로 결심한 동기, 퀀트가 되기 위한 노력, 문제해결능력, 인생관, 적성 등에 관한 큰 틀을 살펴보는 좋은 질문이 예시됐다. 덧붙이자면 실제 금융공학부서에서 필요한 포지션과 지원자들의 이력서에 제시된 능력을 결합해 테크니컬한 질문을 하는 경우도 많다. 따라서 자신이 실제로 어필할 수 있는 프로그래밍 능력과 데이터 처리방법, 금융상품의 계산기법, 금융수학 및 통계 지식 등에 대한 역량을 자기소개서와 면접을 통해 보여주는 것이 필요하다.

퀀트 투자 면접 질문 현대자산운용 이성민 퀀트운용본부장 제공

퀀트 투자 전문성

1. 위험(risk)은 무엇이라고 생각하십니까?
2. 지금 투자를 하고 계신가요? 어떤 종류의 투자를 하고 계십니까?
3. 퀀트 매니저가 되려고 어떤 노력을 하고 있습니까?
4. 학교에서 배운 지식 중 현업에 써먹고 싶은 내용에는 어떤 것이 있습니까?
5. 현재 시장상황에 맞는 투자전략으로는 어떤 것이 있습니까?

인성

1. 본인은 무엇이 되고 싶습니까?
2. 어떤 부분에 관심을 두고 집중하십니까?
3. 본인의 단점은 무엇입니까?

자기계발 및 실천력

1. 가장 최근에 인상 깊게 읽은 책은 무엇입니까?
2. 기억에 남는 과외활동은 어떤 것이 있습니까?
3. 블로그나 유튜브 경험이 있습니까? 경험이 없다면 그 이유를 이야기해 주세요.

팀워크(Teamwork)

1. 스트레스가 쌓이면 어떻게 해소하십니까?
2. 조직을 인적 포트폴리오라고 본다면 당신은 어떤 팩터를 가진 사람입니까?
3. 당신과 시너지를 많이 낼 수 있는 사람은 어떤 사람입니까?
4. 우리 회사에 대해서 알고 있는 것이 있습니까?

이상과 같이 퀀트 투자에 대한 면접 질문에서는 퀀트 투자 전문성, 인성, 자기계발 및 실천력, 팀워크라는 4가지 요인별로 구조화된 면접 질문이 예시됐다. 이런 프레임을 통해 자신이 해당 면접 질문을 추가로 준비해 상황

별로 스피치 연습을 한다면 면접에서 높은 점수를 받을 수 있을 것이다.[13]

인공지능 퀀트 면접 질문 신한은행 이태영 수석(AI통합센터) 제공

Overview

인공지능 퀀트란 다양한 금융상품 데이터를 기초로 기간별 수익률과 변동성을 Tracking Record로 활용하고 상품별 위험 등급과 고객의 위험 감내도를 기준으로 고객 맞춤형 금융상품을 가이드해 줄 수 있는 다양한 insight를 도출할 수 있는 직군을 뜻한다.

AI 퀀트 관련 면접 질문

1. 시장의 다양한 지표를 인공지능을 활용해 미래를 예측한다고 할 때 어떤 데이터를 근간으로 모델을 만들어야 하는가?

[질문 의도] 모델을 생성할 때 가장 중요한 것은 데이터의 신뢰도이다. 신뢰할 수 있는 데이터 수집과 생성 그리고 데이터의 주기를 얼마나 효율적으로 조합해 활용할 수 있으며 이를 토대로 어떻게 접근할 수 있는지에 대한 기본적인 소양을 물어보는 질문이다.

2. 만들어진 모델에 대한 평가방법과 지표는 어떻게 선정했는가?

[질문 의도] 퀀트 모형은 수학적 방법론에 기반해 설계가 돼 있지만 딥러닝 모델과 같은 경우는 benchmark를 생성해 기존 퀀트 모형과 다른 평가방법과 지표를 만들어 내야 한다. 이를 만들어 낼 수 있는 기본적인 소양을 물어보는 질문이다.

---

13 이성민 본부장의 면접 질문에 대해 좀 더 알고 싶다면 이성민 본부장이 저술한 『투자의 상대성 원리』(마 숨, 2021)를 참조하라.

면접자의 질문에는 숨은 의도가 있다. 질문을 했을 때 그 의도에 맞는 답변을 하는 것이 중요하다(질문 의도에 항상 집중하라). 인공지능 퀀트 면접은 데이터의 신뢰도, 모델의 성과평가, 백테스팅의 신뢰성에 대한 질문으로 머신러닝 및 딥러닝 이론과 실무에서 항상 고민하는 지점에서의 질문이므로 피면접자의 소양을 충분히 측정할 수 있다.

[부록1] 파이썬 입문, 데이터 과학, 머신러닝 · 딥러닝 동영상 강좌 모음집

파이썬, 데이터 과학, 머신러닝과 딥러닝은 교재만으로 공부하거나 교재 없이 동영상으로만 공부하기가 쉽지 않습니다. 다음은 무료로 동영상이 제공되는 책을 기준으로 정리한 자료입니다. 이 자료는 제 브런치에도 공유한 것으로, 게시하고 3일 만에 2천 건 이상 조회된 자료로, 많은 분들께 유용하게 쓰일 자료입니다. 인터넷에서 전체 강좌가 쉽게 링크된 자료를 찾으려면 다음의 브런치 URL을 참조하길 바랍니다. https://bit.ly/3uALLYn

파이썬 입문

저서명	출판사	동영상 강좌 단축 URL
『혼자 공부하는 첫 프로그래밍 with 파이썬』	한빛미디어	https://bit.ly/3C2AGzO
『혼자 공부하는 파이썬』	한빛미디어	https://bit.ly/2Vzk5E6
『헬로 코딩 한 입에 쏙 파이썬』	한빛미디어	https://bit.ly/3k5mxvN
『Let's Get IT 파이썬 프로그래밍』	길벗	https://bit.ly/3E8AYXM
『파이썬 코딩 도장』	길벗	https://bit.ly/3no5ZkF
『데이터 과학을 위한 파이썬 프로그래밍』	한빛아카데미	https://bit.ly/3npQwQS
『널널한 교수의 으뜸 파이썬』	생능출판	https://bit.ly/2VGUQQw
『예제 중심의 파이썬 입문』	인포앤북	https://bit.ly/3z3xwtB
『초보자도 간단히 단숨에 배우는 파이썬』	터닝포인트	https://bit.ly/3Ectent
『개발자가 원하는 파이썬 A to Z』	잇플	https://bit.ly/3A8wfTt
『이것이 취업을 위한 코딩 테스트다』	한빛미디어	https://bit.ly/3hqnjSm

데이터과학

저서명	출판사	동영상 강좌 단축 URL
『이것이 데이터 과학이다 with 파이썬』	한빛미디어	https://bit.ly/3tzxit8
『따라하며 배우는 파이썬과 데이터 과학』	생능출판	https://bit.ly/3hKw4qz

머신러닝과 딥러닝

저서명	출판사	동영상 강좌 단축 URL
『혼자 공부하는 머신러닝+딥러닝』	한빛미디어	https://bit.ly/3nr8BOx
『머신러닝 교과서 3판』	한빛미디어	https://bit.ly/2XnrmaW
『핸즈온 머신러닝 2판』	한빛미디어	https://bit.ly/3EdzMm4
『Do It! 딥러닝 입문』	이지스퍼블리싱	https://bit.ly/3k4W55n
『모두의 인공지능 with 파이썬』	길벗	https://bit.ly/38ZobbF
『실습으로 배우는 딥러닝 입문 with Kaggle』	생능출판	https://bit.ly/3k7jK5g

[부록2] R 입문, 기초통계, 데이터 과학, 데이터 마이닝 동영상 강좌 모음집

[부록1] 파이썬 동영상 강좌와 같이 R과 데이터 과학 무료 동영상 강좌를 모아봤습니다. 동영상으로 존재하는 자료 중 의미 있는 자료로만 구성했습니다. 이 정도만 들어도 R에 대해서는 웬만큼 큰 그림을 그릴 수 있습니다. 앞서와 같이 인터넷에서 전체 강좌가 쉽게 링크된 자료를 찾고자 하면 다음의 브런치 URL을 참조하길 바랍니다. https://bit.ly/3sX6S5Q

R 입문 및 기초통계

강좌명	저자	동영상 강좌 단축 URL
R 프로그래밍 기초 강의 시리즈	슬기로운 통계생활	https://bit.ly/3CmOfvx
Rstat101 - R을 이용한 기초통계	슬기로운 통계생활	https://bit.ly/3vJ0cu7
R 릴레오	이부일의 R 릴레오	https://bit.ly/35Fuy64
혼자 공부하는 R 데이터 분석	한빛미디어	https://bit.ly/3i2FehT
난생 처음 R 코딩 & 데이터 분석	한빛아카데미	https://bit.ly/3MxrxVS
R 프로그래밍	KC대학교 이상철 교수	https://bit.ly/3hHrQ2t
R 프로그래밍 / R 기초	국민대 곽기영 교수	https://bit.ly/3vHqxJ3
R 이용한 통계학 입문	한림대 이윤환 교수	https://bit.ly/3ClgF92
통계 데이터 분석	국민대 곽기영 교수	https://bit.ly/3HPU1qg

R 데이터 분석, 데이터 마이닝, 텍스트 마이닝

강좌명	저자	동영상 강좌 단축 URL
R 데이터애널리틱스	국민대 곽기영 교수	https://bit.ly/3hOuX8N
R 데이터 마이닝	충북대 나종화 교수	https://bit.ly/3pJpEfk
R 텍스트 마이닝	충북대 성현곤 교수	https://bit.ly/3pJ2GVm
R 데이터 마이닝, 통계, 머신러닝	충북대 성현곤 교수	https://bit.ly/3sQaMxG
R 웹 스크레이핑과 데이터 분석/ 시각화	국민대 곽기영 교수	https://bit.ly/3sQ7vOU
경제 빅데이터 분석을 위한 R	명지대 우석진 교수	https://bit.ly/35yMVK4

[부록3] 데이터 과학, 머신러닝 · 딥러닝 스터디 사이트(무/유료)

상표명	URL 주소	주요 특징
KOCW Korea Open CourseWare	WWW.KOCW.NET 고등교육 교수학습자료 공동활용 체제 (무료 온라인 강의)	무료로 학습할 수 있는 대표적인 온라인 대학 강의. 머신러닝, 딥러닝, 파생상품 등 다양한 검색어로 강의를 찾아볼 수 있다.
K-MOOC	http://www.kmooc.kr K-MOOC (무료 온라인 강의)	K-MOOC는 국가평생교육진흥원에서 진행하는 한국형 온라인 무료 공개강좌(K-MOOC)이다. 양질의 강좌가 제공된다.
edwith	https://www.edwith.org 에드위드 (무료 온라인 강의)	네이버(NAVER)와 네이버 커넥트(NAVER Connect) 재단이 제공하는 온라인 강좌 교육 플랫폼이다.
Tacademy	https://tacademy.skplanet.com T아카데미 (무료 온라인 강의)	SK플래닛이 축적한 ICT 분야 경험과 노하우를 대학생, 일반인들과 공유하고 있다.
MINDSCALE	https://mindscale.kr 마인드스케일 (중저가 온라인 강의)	퀀트랩이 제공하는 데이터 과학 관련 온라인 강의 사이트이다.
inflearn	https://www.inflearn.com 인프런 (중저가 온라인 강의)	대한민국의 온라인 교육 전문 플랫폼이다. 개발, 보안, 데이터 과학 등 IT 분야 교육을 제공한다.
Insight campus	https://insightcampus.co.kr 인사이트캠퍼스 (온라인 및 오프라인 강좌)	급변하는 금융 IT 분야에 첨단기술 지식을 바탕으로 실무에 필요한 교육을 제공한다.
Quant Global 데이터사이언스의 리더	https://quantglobal.co.kr 퀀트글로벌 (온라인 및 오프라인 강좌)	금융공학과 데이터 과학에 관한 과목을 온라인 및 오프라인으로 제공하는 사이트이다.
learning SPOONS	https://learningspoons.com 러닝스푼즈 (온라인 및 오프라인 강좌)	데이터 과학, 파이낸스, 부동산 금융, 퍼포먼스 마케팅 등 온/오프라인 방식으로 콘텐츠를 제공한다.
fast campus	WWW.FASTCAMPUS.KR 패스트 캠퍼스 (온라인 및 오프라인 강좌)	프로그래밍, 데이터 분석 등 IT 분야 교육이 기업의 핵심 기술이며, IT 분야 외에도 영상/디자인, 마케팅, 파이낸스, 직장인 스킬 등 다양한 분야의 교육을 제공하고 있다.

Part.2

퀀트 인터뷰 -
다양한 퀀트들의 삶과 미래

투자은행 금융공학 퀀트를 만나다

웰스파고은행 퀀트 윤기선 박사

 자기소개를 부탁드립니다.

저는 고려대학교에서 공학을 전공했고 일본에서 제어 관련 석사학위를 취득한 후 한국에서 화학회사의 연구원으로 일했습니다. 그리고 비교적 늦은 나이인 30대 초반에 미국 하버드대학교에서 응용물리학 박사 과정을 시작했습니다. 박사학위 3년차 정도부터 금융수학에 관심을 갖게 돼 박사학위를 위한 실험물리학 연구를 진행하면서 금융수학 공부를 꾸준히 했고 2011년 여름에 골드만삭스 런던 오피스에서 3개월 정도 퀀트Quantitative Analyst로서 인턴십할 기회를 얻게 됐습니다. 인턴을 마치고 본격적으로 박사학위 졸업준비와 인터뷰 준비를 병행했고 웰스파고Wells Fargo에서 잡오퍼를 받게 돼 뉴욕 오피스에서 퀀트로서 3년여간 일했습니다. 그후 JP Morgan의 뉴욕 오피스로 직장을 옮겨 2년여간 근무 후 현재는 다시 웰스파고로 돌아와 근무 중입니다.

 현재 하고 계시는 업무에 대해 소개해 주세요.

현재는 웰스파고의 기업 리스크Corporate Risk 부서에서 모형 검증Model Validation 업무를 하고 있습니다. 여기서 모형Model은 금융파생상품의 이론적인 현재 가치를 계산하기 위한 일련의 수학적인 로직을 의미합

니다. 일련의 수학적인 로직은 일종의 함수관계를 형성하게 되는데 금
융시장에서 현재 관찰되는 주가, 환율, 이자율과 같은 시장변수와 파
생상품의 계약사항 그리고 규제와 관련된 사항 등이 그 함수관계의
입력변수고 해당 금융파생상품의 현재 가격이 출력변수라고 보면 됩
니다. 이 함수관계는 매우 복잡한 계산을 동반하기에 C++나 파이썬 같
은 프로그래밍 언어로 구현돼 있습니다. 그래서 '모형Model을 만든다.'
라는 말은 위와 같은 함수관계를 만들어 내는 수학적인 로직을 여러
가정들과 추론을 통해서 정립하는 행위와 그 함수관계를 코딩하는 행
위를 의미합니다. 투자은행에는 모형을 만드는 퀀트와 만들어진 모형
검증을 하는 퀀트가 있습니다.

 **퀀트를 위한 '프로그래밍 언어'는 계속 변화했습니다. 과거에는 상용 프로그
래밍 언어를 많이 사용했는데 최근에는 오픈소스 언어인 파이썬 등을 많이
사용하는 추세입니다. 현재 미국의 퀀트를 위한 프로그래밍 언어 추세와 업
무와 관련해 어떤 언어와 라이브러리를 많이 사용하시는지 그리고 퀀트를 위
한 프로그래밍 능력에 대해 이야기해 주세요.**

미국에서 퀀트를 위한 프로그래밍 언어는 파이썬Python과 C++가 대
세라고 생각합니다. 그리고 자바Java를 필요로 하는 경우도 종종 있습
니다. 현재는 많은 퀀트들이 파이썬을 이용한 scripting 업무를 주로
하고 있습니다. 즉 C++로 만들어진 코어 라이브러리Core Library 윗단의
레이어에서 파이썬을 이용해서 트레이딩이나 리스크 관리에 필요한
스크립트들을 만들고 유지관리하는 업무가 코어 라이브러리Core Library
를 유지관리하는 일보다 더 많습니다. 그래서 C++를 업무에서 사용하
면서 실력을 키울 기회는 점점 더 적어지고 있습니다. 최근에 헤지펀
드들이 고정수익Fixed Income 관련 분석 라이브러리Analytics Library를 정비
하면서 C++에 능한 퀀트들을 높은 보수를 지불해 채용하는 경우가 자

주 있었습니다. 저는 앞으로도 C++에 능한 퀀트들에게는 좋은 커리어 기회가 많이 있을 것이라고 생각합니다. 업무와 관련된 라이브러리로는 C++에서는 Boost Library를 많이 사용하고, 파이썬에서는 넘파이 Numpy, 판다스Pandas, 사이킷런Scikit-learn, 맷플롯립Matplotlib 등을 많이 사용합니다.

'QuantMinds' 설문조사에 따르면 향후 25년간 퀀트 파이낸스에 머신러닝, 양자 컴퓨팅, 빅데이터, 블록체인 순으로 큰 영향을 미칠 것으로 보고 있습니다. 퀀트 분야에 가장 큰 영향을 미칠 요인에 대해 말씀해 주신다면?

머신러닝이 퀀트 분야에서 적용되고 있는 사례로는 신용가치조정CVA의 미래 익스포저Future Exposure 계산, RMBS 모형의 조기상환모형Prepayment Model, 신용등급Credit Rating 모델링 등이 있다고 알고 있습니다. 제 생각에 블록체인이 퀀트 분야에 미칠 영향은 다소 적어 보입니다.

블랙, 더먼 등 1세대 퀀트들부터 옵션 모형, 이자율 모형에 대한 붐이 일어났고, 리먼 위기를 계기로 이런 모형에 대한 부정적 견해들도 일부 생겨났다고 생각됩니다. 퀀트로서 금융 모델링이 필수적이라 생각되는데 좋은 모형과 모형을 바라보는 견해에 대해 말씀해 주신다면?

좋은 모형은 아비트러지arbitrage를 만들지 않아야 합니다. 또한 내재 변동성 곡면Implied Volatility Surface처럼 현재 마켓의 정보를 잘 피팅할 수 있는 파라미터를 가져야 하며 파생상품의 포지션을 가질 경우 일어나는 현금 흐름Cash Flow, 행사 이벤트Exercise Event를 잘 포착할 수 있어야 합니다. 아울러 모형이 가정하는 기초자산underlier의 다이내믹스dynamics가 실제 마켓에서 보여주는 다이내믹스를 잘 구현해야 하고 민감도greeks의 계산이 정확하고 용이해야 합니다. 또 하나의 투자은행 내에서 사용되는 여러 다른 모형들 사이에서의 아비트러지arbitrage의 여부도 잘 검토해야 합니다. 이색 파생상품의 경우에는 표준형 상품을 이용해서 헤징을 하기 때문에 두 모형 간의 아비트러지 여부도 검토해야 합니다.

좋은 퀀트가 되려면 갖춰야 할 역량과 커리어 패스에는 어떤 것이 있을까요?

제 경험상 수학과 프로그래밍이 동시에 강한 퀀트들은 정말 드문 것 같습니다. 대부분 한쪽 분야에 더 강점을 갖고 있는 경우가 많습니다. 본인이 부족한 분야를 계속 메꿔가려는 노력이 중요한 것 같구요. 헤지펀드와 같은 바이 사이드의 퀀트를 희망하는 경우라도 개인적으로 메이저 투자은행에서 커리어를 시작한 후 유명 바이 사이드로 옮기는 것을 더 추천합니다. 투자은행에서 보다 다양한 부서의 사람들과 일을 해보면 금융시장에 대한 이해가 좀 더 넓어지는 것 같더라구요. 네트워킹 면에서도 셀 사이드가 훨씬 유리합니다. 바이 사이드는 다른 팀 간에 대화를 못하게 하는 곳도 있습니다.

퀀트가 되려면 읽어야 할 도서나 도움될 만한 자료로는 어떤 것을 추천하시나요?

저는 금융공학을 처음 공부하면서 존 헐John Hull의 책보다 폴 윌멋Paul Wilmott의 책에서 많은 도움을 받았습니다. 윌멋Wilmott의 책은 입문서이고, 본격적으로 공부하려면 쉬레브Shreve 책보다 좋은 책은 없다고 생각합니다. 하지만 처음에 확률미적분, 해석학에 대한 지식 없이 읽기는 쉽지 않으므로 네프치Neftci 책을 먼저 읽는 것을 추천합니다.

입문서로서 굉장히 좋은 책으로는 파올로 브랜디마트Paolo Brandimarte가 쓴 『Numerical Methods in Finance and Economics』(Wiley-

Interscience, 2006)라는 책을 추천합니다. 저는 큰 도움을 받았고 개인적으로 아주 좋아하는 책입니다.

최근 투자은행 퀀트에서 실리콘밸리 핀테크 퀀트로의 창업이나 이직이 많이 일어나고 있습니다. 이에 대한 견해를 말씀해 주신다면?

투자은행 퀀트들이 핀테크 창업이나 이직을 고려한다면 먼저 투자은행에서 근무할 때 조직의 능력과 본인의 능력을 잘 구분하고 있는지 곰곰이 따져봐야 한다고 생각합니다. 투자은행은 퀀트들이 근무하기에 필요한 인프라를 잘 갖춘 큰 조직이지만 핀테크는 스타트업입니다. 투자은행에서는 조직에서 알아서 지원하던 것들도 핀테크에서는 기대할 수가 없습니다. 그와 같은 리소스의 부족과 올어라운드 플레이어가 되길 원하는 환경에 본인이 과연 얼마나 준비가 돼 있는지를 잘 생각한 후 창업이나 이직을 결정해야 한다고 생각합니다.

퀀트 업무를 하시면서 가장 행복하다고 느끼는 점은 무엇인가요?

무엇보다 제가 만든 모형이 조 단위의 트레이딩 북의 가격계산과 리스크 관리를 위해서 사용되는 순간이 가장 행복합니다. 자신이 만든 콘텐츠가 자신이 속한 조직에서 정말로 의미 있게 사용되는 것을 목격할 때 누구나 행복감을 느끼지 않을까 싶습니다. 저는 퀀트가 수학을 통해서 기준점을 찾는 사람들이라는 이야기를 종종 합니다. 제가 만든 모형이 금융시장에서 파생상품 거래의 기준점을 제시해 주는 경제의 중요한 인프라라는 점을 목격할 때도 행복하다고 느끼곤 합니다.

증권회사 금융공학 퀀트를 만나다

NH투자증권 퀀트 김민재 박사

자기소개를 부탁드립니다.

KAIST의 통계물리 실험실에서 경제물리^{Econophysics}라는 학문을 연구했습니다. 실험실에서는 이징 모형^{Ising Model} 등을 이용해 정형화된 사실^{Stylized Facts}의 원인을 찾는 연구가 주를 이뤘으나 개인적으로는 파생상품 평가 및 트레이딩 전략과 관련된 연구에 흥미를 느꼈습니다. 그래서 이자율 상품 평가와 관련된 양자금융^{Quantum Finance}과 통계적 차익거래^{Statistical Arbitrage}를 위해 에이다부스트^{Adaboost}를 적용하는 전략에 관한 연구로 박사학위를 취득했습니다.

2011년 졸업 후에는 증권사 면접을 10여 군데 탈락했습니다. 당시에는 저와 같은 수준의 지원자가 많았고, 실무에서 이용되는 평가방법론이나 금융상품에 대한 지식이 부족했기 때문이었던 것 같습니다. 하지만 면접을 통해 실무에서 필요한 프로그래밍 스킬이 어떤 것인지 배우게 됐으며 최종적으로는 신생 회사인 FN자산평가에 입사했습니다.

FN자산평가는 신생 회사여서 평가 시스템이 갖춰지지 않은 곳이었습니다. 그래서 금융공학연구소 퀀트 팀장으로서 ELS, 이자율, 신용파생상품 등 거의 모든 파생상품에 대한 계산기^{pricer}를 만들거나 업무에 관여할 수 있었습니다. 또 보다 많은 상품 평가를 위해 디자인 패턴 등을 활용하는 연습을 할 수 있었으며, 기존의 3개 평가사와 차별성을 지니는 평가방법론(Quad를 이용한 이자율 평가, 변동성 곡면 스무딩Volatility Surface Smoothing 및 모수화Parameterization 방법 등)을 연구해 볼 기회가 됐습니다. 평가사에서 2년을 근무한 후 실제로 만든 계산기와 시스템을 이용해 어떻게 헤지 트레이딩이 이뤄지는지 알고자 우리투자증권 FICC 파생영업부에 입사했습니다. 당시 우리투자증권이 대형사였음에도 FICC 파생운용과 관련된 프론트 시스템이 미비했고, 상품 역시 Single Range Accrual이나 신용연계채권CLN 상품에 한정돼 있었습니다.

입사 후 지금까지 평가 자동화와 분석을 할 수 있는 프론트 헤지 시스템FHS, Front Hedge System을 만들었고, 이자율 Spread Credit 상품, 외환FX 및 Credit Hybrid 상품, 유가WTI/Brent 관련 상품군을 확대했습니다. 지금은 FICC와 Equity를 통합한 파생운용부 퀀트로서 ELS와 관련된 업무도 함께하고 있습니다.

 현재 하고 계시는 업무에 대해 소개해 주세요.

퀀트Quant적으로는 어떤 모형을 사용하고 어떤 스무딩smoothing을 하는 것이 선형적인 민감도greeks로 구조화상품의 손익PL을 잘 설명하고 덜 흔들리지는 않는지 등을 분석하는 업무를 합니다.

그리고 핀 리스크Pin Risk 등의 이슈는 단순히 민감도greeks로 설명할 수 없는 경우에는 추가적인 분석이 가능하도록 해 근시안적myopic 동적헤징 이외의 운용방법론을 찾는 연구를 하고 있습니다.

또 업무의 효율성을 위해 오퍼레이션(시장 데이터 입수, 포지션 관리, 각종 시나리에 따른 민감도 산출, 기타 시뮬레이션 및 비교 화면 등)을 자동화하고 있으며, 타 부서와 이야기하는 것을 편하게 수행(예: 솔루션 부서의 태핑tapping 요청 및 quote 기록관리)하고 기록할 수 있도록 시스템을 공유하는 일을 하고 있습니다. 이를 위해 업무를 효율적으로 수행할 수 있도록 시스템을 보다 정교하고 빠르게 만드는 작업을 하고 있습니다. 그리고 평가방법론 등이 변경되더라도 사용자가 보다 쉽게 이해하고 접근할 수 있도록 사용자 인터페이스UI를 개발하는 일도 병행하고 있습니다.

🎤 **퀀트를 위한 프로그래밍 언어는 2000년대부터 계속 변화해 왔습니다. 아시는 것처럼 일반적으로 자산평가사에서 VBA가 많이 활용되고, 증권사 리스크 관리 팀과 컨설팅회사에 MATLAB이 그리고 데스크 퀀트와 퀀트 개발자가 C++를 많이 이용하고 있습니다. 현재는 파이썬도 많이 활용되는 추세입니다. 국내 퀀트의 프로그래밍 활용 언어와 수준은 어떻게 될까요?**

물론 혼자서 모든 시스템을 만들어야 하는 경우도 있지만 편의를 위해 퀀트quant와 퀀트 개발자Quant Developer의 역량을 구분해 이야기를 하겠습니다. 퀀트가 각 상품군별로 안정적인 리스크risk 양을 산출해 운용에 도움을 준다면, 퀀트 개발자는 각종 편의기능을 제공해 업무 효율을 극대화하는 역할을 한다고 봅니다. 물론 실제 업무를 하다 보면 그 구분이 명확하지 않기는 합니다.

우선 국내 퀀트의 경우는 각종 상품군을 통합해 다룰 수 있어야 합니다. 즉 주식/원자재EQ/commodity 선물이나 IRS/CCS 또는 신용파생상품 프리미엄CDS Premium 등에서 드리프트drift와 관련된 정보를 추출할 수 있어야 하고, 주식 표준형 옵션Equity Vanilla Option이나 스왑션 프리미엄Swaption Premium과 같이 이질적인 상품에서 관련된 정보를 추출해 낼 수 있어야 합니다. 그리고 이 정보들을 이용해 적합한 모형을 통해 유한차분법FDM operator 및 몬테카를로 시뮬레이션을 수행할 수 있어야 합니다.

또 상품도 ELS와 같은 자동조기상환, 이자율의 레인지 어크루얼^{Range} ^{Accrual} 상품이나 임의상환 등과 같이 다양한 구조를 평가할 수 있어야 합니다. 따라서 종합적인 관리 및 유지보수의 용이성을 위해서는 디자인 패턴과 같은 개념이 도움이 될 것으로 보입니다.

퀀트 개발자의 경우는 각종 IT 역량이 필요합니다. 시장 데이터^{Market} ^{Data} 및 상품정보를 자동으로 수집^{feeding}해야 하며, 빠른 평가를 위해 병렬처리^{parallel}로 계산할 수 있도록 브로커^{broker}가 메모리 최적화될 수 있도록 하는 역량이 필요합니다. 또 정해진 시간에 각종 시나리오 및 민감도를 산출할 수 있도록 설정하고, 이를 사용자 인터페이스^{UI}상에서 잘 관리할 수 있도록 해야 합니다.

 다양한 파생금융상품의 그릭 헤징에 관심이 많으신 것으로 알고 있습니다. 최근 퀀트들의 관심 주제나 박사님의 관심 주제에 대해 이야기해 주신다면?

최근 퀀트 및 운용력이 해결해야 하는 첫 번째 관심 주제는 리보금리 대체^{Libor Fallback}와 관련된 내용으로 보입니다. 국제 금융회사의 경우는 이전부터 소퍼^{SOFR}, 오버나잇 인덱스 스왑^{OIS} 금리를 이용해 무위험금리^{RFR}를 생성하는 멀티커브 기반을 이용했으나 국내 금융회사의 경우는 IRS 기반의 Single Curve를 이용했기 때문에 이에 대비한 시스템을 개발해야 할 듯 합니다.

두 번째 관심 주제는 시장 데이터^{Market Data}를 어떻게 디스플레이^{display}해 민감도가 어떤 가정으로부터 산출할 수 있을지 결정하는 것입니다. 이자율 변동성과 관련된 스왑션 데이터 관리 및 디스플레이는 프리미엄으로 할 수 있지만 변동성^{volatility}으로 치환해 관리할 수도 있습니다. 주로 스왑/만기별 normalize 차원에서 변동성으로 치환해 디스플레이해 주고 있습니다. 이때 로그노멀 모형Lognormal Model에서 산출한 변동성을 디스플레이해 줬느냐, 노멀 모형Normal Model에서 이용하는 변동성을 디스플레이해 줬느냐에 따라서 사용자가 생각하는 민감도greeks의 정의가 변하게 됩니다.

세 번째 관심 주제는 민감도라는 근시안적인 헤지 방법론을 탈피하는 것입니다. 단순히 계산된 민감도는 핀 리스크와 같은 영역에서는 불안정하게 됩니다. 변동성 곡면이나 주식/원자재 선물과 같이 관리하는 시장 데이터의 양을 생각하면서 봐야 하는 것이 너무 많다면 이로부터 산출되는 모든 민감도를 관리하기 힘들고 안정적인 수치가 산출되기도 어렵습니다. 따라서 시나리오를 기반으로 한 헤지 방법론을 생각하고 있습니다. 다수의 시나리오를 생성하고, 최악의 경우를 대비하는 포트폴리오를 생성하는 방법을 알려주는 것이 그 예라고 할 수 있을 듯 합니다.

금융자산평가사에 근무하시다가 증권사 퀀트가 되신 걸로 알고 있습니다. 금융자산평가사에서 훈련한 후 증권사 퀀트가 되는 것이 개인적으로는 좋은 커리어 패스라고 생각합니다. 국내에서 퀀트가 되는 데 필요한 '역량'과 바람직한 '커리어 패스(Career Path)'에는 어떤 것이 있을까요?

실무에서 사용하는 모형이나 방법론을 익힐 수 있는 기회라고 생각됩니다. 막 졸업한 학생들의 경우 모델링과 관련된 너무 많은 지식을 보유하고 있는데 실무에서 사용하는 모형은 실상 그리 많지 않습니다. 기존 지식의 넓이는 줄이고 깊이는 깊게 하는 기회로 보입니다. 그리고 실제 발행되고 있는 다양한 상품유형을 파악하는 데도 좋을 듯 합니다. 하지만 현재는 4개 평가사의 시스템이 어느 정도 세팅setting돼 있기에 퀀트로서 큰 도움이 될지는 모르겠습니다. 따라서 스스로 일을 만들고 이것저것 테스트를 해보는 것을 기회로 여기는 것이 좋을 듯합니다. 예를 들어 내가 선택한 방법론이 민감도greeks 설명력이 높기에 적절한 가격으로 여겨질 수 있다는 마케팅 포인트Marketing Point를 어필하고, 이를 위한 방법론을 연구 개발한다면 역량을 키우는 데 도움이 될 것으로 생각됩니다.

바람직한 커리어 패스가 있다고 생각하지는 않습니다. 실제 퀀트로서 우선 필요한 역량은 캘리브레이션calibration을 빠르고 안정적으로 하려면 어떤 근사치approximation를 이용할 것인가, 평가 안정화를 위한 수치기법Numerical Technique에는 어떤 것이 있는가 등의 내용일 것입니다. 이는 굳이 금융공학이 아니라도 얻을 수 있는 역량입니다. 또 프로그래밍 역량 역시 정해진 길이 있는 것은 아닙니다. 사실 앞서 이야기한 실무에서 사용하는 모형이나 방법론을 익히는 것은 크게 어렵지 않습니다. 오히려 상품이나 현업에서 사용하는 방법론을 개선할 수 있는 역량은 다양한 경험과 이로부터 얻는 테크닉technique으로부터 얻을 수 있다고 봅니다.

 EQUITY 퀀트를 하시다가 FICC 퀀트(FICC 운용부 Quant Desk Head)를 하고 계신 걸로 알고 있습니다. EQUITY 퀀트와 FICC 퀀트의 차이를 좀 설명해 주신다면?

모형은 시장 데이터가 호가quote되는 형식이나 상품의 구조에 따라서 결정하고 있습니다. 물론 외국에서는 모든 상품을 하나의 모형을 이용함으로써 모형 리스크를 줄이고 있습니다. 하지만 국내 회사의 경우는 계산속도 등의 문제로 최소한의 property만 모델링modeling에 녹이고 있습니다. 우선 기초자산의 유형에 따라서 모형을 결정합니다. 신용시장의 경우 옵션거래가 전무합니다. 따라서 확률과정Stochastic Process에 기반한 모형보다는 코퓰러copulas를 활용한 방법론을 이용합니다. 주식 시장의 경우는 선도가격Forward Price의 형태가 현물spot가격과 크게 차이가 나지 않기 때문에 만기별 행사가를 동일하게 줘도 크게 문제가 없지만 유가WTI/Brent의 경우는 장단기 선물의 가격수준level이 차이가 있을 수 있어서 선도가격Forward Price 기반으로 행사가격을 관리해 내재/로컬 변동성Implied/Local Volatility을 만들고 있습니다.

외환FX과 같이 ATM, 리스크 리버설Risk Reversal, 버터플라이butterfly 등으로 호가되는 경우 이에 적합한 방법론을 이용해 변동성을 관리합니다. 한국 스왑션swaption 시장의 경우 ATM 변동성 이외는 이용하기가 힘들어서 스큐skew를 고려하지 못하고 있습니다. 모든 민감도greeks는 이 시장 데이터의 변화에 따른 민감도로 정의될 것입니다. 이처럼 입력 데이터가 정의된다면 다음으로 상품의 손익구조에 따라서 모형을 선정합니다. 일반적인 ELS 상품의 경우는 1요인 모형One-factor Model을 이용해도 크게 무리가 없습니다.

하지만 이자율처럼 장단기 스프레드가 기초자산으로 이용된다면 다요인 모형Multi-factor Model을 이용하는 것이 시장을 반영한 평가가격이 나오게 될 것입니다. 스프레드 상품을 1요인one-factor을 이용해 관리한다면 스무딩 효과Smoothing Effect가 줄어들어 핀 리스크가 더욱 확대될 수 있습니다. 표준형 옵션Vanilla Option의 경우는 해석적analytic 방법론을 사용하더라도 크게 문제가 없어 보입니다. 하지만 이렇게 상품에 따라 방법론을 다르게 한다면 모형 리스크Model Risk가 존재합니다. 이 모형 리스크는 평상시에는 크게 문제가 되지 않지만 시장 데이터의 형태를 변경하는 등의 개선 작업이 있는 경우 예상하지 못한 손익P&L의 출렁임이 있을 수 있습니다.

회사에서 퀀트들을 많이 채용해 보신 걸로 알고 있습니다. 증권회사 퀀트의 일반적인 채용절차는 어떻고 수치 알고리듬 구현(Numerical Algorithm Implementation)능력에서 중점적으로 보시는 요인은?

실무자들이 신규 직원 채용 시 절차는 형식적인 경우가 많습니다. 기본적인 수학적 능력 및 프로그램 능력을 판단하기 위한 필기시험을 진행하거나 코드를 요구했습니다.

면접 시에는 제출된 프로그램^{program}을 실제로 만든 것인지를 확인하고, 이력서에 기술된 역량이 얼마나 우수한가를 확인했습니다.

알고리듬은 기본적으로 몬테카를로^{MC}나 유한차분법^{FDM}을 구현할 수 있어야 할 듯하며, 각각의 방법론에 대한 장단점을 파악하고 있어야 합니다. 특히 오차감소$^{Error\ Reduction}$하는 방식을 아는 것이 중요할 것으로 보입니다.

하지만 그보다도 코드^{code}를 보기 쉽고 일관적으로 잘 짤 수 있는가를 보고 있습니다.

 퀀트가 되려면 읽어야 할 도서나 도움될 만한 자료에는 어떤 것을 추천하시나요?

- 프로그램 관련: http://www.dofactory.com/net/design-patterns
- 변동성 곡면: Implied volatility surface: construction methodologies and characteristics
- 외환 관련: Vanna-Volga applied to FX derivatives: from theory to market practice
- 신용 관련: Valuation of a CDO and an nth to Default CDS without Monte Carlo Simulation

- 이자율 관련: A Stochastic Volatility Forward Libor Model with a Term Structure of Volatility Smiles

🎙 **2003년부터 2008년까지 장외파생상품 겸영인가로 증권사에서 퀀트 수요가 많아졌다가 금융위기 이후로는 줄어들었습니다. 금융권 퀀트 수요와 향후 전망에 대해 말씀해 주신다면?**

향후 셀 사이드Sell Side에서 모델링modeling을 하는 퀀트의 전망이 밝은 것 같지는 않습니다. 코로나 팬데믹 이후 ELS보다는 직접 주식을 투자하는 개인들이 늘어나고 있으며, FICC는 계속해서 축소될 것으로 보입니다.

하지만 업무를 자동화하고 사용자user들이 이용하기 편하고 안정적인 헤지hedge 방법론을 찾아보는 등의 퀀트의 업무는 지속될 것으로 보입니다. 이전보다 소규모의 인원이 보다 많은 일을 할 수 있도록 돕는 역할이 계속될 것으로 보입니다.

🎙 **금융권 퀀트로 근무하시면서 가장 좋은 점은 무엇인가요? 근무하시는 곳에서는 운용수익에서 퀀트들의 인센티브를 많이 챙겨줘서 수익도 높다고 알고 있습니다. 수익적인 측면 외에도 보람되는 부분이 많으리라 생각됩니다.**

사실상 퀀트에게 인센티브를 많이 주는 회사는 아닙니다. 개인적으로는 학계와 실무를 연결시킬 수 있는 인재가 되고 싶었기에 1년에 논문을 한 개 정도 내고 있습니다. 그리고 타사 친구들에게도 연구결과를 공유하고 있습니다. 학교에 있으면 논문을 위한 논문을 쓰는 경향이 많은데 업계에 있으면 보다 실질적인 도움이 되는 논문을 쓸 수 있다는 보람이 있습니다. 그리고 제가 만든 시스템을 이용해 함께 일하는 분들이 점점 편해지는 것을 보면서 보람을 느낍니다. 특히 다른 부서로 이동한 분들이 프론트 헤지 시스템FHS을 계속 이용하게 해달라고 한다거나 다른 회사로 이직한 분들이 FHS를 이용할 수 없으니 삶이 너무 힘들어졌다고 이야기하는 것을 들으면 묘한 희열을 느낍니다.

 퀀트 분야가 어떻게 발전을 이어갈 수 있을지에 대해 말씀해 주세요. 아울러 금융공학 퀀트 분야로 진출하고자 하는 분들에게 당부하고자 하는 말씀과 준비해야 하는 부분에 대해 이야기해 주세요.

모형이나 신상품도 중요하지만 편의성을 도와주는 데 역량을 갖추는 것이 좋을 듯 합니다.

은행 리스크 퀀트를 만나다

KDB산업은행 퀀트 이상호 박사

자기소개를 부탁드립니다.

전기공학을 전공하면서 익힌 프로그래밍으로 IT 회사에서 약 7년간 코딩을 하며 가상현실 시뮬레이터를 개발했습니다. 그 당시 IT 회사는 지금의 네이버나 카카오처럼 근무 환경이 좋지 않았습니다. 그래서 34세 늦은 나이지만 당시 핫했던 금융공학을 전공해 금융권으로 이직하고자 했습니다. KAIST 금융공학 과정은 이미 마감이 됐으므로 신설 과정인 aSSIST 금융공학 MBA에 입학해 외국 교수진들에게 1년간 수업을 듣고 졸업 후 금융권 이직을 알아봤습니다. 나이스채권평가(현 나이스 P&I)에서 1년 반 정도 근무 후 현재 재직 중인 한국산업은행으로 이직했고, 리스크 퀀트 업무는 총 16년 정도 했습니다.

현재 하고 계시는 업무에 대해 소개해 주세요.

현재 한국산업은행에서 시장미들 팀장 업무를 수행하고 있습니다. 팀 내 주요 업무는 시장 리스크 관리 및 시스템 관리 업무(시장파트), 부문 리스크 관리 업무(미들파트), 파생상품 평가 모형 검증 업무(검증파트)이고, 현재 바젤3 시장 리스크 시스템 개발 프로젝트도 수행하고 있습니다.

리스크 퀀트가 되기 위한 전반적인 프로그래밍 능력에 대해 이야기해 주세요.

리스크 퀀트에게 프로그래밍 능력만 중요한 것은 아닙니다. 파생상품에 대한 이해와 시장 리스크에 대한 이해 또한 필요합니다.

파생상품에 대한 이해는 파생상품의 구조 및 현금흐름 그리고 평가를 위한 수리적 이해가 필요하고, 시장 리스크에 대한 이해는 해당 기관의 시장 리스크 관리방침과 금융감독원의 방침에 대한 이해가 필요하며, 프로그래밍 능력은 사실 사칙연산, 조건문, 반복문만 잘 사용하면 됩니다.

간단한 코딩 능력을 응용할 수 있으면 누구나 리스크 퀀트 업무를 수행할 수 있다고 권하지만 블랙-숄즈 방정식을 적용한 옵션계산까지는 잘 따라하는데 구조화상품 평가 모형 개발부터는 못하더군요. 마치 구구단을 잘 외우고 사칙연산까지는 잘 했는데 방정식을 접하면서 수포자가 되듯이 말입니다. 조금만 더 하면 되는데도 말입니다.

 『C++ 언어를 이용한 파생상품의 이해』(경문사, 2014)라는 책을 저술하셨는데요. 최종적으로 금융 시스템이 C++로 구현돼 있어 개발과 유지보수를 위해 C++를 배워야 할 필요가 있습니다. 책 소개와 모형 구현에서 고려해야 할 사항들을 말씀해 주세요.

2014년에 출판한 책을 잊지 않고 언급해 주셔서 감사합니다. 이 책은 파생상품의 이해라는 타이틀로 출판됐지만 퀀트가 되기 위한 초보 과정부터 심화과정까지 모두 언급했습니다. 이론과 소스코드 모두 다루다 보니 책이 좀 두껍습니다. 주요 내용은 C++ 언어에 대한 설명, 프로그래밍을 위한 최소한의 문법과 기능에 대한 설명, 파생상품 평가모형 개발 시 필요한 간단한 수치해석, 알아두면 유익한 확률미분방정식, 평가방법론 및 고급 평가방법론에 대한 설명, 마지막으로 이자율 모형 구현까지 담았습니다.

개인적으로는 최고의 퀀트 업무 지침서라고 생각하는데 출판 후 욕을 아주 많이 먹었습니다. 소스코드를 파일로 제공하지 않는다고 욕을 하더군요. 직접 코딩을 해봐야 프로그래밍을 할 수 있다고 언급했는데 코딩하기가 싫다네요.

 인생에서도 리스크 관리가 중요한 것 같습니다. 금융 리스크 관리를 하면서 배울 수 있는 인생의 교훈이 있으리라 생각됩니다.

현재 시장 리스크 관리에는 VaR^Value at Risk 모형을 사용하고 있습니다. VaR 모형은 정상적인 시장상황을 가정하고 주어진 신뢰수준하에서 보유기간 내에 발생할 수 있는 최대 손실 가능금액입니다. 예를 들어 99% 신뢰수준하에서 1일 VaR가 10억 원이라면 1일 보유 시 발생할 수 있는 손실금액이 10억 원을 초과하지 않을 확률이 99%이고, 10억 원 이상 손실을 볼 수 있는 확률이 1%라는 의미입니다. 그런데 글로벌 금융위기 시 1% 확률로 발생하는 사건들이 너무 빈번하게 발생하고, 무엇보다 정상적인 시장상황을 가정하고 시장 리스크를 관리한 것도 문제가 됐습니다. 이를 해결하기 위해 2023년부터 바젤3 시장 리스크 규제^FRTB, Fundamental Review of the Trading Book가 도입될 예정입니다. 그래서 지금 각 금융기관들이 바젤3 시장 리스크 관리 시스템 개발을 하느라 바쁩니다.

항상 최악의 상황을 준비해야 한다고 하잖아요. 그런데 정말 그래요. 그래서 언제나 최악의 상황 발생을 고려해서 시장 리스크를 관리하고 있습니다.

우선 금융공학을 이해하려면 존 헐의 『선물 옵션투자의 이론과 전략』(퍼스트북, 2020)은 한 번 봐줘야 하지 않을까요? 그리고 퀀트가 되겠다면 알고리듬 학습에 도움이 되는 Les Clewlow, Chris Strickland의 『Implementing Derivative Models』(Wiley, 1998)나 Espen Gaarder Haug의 『The Complete Guide to Option Pricing Formulas』(McGraw Hill, 2007)는 보셔야죠. "원서라서 보기 어렵지 않나요?"라고 하시면 제 책인 『C++ 언어를 이용한 파생상품의 이해』(경문사, 2014)를 추천합니다.

구인공고에 "파생상품 평가 모형 개발 가능자, C++ 언어 가능자 우대"라고 기재합니다. 면접 시 1단계 공통질문으로 어떤 언어를 사용하는지, 무엇을 개발해 봤는지에 대해 물어봅니다. 그후 답변에 대해 심층질의(개발 시 어떤 점이 어려웠는지, 해결을 위해 무엇을 고려했는지 등)와 자기소개서에 언급한 내용에 대해 질문합니다. 그리고 2단계 심화질문으로 고급 평가방법론과 구조화파생상품의 이해, 구조화파생상품 구현방법 등에 대해 질문합니다. 간혹 수학과 박사님이 면접관으로 들어오시면 금융수학 풀이과정도 질문합니다. 공통질문의 답변으로 지원자의 기본 능력을 확인하고, 심화질문에서 지원자의 답변을 얻으면 좋지만 그렇지 못한 경우가 대부분이라서 지원자의 태도를 주로 봅니다.

최근의 금융 리스크 규제에 대한 이슈와 관심사항은 무엇인가요?

아무래도 지금 "바젤3 시장 리스크 시스템 개발" 프로젝트를 수행하다 보니 바젤3 시장 리스크 규제에 대해 가장 관심이 많습니다. 바젤 기준서상에서는 각국 금융감독당국에 재량권을 주고 있는데 한국금융감독원은 원칙대로 수행하려는 경향이 있습니다. 그래서 다른 나라에 비해 리스크 관리가 잘 되는 것일 수도 있지만 수행하는 입장에선 힘들기도 합니다.

 금융공학 전공으로 IT 개발회사에 취업하시고 또 금융공학 석사를 마치고 전직하셔서 금융자산평가사 평가 팀장 그리고 은행 리스크 관리 팀장으로 근무 중이신데 이공계 학생이 금융권으로 취업하거나 IT 회사에서 전직을 고려 중인 분들을 위해 조언을 해주신다면?

제가 금융공학을 공부하던 시절엔 경상대 출신들이 주로 금융권에 진출했고, 이공계 출신들은 별로 없었습니다. 그런데 지금은 이공계 출신들을 우대해 주잖아요. 그리고 대부분 기관에서 블라인드 면접을 실시하고 있습니다. 이공계 출신이라면 준비하시고 지원하세요. 그래야 면접기회가 생기고, 면접을 봐야 취업을 할 수 있습니다.

퀀트 분야가 어떻게 발전을 이어갈 수 있을지에 대한 견해를 말씀해 주세요. 아울러 리스크 퀀트 분야로 진출하고자 하는 학생들에게 당부하고자 하는 말이 있으시면 이야기해 주세요.

금융시장이 있는 한 파생상품 시장은 발전할 것이고, 파생상품 시장이 발전하면 할수록 퀀트가 더 필요할 것입니다. 현재 가장 아쉬운 것은 금융공학 전공자들이 없다는 것입니다. 퀀트 수요시장은 항상 있는데 공급시장이 없습니다. 그래서 나이를 먹어도 계속 퀀트를 하고 있습니다.

금융공학 MBA 과정 때 조지워싱턴대학교 국제금융학 박윤식 교수님께서 "글로벌 IB에서는 영어, 금융공학, 프로그래밍이 모두 가능한 인재를 요구한다."고 하셨습니다. 그때나 지금이나 이런 인재가 얼마나 있을까 생각이 듭니다. 처음부터 다 잘하는 학생은 없습니다. 한 계단 한 계단 준비하고 올라가세요.

어린 시절 말을 배울 때 말을 많이 하면서 언어에 익숙해졌듯이 프로그래밍 역시 눈으로 읽고 이해하는 것이 아니라 직접 손으로 입력하고 실행해 결과를 확인해야만 합니다.

어떤 프로그래밍 책이라도 좋으니 1주일간 미친듯이 책에 있는 모든 소스코드를 입력하고 결과를 확인해 보세요. 그러면 퀀트가 될 수 있습니다.

퀀트 투자 전문가를 만나다

『거인의 포트폴리오』, 『하면 된다! 퀀트 투자』의 저자 **강환국**

 자기소개를 부탁드립니다.

저는 2009년에 공인재무분석사^{CFA} 자격증, 2012년에 공인대체투자분석사^{CAIA} 자격증 시험에 합격하고, 2017년에 『할 수 있다! 퀀트 투자』(에프엔미디어)와 2018년에 『가상화폐 투자 마법공식』(린퍼블리싱), 2021년 『하면 된다! 퀀트 투자』(에프엔미디어), 『거인의 포트폴리오』(페이지2북스), 2022년 『파이어 FIRE』(페이지2북스)라는 책을 집필했습니다. 그리고, '할 수 있다! 알고투자'라는 구독자 15만 명의 유튜브 채널을 운영하고 있습니다. 12년간 KOTRA(대한무역투자진흥공사)에서 근무했으며, 현재는 경제적 독립을 이룬 파이어족으로 작가, 강사, 유튜버로 활동하고 있습니다.

 퀀트 투자에 관심을 가지신 계기는 무엇인가요?

독일에서 대학 졸업 논문을 쓸 때의 일입니다. 당시 주식에 관심이 있어 논문을 찾아보니 계량적인 전략 개발에 대한 논문이 많았습니다. 이후 한국에 돌아와 그 논문이 가르치는 대로 투자를 하니 수익이 꽤 높았습니다. 그래서 해당 분야를 계속 연구하게 됐고 자연스럽게 지식이 쌓여 책도 쓰고 유튜브 채널도 운영하게 됐습니다.

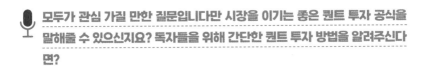

퀀트 투자의 범위가 상당히 넓어지고 있습니다. 재무제표 기반, 기술적 분석 기반, 통계적 차익거래, 시장 미시구조, 딥러닝 기술 기반 등 개인투자자에서 회사 단위의 헤지펀드 매니저까지 우위가 있는 전략이 다른 것 같은데요. 어떤 분야의 퀀트 투자를 해야 할까요?

저는 100세 시대에는 누구나 필연적으로 투자를 해야 한다고 봅니다. 60세만 넘어가도 더 이상 노동으로 생활을 지탱할 수 없으므로 모아놓은 돈을 투자해서 나머지 30~40년을 먹고 살아야 하니까요. 그런데 대부분 사람들은 투자에 많은 시간을 기울일 취미나 시간, 열정이 없습니다. 이런 분들에게는 단순한 퀀트 베이스 자산배분전략(올웨더, 영구 포트폴리오) 등을 추천합니다. 조금 더 관심 있으신 분들께는 자산배분 중 주식 비중을 팩터 기반 퀀트전략으로 투자할 것을 추천하고요, 컴퓨터를 잘 다루고 금융에도 관심 있는 분들은 앞서 언급한 기타 전략을 시도해 봐도 됩니다.

모두가 관심 가질 만한 질문입니다만 시장을 이기는 좋은 퀀트 투자 공식을 말해줄 수 있으신지요? 독자들을 위해 간단한 퀀트 투자 방법을 알려주신다면?

그런 전략은 너무 많아서… 투자에 신경 쓰고 싶지 않은 분들께는 올웨더와 영구 포트폴리오를 추천합니다. 높은 한 자리 수익을 벌면서 MDD는 15% 이하로 유지 가능합니다. 개별주로 들어가면 한국 같은 경우는 밸류 주식(PER, PBR, PCR 등)과 분기지표(매출, 영업이익, 순이익)가 전년 동기 대비 또는 전분기 대비 많이 성장한 기업의 주식이 수익이 좋습니다. 또 한국은 소형주 효과가 강한 편이라 시가 총액이 낮은 기업의 수익이 상당히 높은 편입니다.

퀀트 전략을 짜거나 백테스팅을 하는데 최근 파이썬이나 R이 각광받는 것 같습니다. 제가 아는 운용사 본부장님의 경우 채용 시 선호 스펙을 CFA와 엑셀 VBA 고수를 뽑는다고 합니다. 퀀트 투자를 위한 프로그래밍은?

저는 엑셀 말고 다룰 줄 아는 프로그램이 없습니다. 엑셀로도 충분히 퀀트 투자를 할 수 있다고 생각됩니다. 요즘 파이썬과 R로 하시는 분들이 있는데 이런 도구를 사용하면 좀 더 효율화를 갖출 수는 있겠습니다. 요즘은 퀀터스, 퀀트킹, 젠포트, 올라떼 등 저렴한 퀀트 소프트웨어가 시중에 많아서 코딩 능력이 전혀 없는 일반인도 전혀 무리 없이 백테스팅을 하고, 전략을 만들고, 전략에 적합한 종목을 찾을 수 있습니다.

 퀀트 투자의 관심도가 높아지는 것 같습니다. 특별히 좋아하시는 퀀트 투자 책이나 추천할 만한 공부 로드맵이 있다면?

사실 책은『하면 된다! 퀀트 투자』와『거인의 포트폴리오』유튜브 채널은 '할 수 있다! 알고투자'가 가장 좋다고 생각하지만 제 것들이니 어느 정도 편향이 있을 것 같습니다. 책으로는『문병로 교수의 메트릭 스튜디오』(김영사, 2014), systrader79와 이성규의『주식투자 ETF로 투자하라』(이레미디어, 2018) 홍용찬의『실전 퀀트 투자』(이레미디어, 2019), 박상우의『주식시장을 이긴 전략들』(원, 2021), 최근에 발간된 닥터퀀트 + systrader79 + 뉴지스탁의『현명한 퀀트 주식 투자』(이레미디어, 2021)가 좋은 것 같습니다. 미국 퀀트 투자에 관심 있으면 오쇼너시의『월가의 퀀트 투자 바이블』(에프엔미디어, 2021)도 필수입니다. 그리고 퀀트 투자는 필연적으로 직접 백테스트 작업을 해봐야 실력이 느는데 중장기 전략은 퀀터스와 퀀트킹, 단기 + 중장기 전략은 뉴지스탁의 젠포트, 자산배분 및 마켓타이밍 전략은 Portfolio Visualizer를 강력 추천합니다. 이 중 퀀터스는 아직 무료입니다.

'할 수 있다! 알고투자'의 유튜브 구독자 15만 명이 넘은 것을 축하드립니다. 유튜브는 재미난 것, 공부가 많이 되는 것, 난이도가 있는 것으로 분류될 수 있을 것 같습니다. 퀀트 투자 초심자는 어떤 순서로 봐야 좋은지요?

700번 영상에 주요 영상을 요약했는데 초심자들은 제목에 '초보' 또는 '왕초보'가 적힌 영상부터 먼저 보고 그다음부터는 관심사대로 영상을 보면 될 것 같습니다. 특히 소형주 시장에서는 알파가 사라질 기미를 보이지 않고 있습니다. 그리고 한국 소형주에서 개인 투자자는 수십억 원 정도는 투자가 가능하고, 실제로 그렇게 하는 분들이 여러 명 있습니다. 최근에 시가총액 하위 10% 기업에만 퀀트 투자를 한 분이 저에게 23억 수익 인증을 보내주셨습니다.

 점차 시장은 효율화되고 전략에서 알파는 사라지고 있습니다. 퀀트 투자의 미래는 어떻게 될 것이며, 투자자는 어떻게 준비해야 하는지요?

시장이 효율화되고 알파가 적어진다는 것은 헤지펀드들이 활공하는 미국 시장 이야기이지 한국을 포함한 다른 시장에는 그런 조짐이 별로 보이지 않습니다. 사실 저도 NCAV 등 100년 전 현인이 만든 전략을 잘 써먹고 있습니다. 특히 소형주 시장에서는 알파가 사라질 기미를 보이지 않고 있습니다. 그리고 한국 소형주에서 개인 투자자는 수십억 원 정도는 투자가 가능하고, 실제로 그렇게 하는 분들이 여러 명 있습니다. 최근에 시가총액 하위 10% 기업에만 퀀트 투자를 한 분이 제게 23억 수익 인증을 보내주셨죠. 설령 몇 개 단순 전략의 알파가 사라지더라도 다른 전략을 만들면 됩니다. 투자 주체가 인간일 경우 심리적으로 늘 시장에서 똑같은 실수를 되풀이하게 돼 있고 퀀트 투자는 그 실수를 활용해서 초과수익을 내는 도구입니다. 투자자들은 기존에 나온 팩터와 투자전략들만 잘 알아도 상당히 만족할 만한 수익을 즐길 수 있을 것입니다.

시장을 이기는 퀀트 투자자들, 예를 들어 에드 소프(Ed Thorp)는 카지노에서도 우위를 차지했고 이후 주식시장에서도 성공했습니다. 물론 카지노는 아니지만 강환국 님의 경우도 체스나 바둑에 조예가 깊다고 알고 있습니다. '체스나 바둑'과 '주식시장'의 공통점과 차이점을 이야기해 주신다면?

사실 주식시장은 포커나 블랙잭 등 확률이 가미된 게임과 매우 유사합니다. 체스와 바둑은 모든 정보가 공개된 게임이라 주식시장과 큰 거리가 있으며 비교대상이 아니라고 봅니다. 그래도 체스와 바둑을 통해 배운 것은 끊임없는 공부와 복기가 중요하다는 점입니다. 많은 사람들이 주식을 통해 돈을 벌고 싶어하지만 공부하는 사람은 별로 없더라구요. 맨날 어떤 주식 사면 되느냐고 물어보는데 그런 식으로 투자하면 백전필패라는 것도 알 텐데 왜 계속 물어보는지 모르겠습니다. 앞선 질문과도 관련이 있지만 그런 투자자들이 끊이지 않아서 공부하는 투자자들의 알파가 영원히 보장되는 것입니다.

퀀트 투자를 지망하는 학생이나 주니어, 일반투자자에게 조언 한마디 해주신다면?

퀀트 투자를 알게 되면 평생 취미와 평생 먹고 살 자산이 생기게 되니 최대한 빨리 시작하는 것이 좋습니다! 당장 시작하세요!

강환국 CFA님이 추천하는 퀀트 투자 서적

제목	저자	연도	특이점
『현명한 투자자』	그레이엄	1995	가치투자의 바이블, 투자전략은 규칙 기반
『주식시장을 이기는 작은 책』	그린블라트	2006	마법공식 소개
『전략적 가치투자』	신진오	2009	KOSPI지수 마켓타이밍 전략 수십 개 서술
『메트릭 스튜디오』	문병로	2014	국내 최초 퀀트 투자 서적

제목	저자	연도	특이점
『머니』	로빈스	2015	올시즌 전략 소개
『마법의 돈 굴리기』	김성일	2017	초보를 위한 자산배분 안내서
『주식시장을 이긴 전략들』	박상우	2017	한국 시장에서 먹힌 팩터/마켓타이밍 전략 소개
『할 수 있다! 퀀트 투자』	강환국	2017	국내 최초 퀀트 투자 대중서
『빅데이터 부동산투자』	김기원	2018	국내 최고 부동산 퀀트 서적
『가상화폐 투자 마법공식』	강환국/ systrader79	2018	퀀트 전략을 암호화폐 트레이딩에 접목
『주식투자 ETF로 투자하라』	이성규/ systrader79	2018	정적/동적자산배분 입문서
『듀얼 모멘텀 투자전략』	안토나치	2018	듀얼 모멘텀 전략 소개
『마법의 연금 굴리기』	김성일	2019	개인연금, 퇴직연금, ISA절세법 + 투자법 설명
『실전 퀀트 투자』	홍용찬	2019	한국에서 통하는 주요 퀀트 팩터 소개
『퀀트로 가치투자하라』	그레이/ 칼라일	2019	유망한 가치 + 우량주 팩터 소개, 마법공식 개선
『퀀트 모멘텀 투자기법』	그레이/ 보겔	2019	유망한 모멘텀 팩터 소개
『절대수익 투자법칙』	김동주	2020	올웨더 전략 소개
『빅데이터 부동산투자 2021 대전망』	김기원	2021	2018년 서적 업데이트 버전
『거인의 포트폴리오』	강환국	2021	정적/동적 자산배분 전략서
『하면 된다! 퀀트 투자』	강환국	2021	한국에서 통하는 퀀트 팩터 전략 소개
『현명한 퀀트 투자 바이블』	이종진 등	2021	유명 투자자 전략의 퀀트화 + 젠포트로 백테스트
『월가의 퀀트 투자 바이블』	오쇼너시	2021	미국시장에서 통하는 퀀트 팩터 분석 + 90년 백테스트 결과 공개
『주식시장을 더 이기는 마법의 멀티플』	칼라일	2021	EV/EBIT 지표를 상세하게 소개

제목	저자	연도	특이점
『우리 아이를 위한 부의 사다리』	이영빈	2021	어린이 주식계좌 소개 + 주요 정적/동적 자산배분 운용방법
『다모다란의 투자전략 바이블』	다모다란	2021	각 퀀트 전략의 강점과 약점, 위험요소분석
『돈의 흐름에 올라타라』	홍춘욱	2022	매크로 지표를 활용한 자산배분 전략

퀀트 투자 전문가를 만나다

『실전 퀀트 투자』의 저자 유안타증권 **홍용찬**

 자기소개를 부탁드립니다.

경희대학교에서 경제학을 전공하고 2006년부터 증권사 생활을 하고 있습니다. 2019년 『실전 퀀트 투자』를 저술했습니다. 현재는 유안타증권에서 PB로 근무하고 있으며 퀀트 방식으로 랩 상품을 운용하고 있습니다

 퀀트 투자에 관심을 가지신 계기는 무엇입니까?

과거에 저는 계량적인 숫자에다 주관적 판단을 더해 종목을 찾는 일반적인 가치투자자였습니다. 2010년 가치투자자의 관점에서 투자할 만한 괜찮은 주식을 발견했습니다. 성장성이 높지는 않으나 배당 수익률이 좋고 PBR도 낮은 주식이었습니다. 이 주식에 투자해 2년 후 약 30% 수익을 남기고 매도했습니다. 큰 수익은 아니었으나 당시 KOSPI 지수보다 높은 수익이었으므로 만족했습니다.

그런데 갑자기 매수 당시에 투자한 종목과 비슷한 수준의 배당 수익률이나 PBR을 보였던 다른 종목들은 얼마나 수익이 났는지 궁금해졌습니다. 이 궁금증을 풀려고 한국거래소에서 자료를 다운받아 엑셀로 백

테스트를 진행했습니다. 백테스트 결론은 충격적이었습니다. 그 당시에 제가 투자했던 종목과 비슷한 수준의 배당 수익률과 PBR을 보인 다른 종목들에 동일 가중으로 투자했다면 30%보다 훨씬 높은 수익을 거둘 수 있었던 것입니다. 굳이 고생하면서 투자종목을 찾을 필요가 없다는 생각을 하게 됐습니다.

그후 다양한 백테스트를 진행했습니다. 백테스트 지식이 쌓일수록 주관적 판단이 큰 의미가 없다는 생각이 강해졌습니다. 주관적 판단을 줄이다 보니 어느덧 계량적인 숫자만 이용하는 퀀트 투자자가 됐습니다.

 퀀트 투자의 장점과 백테스팅 방법에 대해 간단하게 설명해 주신다면?

퀀트 투자는 주관적 요소를 완전히 배제한 투자입니다. 따라서 주관적 판단 능력이 낮은 투자자들이 저지르기 쉬운 실수를 줄일 수 있습니다. 주관적 판단을 하게 되면 사후 확신 편향, 확증 편향, 최신 편향 등 각종 오류에 쉽게 빠지게 되지만 퀀트 투자는 이런 편향에 빠질 가능성이 없습니다.

백테스트가 가능하다는 것 또한 큰 장점입니다. 백테스트를 통해 투자하려는 전략이 올바른 전략인지 파악할 수 있습니다. 더 나아가서 해당 전략이 과거에 얼마나 투자자를 힘들게 했는지, 얼마나 위험한 투자방법인지를 사전에 알 수 있습니다. 백테스트 없이 투자를 한다면 내가 투자하는 방법이 정말 수익이 나는 방법인지 확신할 수 없으며 수익이 정체되는 기간을 버티지 못하고 투자를 포기하는 상황이 생기게 됩니다. 반대로 백테스트를 진행한 투자자라면 수익이 정체돼 있는 기간에도 확신을 갖고 계속 올바른 투자방법을 이어 나갈 수 있습니다. 투자할 종목을 찾거나 타이밍을 찾는 데 시간과 노력이 덜 들어갑니다. 비록 퀀트 투자를 위한 백테스트에는 많은 시간과 노력이 들어가지만 일단 백테스트가 끝나면 상황이 반대가 됩니다. 주관적 판단으로 투자할 때 종목을 찾는 데 많은 시간과 노력이 필요한 것과는 대조적으로 이미 나와 있는 자료를 모델에 넣어 종목과 타이밍을 맞춰 단순하게 투자하면 되기 때문입니다.

 퀀트 투자를 하는 데 방해가 되는 어려운 점에는 무엇이 있을까요?

많은 투자자들이 자신의 수익률과 타인의 수익률을 비교하지만 퀀트 투자가 항상 최고의 수익률을 보장하지는 않습니다. 장기적으로는 훌륭한 전략이라도 단기적으로는 분명 어렵고 힘든 기간이 있습니다. 전략대로 계속 투자를 해나가다가 주위의 다른 투자자가 단기적으로 더 높은 수익이 나는 것을 보고 박탈감을 느껴 고민 끝에 퀀트 투자를 포기하는 경우가 있습니다.

퀀트 투자를 하는 과정에서 분명 수익이 저조한 구간을 만나게 됩니다. 이때 지금은 전략이 잘 안 맞는 시기이니 투자를 잠깐 중단했다가 다시 상황이 좋아지면 시작하겠다는 생각을 하기 쉽습니다. 투자의 중단과 시작을 계량적으로 판단해서 한다면 이것 또한 퀀트 투자라고 할 수 있지만 주관적으로 판단해 중단과 시작을 결정한다면 퀀트 투자라 하기 어렵습니다. 주관적인 판단으로 중단과 시작을 결정해서 결과가 좋지 못한 경우가 자주 있습니다.

저는 가치지표를 활용하는 퀀트 투자자입니다. 그래서 유명한 가치투자자들을 거의 다 존경합니다. 하지만 켄 피셔Kenneth Fisher를 특별히 언급하고 싶습니다. 켄 피셔는 가치투자자로 분류할 수도 있고 가치투자자로 분류하지 않을 수도 있습니다. 이 점에 대해서는 저도 결론을 내리기가 어렵습니다.

켄 피셔를 존경하는 이유는 모든 미신들을 검증하려는 자세에 있습니다. 많은 투자자들이 시장에 나도는 투자상식들을 옳다고 생각하고 그냥 넘어가는 경우가 많습니다. 그는 이것을 경고하며 모든 것들을 다 의심하고 구체적 데이터로 검증해 보라고 합니다. 저는 이 검증이라는 것이 퀀트 투자의 백테스트와 비슷하다고 생각합니다. 켄 피셔의 다양한 저서를 통해 저도 모든 상식들을 의심하고 백테스트해 보는 자세를 배우게 됐습니다.

 모두가 관심 가질 만한 질문이긴 한데요. 시장을 이기는 좋은 '퀀트 투자 공식'을 말해주실 수 있으신지? 독자들을 위해 간단한 퀀트 투자 방법을 알려주신다면?

다양한 가치지표 중 퀀트 투자하기 좋은 한 가지 지표를 뽑는다면 PBR입니다. PBR은 한국 주식시장에서 매우 잘 작동합니다. 코스피와 코스닥 종목 중 매매시점 직전 연도 당기순이익이 흑자이며 완전자본잠식이 아닌 기업을 대상 종목으로 합니다. 1년 중 특정 날짜를 매매시점으로 선정하고 매매시점에서 PBR이 낮은 종목 순으로 5% 이내 종목들을 동일가중으로 매수합니다. 그리고 이렇게 1년에 한 번씩 선정된 종목으로 리밸런싱하는 방법입니다. 너무 단순해서 실망하셨을 수 있습니다. 하지만 이 단순한 방법의 백테스트 결과는 매우 훌륭합니다.

 퀀트 투자의 관심도가 높아지는 것 같습니다. 특별히 좋아하시는 퀀트 투자 책이나 추천할 만한 책(『실전 퀀트 투자』 포함)과 공부와 실전을 위한 로드맵(방법)은? 투자 시 참조하는 소스(웹페이지)가 있으시면 이것도 좀 알려주세요.

《책 추천》

제임스 오셔너시^{James O'shaughnessy}의 『월가의 퀀트 투자 바이블』(에프엔미디어, 2021)을 추천합니다. 미국 주식을 다양한 방법으로 백테스트한 그 결과를 이 책에 실었습니다. 이 책의 앞부분에서는 한 개의 지표만으로 백테스트를 진행하고 후반부에는 여러 개의 지표를 다양하게 섞어서 백테스트를 합니다. 이 책은 엄청난 양의 백테스트 결과를 한번에 볼 수 있고 그래프와 표가 상당 분량을 차지하고 있으며, 내용이 쉬워 읽기 어렵지 않다는 것이 장점입니다. 한국시장은 미국시장과 달라서 한국시장의 백테스트 결과는 이 책과 분명 차이가 있습니다. 하지만 이 책을 통해 한국시장에서 적용할 다양한 백테스트 아이디어를 얻을 수 있을 것입니다.

물론 한국 주식의 백테스트 결과를 볼 수 있는 다양한 책도 있습니다. 문병로의 『문병로 교수의 메트릭 스튜디오』(김영사, 2014), 강환국의 『할 수 있다! 퀀트 투자』(에프엔미디어, 2017), 제가 저술한 『실전 퀀트 투자』(이레미디어, 2019)가 여기에 해당됩니다. 한국시장에 대한 다양한 백테스트 결과를 알고 싶은 분들께 추천합니다.

자산배분에 관심 있는 분들은 김성일의 『마법의 돈 굴리기』(에이지21, 2017), 윌리엄 번스타인의 『현명한 자산배분 투자자』(에이지21, 2019),

김동주의 『절대수익 투자법칙』(이레미디어, 2020)을 추천합니다.

퀀트 서적은 아니지만 퀀트 투자자들이 가져야 할 자세를 배우고 싶다면 켄 피셔의 『3개의 질문으로 주식시장을 이기다』(비즈니스맵, 2022)를 추천합니다. 모든 투자상식을 의심하고 검증하려는 그의 자세는 퀀트 투자자들에게도 필요합니다.

《공부와 실전을 위한 로드맵》

퀀트 투자는 백테스트가 핵심입니다. 모든 것을 의심하고 숫자로 검증해 보는 습관을 가질 것을 권합니다. 주위에서 이런저런 방법으로 돈을 벌 수 있다고 이야기하면 그냥 믿지 말고 전부 다 백테스트해 보세요. 예를 들어 누군가 "외국인이 연속으로 매수하고 있기 때문에 A 종목을 매수해야 한다."라고 이야기한다면 정말 과거에 외국인 연속 순매수 종목이 수익률이 좋았는지를 백테스트해 보는 것입니다. 또 누군가 "상승추세에 있기 때문에 B 종목을 매수해야 한다."라고 이야기한다면 정말 상승추세의 종목이 수익률이 좋았는지 백테스트해 보세요. 이렇게 주위에서 접할 수 있는 다양한 주장들을 하나씩 백테스트하다 보면 많은 지식이 쌓이게 됩니다. 이것이 쌓일수록 그만큼 시장에 대한 이해가 넓어지게 됩니다.

백테스트 주제들은 무궁무진합니다. 증권사 리포트나 주식투자 관련 서적을 읽다 보면 다양한 백테스트 주제를 찾아낼 수 있습니다. 백테스트 결과를 알려주는 논문이나 책을 보면서 비슷한 결과가 나오는지 다시 한 번 스스로 백테스트해 보는 것도 큰 도움이 됩니다.

퀀트 투자를 위한 프로그래밍으로 엑셀, R, 파이썬 등 웹이나 책으로 소개된 다양한 소스가 있습니다. 퀀트 투자를 위한 언어와 프로그래밍은 어느 정도 갖춰야 할까요? (책에는 엑셀 예시가 많이 있습니다.)

투자자가 사용하는 전략의 복잡성에 따라 어느 정도 수준의 프로그래밍 능력을 갖춰야 하는지가 결정됩니다. 단순한 백테스트의 경우는 엑셀의 몇 가지 함수만 사용해도 충분합니다. 참고로 제가 『실전 퀀트 투자』를 저술할 때 엑셀의 10가지도 안 되는 함수만 사용해 백테스트했습니다. 하지만 한층 복잡한 백테스트는 엑셀만 갖고는 한계가 있습니다. 저도 『실전 퀀트 투자』 저술 이후 엑셀에 한계를 느껴 R과 파이썬을 공부했습니다. 그 이후 백테스트 속도도 증가했고, 엑셀만으로 불가능했던 많은 전략들을 백테스트하며 신세계를 경험하게 됐습니다. 그렇다고 저의 프로그래밍 능력이 엄청 뛰어난 수준은 아닙니다. 기초적인 수준만으로도 제가 원하는 백테스트를 하기에 충분합니다.

추가로 말씀드리면 저는 프로그래밍을 백테스트하는 용도로만 사용합니다. 최근 단순 백테스트를 뛰어넘어 자동매매를 하고 싶어 하는 퀀트 투자자들을 많이 만납니다. 이분들의 경우는 저보다 더 높은 수준의 프로그래밍 능력이 필요하겠지요.

프로그래밍과는 거리가 먼 분들을 위해 먼저 엑셀로 백테스트해보는 습관을 가져볼 것을 추천합니다. 그렇게 엑셀과 친숙해진 후에 R이나 파이썬 중 한 가지를 선택해 공부한다면 퀀트 투자에 더 쉽게 다가갈 수 있습니다.

점차 시장은 효율화되고 전략에서 알파는 사라지고 있습니다. 퀀트 투자의 미래는 어떻게 될 것이며, 투자자들은 어떻게 준비해야 하는지?

주식투자는 플러스섬 게임이지만 알파는 제로섬 게임입니다. 누군가 알파를 가져가면 제가 가져갈 알파는 사라지겠죠. 퀀트 전략을 꾸준히 유지하는 것은 쉬운 일이 아니므로 알파가 절대 사라지지 않을 것이라는 전문가도 있습니다. 저는 알파가 완전히 사라지기는 어렵지만 단순하면서도 수익률이 높은 전략의 경우 알파가 감소할 것이라고 생각합니다. 특히 소형주 위주의 퀀트 전략은 알파의 감소 속도가 더 빠를 것입니다. 조금만 큰 자금이 들어와도 소형주에 큰 영향을 미치기 때문입니다.

반대로 대형주 위주의 전략은 알파가 오랜 기간 유지될 확률이 높습니다. 또 일반적인 통념과 반대되는 전략이라면 오래 살아남을 가능성이 높습니다. 사람들은 자신의 가치관과 통념이 일치할 경우 가치관을 쉽게 바꾸려 하지 않기 때문입니다. 제가 언급한 것 외에도 어떤 투자방법이 알파가 쉽게 사라지지 않을지 생각해 보세요. 그리고 알파가 사라지기 어려운 퀀트 투자 방법을 찾아 나아가는 노력이 필요할 것입니다.

 미국시장의 경우 투자자의 주체 중 개인투자자가 시장을 리드한다고 들었습니다. 국내에서도 기관투자자 중심의 시장이 아닌 개인투자자가 시장을 좌지우지하는 날이 올 것이라 생각됩니다. 아직 모든 개인투자자들이 퀀트 투자를 하는 것은 아니지만 '퀀트 투자'를 시장에 전파하는 사람으로서의 보람이 있다면?

증권사 PB로 근무하면 개인투자자들의 주식상담을 주로 하게 됩니다. 저의 전문 분야가 퀀트이다 보니 당연히 퀀트 투자 방법을 소개해 드리는 경우가 많습니다. 처음에는 숫자만 이용해서 종목을 찾는 것에 부담을 갖는 투자자가 많지만 직접 백테스트한 자료를 보면 퀀트 투자를 긍정적으로 생각하게 됩니다. 또한 수익을 내는 데 어려움을 겪던 투자자가 퀀트 투자를 접하고 괜찮은 수익을 얻기 시작할 때 가장 큰 보람을 느낍니다.

 퀀트 투자를 지망하는 학생이나 개인투자자들에게 조언을 하신다면?

퀀트 투자는 매년, 매달, 매일 수익이 나는 마법의 투자 방법이 아닙니다. 만일 매일 수익이 난다면 모든 사람이 퀀트 투자를 할 것이고 알파는 사라질 것입니다. 퀀트 투자는 인내심이 필요한 투자 방법이지만 알파가 존재하는 이유는 인내심이 강한 사람이 적기 때문입니다. 일시적으로 수익이 나지 않는 기간을 만나게 될 것이며 이 기간이 생각보다 길어지기도 합니다. 1~2년 수익이 나지 않는다고 포기할 투자자라면 애초에 퀀트 투자를 시작하지 않는 것이 좋습니다.

AI 자산운용 스타트업 대표이사를 만나다

'AI 핀테크 스타트업' 크래프트테크놀로지스 김형식 대표이사

 대표님 소개를 부탁드립니다.

AI 자산운용 스타트업 크래프트테크놀로지스의 대표를 맡고 있는 김형식입니다. 크래프트테크놀로지스 이전에는 마음이 맞는 친구들과 함께 알고리듬 기반의 계량투자를 국내 주식과 KOSPI200 선물 옵션 등을 대상으로 10년 정도 해왔고, 알파 탐색에 AI 기술을 적용하고 연계 솔루션들을 사업화하려고 2016년 크래프트테크놀로지스를 창업했습니다.

 인공지능(AI) 금융 스타트업인 '크래프트테크놀로지스'의 대표이사를 맡고 계신데 회사의 주요 사업과 조직을 이야기해 주신다면?

알파 탐색을 연구하는 부서인 알파 팀과 WM 솔루션을 개발하는 WM 솔루션 팀, 포트폴리오 매니지먼트 솔루션을 개발하는 PM 솔루션 팀, 주문집행(트레이딩/딜링) 솔루션을 개발하는 주문집행 솔루션 팀으로 나눠져 있습니다.

운이 좋게도 변동성이 높고 알파가 많았던 2006년에서 2012년까지의 시기에 알고리듬 기반 트레이딩을 했습니다. 금융위기, 유럽부채위기 등이 트레이딩에는 매우 좋은 기회가 됐고 HFT, 마켓메이킹, 방향성 예측, 모멘텀 등 다양한 전략으로 괜찮은 수익이 발생했습니다. 2009년 개장한 야간 선물시장도 알파가 많은 좋은 시장이었습니다. 그런데 2012년경부터 발견한 전략들의 수명이 뚜렷하게 줄어드는 현상이 있었고 종국에는 수익을 내기 힘든 지경까지 오게 됐습니다. 다른 계량투자 헤지펀드들을 살펴보니 많은 수의 재능 있는 리서처들을 고용해 굉장히 열심히 전략을 찾아서 운용하고 있었습니다. 당시 저희 팀은 그런 인원을 고용할 만한 자본과 팀을 구성하고 이끌 리더십이 없었기 때문에 시장을 떠날 고민을 하다가 우연히 딥러닝 기술이 해외 쪽에서 좋은 성과를 내고 있다는 사실을 접하게 됐습니다. 이를 통해서 알파를 자동으로 탐색할 수 있다면 적은 인원으로도 비슷한 실적이 가능할 것 같다는 생각을 하게 됐고, 해외에서 머신러닝을 전공한 동료와 함께 초보적인 딥러닝 기반 트레이딩 시스템을 만들었습니다. 지금 보면 우수한 시스템과는 거리가 멀었지만 마침 운이 따라줘서 좋은 결과가 나왔고, 이에 고무돼 회사 형태를 갖춰 이를 본격적으로 사업화하고자 했던 것이 크래프트테크놀로지스를 창업하게 된 계기입니다.

 금융의 경우 머신러닝과 딥러닝이 특정 분야에서 성과를 내고 있긴 합니다.
금융 인공지능이 특히 어려운 점을 말씀해 주신다면?

주문집행^{execution} 분야는 틱데이터를 학습하기 때문에 경우가 다르지만 포트폴리오 매니지먼트 시스템의 경우는 데이터의 양^{row}이 적고, 동시에 들어오는 항목^{column}은 매우 많습니다. 또 데이터의 분포가 지속적으로 변하는 특성이 있어서 학습하기에는 매우 어려운 문제입니다. (다만 그만큼 요구되는 정확도의 수준도 낮습니다.) 알파의 소스 및 패턴에 대한 도메인 지식이 많아야 적절한 구조를 설계할 수 있어서 진입 장벽이 높은 것 같습니다. 알고 있는 데이터 분포에서 최적의 의사결 정을 하는 부분과 새로운 것으로 판단되는 데이터 분포에서 휴리스틱하게 접근하는 부분의 밸런스를 맞추는 것도 중요하고 어려운 문제입니다.

🎙 **개인적으로도 인공지능을 활용한 직접적인 주가 예측은 쉽지 않은 것 같습 니다. 크래프트테크놀로지스에서는 딥러닝을 동적자산배분 등 다양하게 사 용하는 것으로 보이는데요, 인공지능을 어떻게 활용하는지 설명해 주세요.**

주가 예측은 확률적으로 반복되는 랜덤하지 않은 패턴을 예측하는 것 이지, 주가 자체의 방향성을 항상 예측하는 것은 불가능하다고 생각합 니다. 주가를 구성하는 대부분의 정보는 예측불가능한 랜덤 요소이기 때문입니다. 크래프트는 주가에 영향을 미치는 횡단면 팩터를 찾거나 가격 움직임 등에서 관찰되는 유의미한 패턴을 AI를 통해 자동으로 탐 색하는 연구에 집중하고 있습니다. 해당 연구결과들이 동적자산배분, 주식 포트폴리오 구성 등에 사용됩니다.

🎙 **'알파고'의 바둑에서의 "경우의 수"는 상당히 많아도 계산할 수 있는 수이지 만 '금융시장'은 그보다도 작은 데이터에서 고려해야 할 경우의 수(변수)가 많은, 즉 "차원의 저주" 문제가 있다고 생각됩니다. 금융 예측 분야(주가, 금 리, 환율 등)의 논문 발표는 많지만 실무 가능성에는 의문이 제기되고 있습 니다. 실제적으로 예측에서 활용할 수 있는 방법이 있을까요?**

경우의 수를 줄이는 것은 매우 중요하고, AI는 수많은 경우의 수 중에 서 무엇을 해보는 것이 좋은지를 판단하는 데 사용됩니다. 초기 버전의 알파고도 정책망을 통해 어떤 수를 둘지의 후보를 추리고 각 후보에 대한 승률을 가치망을 통해 추정하는 방식을 사용했습니다. 금융시장의 가격 예측은 하나의 예측 시스템을 만들기보다는 특정조건에서 유의미한 작은 예측들을 쌓아나가는 방식의 시스템이 돼야 관리가 가능하다고 생각합니다. 특히 특정조건에서는 높은 확률로 방향이나 지속성을 예측할 수 있는 경우들이 있는데 이런 패턴들을 많이 찾는 데 집중하는 것이 좋은 결과를 가져오게 될 것입니다.

 금융이론의 역사 중 팩터(factor)가 중요한 의미를 차지하고 있습니다. CAPM이 개발된 지 벌써 반세기가 넘었고 3factor, 4fator, 5factor를 넘어 다양한 팩터 투자가 유효한 연구 주제입니다. 이와는 다르게 딥러닝은 패턴 발견 중심의 연구입니다. 시장이 효율적인 상황에서도 팩터는 중장기적으로도 의미가 있지만 패턴은 생성됐다가도 사라질 수 있어 단기적이지 않을까 생각하는데요. 이런 시장 미시구조적 패턴을 잘 활용하는 곳이 르네상스 테크놀로지라 생각됩니다. 금융에서의 팩터와 딥러닝의 패턴에 대한 견해가 있으시다면?

효율적 시장가설에서 팩터는 리스크 요인이 캡처된 것에 지나지 않는다고 설명합니다. 하지만 시장참가자들의 비효율적인 행태 및 시장 제도 등으로 유의미하게 반복되는 패턴이 시장에 다수 존재하는 것은 사실입니다. 물론 이런 패턴들도 시장참가자들에게 발견돼 트레이딩에 쓰여서 사라지거나 시장, 제도의 변화로 희미해지거나 없어지기도 합니다. 경제학적인 리즈닝도 물론 중요성을 무시할 수는 없지만 저희는 통계적으로 접근하는 편입니다. 전진분석 및 라이브에서 좋은 결과를 보여주는 이상 계속 사용하고, 통계적 유의성이 약해지면 해당 전략을 내리는 식으로 대응하는 포트폴리오 구성방식을 기본 구조로 사용하고 있습니다. 그리고 오버피팅된 전략과 라이브에서도 유의미한 성과를 보여줄 것으로 예상되는 전략들을 AI로 분류하는 문제에도 많은 투자를 하고 있습니다. 이런 방식은 개별 거래의 알파가 작고, 많은 거래를 통해 알파를 누적시키는 단기고빈도 전략에서 더 큰 유효성이 있는데 르네상스 같은 경우는 이런 단기 트레이딩 패턴들을 상당히 많이 누적하고 있고, 이 요소전략들에 머신러닝을 적용해 포트폴리오로 접근해 상당한 성과를 내고 있다고 알고 있습니다.

 크래프트테크놀로지스는 2019년 5월 최초의 딥러닝 기반의 인공지능(AI) ETF를 개발해 뉴욕증권거래소(NYSE)에 상장시키고, 자동운용 시스템을 회사 내에 구축하신 걸로 알고 있습니다. 진행하면서 어려움도 있었을 것이라 생각되는데요?

AI 시스템으로 운용되는 ETF가 상장되는 사례다 보니 SEC 승인과정에서 많은 것을 설명해야 하는 어려움이 있었습니다.

헤지펀드 르네상스 테크놀로지처럼 이제 국내에서도 금융 분야에서 경상계열 전공자보다 이공계 전공자가 많아지고 있는 추세입니다. 크래프트테크놀로지스가 원하는 인재상은 어떤가요?

랜덤 데이터에서 랜덤하지 않은 패턴을 찾아내는 방법론은 이공계에서 많이 연구돼 왔습니다. 전파천문학, 바이오인포매틱스, 음성인식 같은 경우가 대표적입니다. 다만 이런 방법론에 능숙하다고 해서 바로 금융 데이터에서 쓸모 있는 패턴을 잘 찾게 되는 것은 아닙니다. 어떤 구조로 알파가 발생하는지에 대한 통찰이 충분해야 적절한 모델과 방법론을 적용시킬 수 있습니다. 지금은 크래프트에서 풀어야 할 문제들을 이미 많이 정의해 놨기 때문에 이런 통찰력과 금융시장에 대한 도메인 지식이 부족해도 충분히 기여할 수 있고 그 과정에서 이런 통찰력도 학습할 수 있습니다. 알파 리서처의 경우 통계적인 감각이 뛰어나신 분, 문제해결능력과 그릿이 있으신 분들을 찾습니다.

 크래프트테크놀로지스에 입사하려는 학생과 직장인도 많을 것 같습니다. 면접 시 입사하려는 분들의 어떤 부분을 주로 보시는지? 그리고 '금융 데이터 과학' 부문에서 어떤 것을 준비해야 하는지요?

자기주도적으로 문제해결을 할 능력과 의지가 있는지를 중요하게 봅니다. 스타트업의 특성상 그리고 분야의 특성상 한 개인이 상당히 많은 기여를 할 수 있지만 어느 정도 수준에 오르기까지는 상당한 시간이 걸립니다. 또한 많은 시도 중 극히 일부만이 실현되는 성과로 나타나게 되므로 끈기와 능력이 모두 요구됩니다.

 하루가 다르게 좋은 인공지능 알고리듬이 출시되고 있습니다. 진화하는 인공지능 속에서 금융권에서도 딥러닝이나 머신러닝을 활용하려는 시도가 많아지고 있습니다. 금융 분야에서 인공지능 활용에 대한 방향이나 미래상은 어떻게 될까요?

알파 탐색, 특히 단기전략 쪽의 알파 탐색 기술이나 강화학습을 적용한 주문집행 기술은 이미 상당한 수준에 와 있고, 계속 발전하게 될 것 같습니다. 중장기 거래전략 같은 경우에는 AI가 새로운 데이터 분포에서도 휴리스틱하게 잘 대응하게 하는 연구가 많아질 것으로 예상합니다. 종국에는 고객이 원하는 맥락을 AI로 캐치해 AI로 탐색된 알파를 사용해 개인화된 투자상품을 만들어 주고, 개인화된 리포팅이 AI NLP 및 영상/음성 합성 AI로 진행되는 미래를 만드는 것이 크래프트의 목표입니다.

대표님께서 앞으로 금융시장 발전을 위해 하시고 싶은 분야와 포부를 말씀해 주신다면?

자산운용 및 자산관리의 모든 부분을 AI가 대체하기는 어렵겠지만 AI가 인간 전문가와 비슷하거나 잘하는 영역은 크래프트의 AI PM/WM 솔루션을 통해 AI가 담당하도록 만드는 것이 목표입니다.

자산운용사 AI혁신본부장을 만나다

미래에셋자산운용 AI혁신본부 최용민 본부장

 본부장님 소개를 부탁드립니다.

저는 학부 과정 때 산업공학과 전산학을 전공했고, 소프트웨어공학으로 석사학위를 취득했습니다. IT 회사에서 7년간 비즈니스 프로세스 컨설팅 및 시스템 개발업무를 하다 2010년 미래에셋자산운용에 입사해 리스크 및 성과분석, 자산배분, 연기금 운용과 관련된 시스템을 개발하고 운영했습니다. 2016년부터 인공지능 투자엔진 개발 프로젝트를 시작으로 AI 전담 부서장으로서 다수의 AI펀드를 출시했습니다.

 현재 하고 계시는 업무와 AI혁신본부를 소개해 주세요.

저희 AI혁신본부에서는 자산운용에 필요한 AI 기술을 자체 개발하고, 인공지능을 투자에 적용할 다양한 방법론을 연구하고 있습니다. 사내 운용부서와 함께 협업해 AI투자 모델을 만들고 이를 기반으로 AI펀드를 출시하고 있습니다. 또 머신러닝 및 정량분석의 토대가 되는 데이터 플랫폼을 만들어 관리하고 있습니다.

저희 부서의 또 다른 주요 역할은 AI 비즈니스 전략을 수립하는 일입니다. 투자뿐만 아니라 미들/백 오피스 및 마케팅 영역에서 AI를 활용할 방안을 모색해 추진하고 있습니다.

금융권에서의 인공지능 활용이 점차 높아지고 있습니다. 자산운용업계에서 인공지능을 어떻게 활용하고 있으며 어떻게 활용하는 것이 좋을까요?

자산운용업계에서, 특히 투자/리서치 분야에서 인공지능을 활용하는 방법론은 AI 모델에 어떤 역할을 부여하느냐에 따라 다양합니다. 기존에 고려대상이 아니던 대체 데이터를 텍스트 마이닝, 음성/이미지 인식기술을 이용해 분석해 잠재적인 투자기회 및 알파를 찾거나 시장 데이터 간의 비선형적인 상관관계를 찾아 기존 모델을 보완하는 AI투자 모델을 만들 수도 있습니다. 또 트레이딩 시점에 거래비용을 최소화하거나 최저가 매수를 하는 등의 최적 거래 알고리듬에 쓰일 수도 있습니다. 이 중에 어느 하나가 정답이라고 하기는 어려우며, 여러 방법론을 앙상블하는 것이 가장 이상적이지 않을까 생각합니다.

블랙록 같은 경우는 점차 인간 매니저보다 인공지능을 활용한 펀드운용 비율을 높이려고 하고 있습니다. 인공지능이 펀드 매니저를 대체할 수 있을까요?

인공지능이 투자 의사결정에서 중요한 역할을 할 수 있는 것은 분명하지만 펀드 매니저의 역할을 모두 대체하기는 힘들 것 같습니다. 예를 들어 고객에게 투자 의사결정을 설득력 있게 설명하는 것은 펀드매니저의 중요한 역할이지만 이 부분은 AI로 대체하기가 쉽지 않습니다. 설명가능한 AI 모델을 많이 연구하고 있지만 결국엔 사람의 해석이 필요하고, 최종적으로 고객에게 설명하는 것은 사람이 할 수밖에 없습니다. 또 기본적으로 학습에 쓰일 데이터와 타깃을 선정하거나 AI 알고리듬을 관리하는 데도 사람의 관여가 필요하기 때문에 사람을 완전히 배제하는 것은 불가능할 것입니다. 다만 인공지능을 활용하는 영역이 점점 넓어지고 있어서 인공지능이 메인이 되고 사람이 보조하는 구도가 될 수는 있다고 생각합니다.

 AI 알고리듬의 도움을 받아 일반적인 펀드와 상장지수펀드(ETF)를 개발하신 것으로 알고 있습니다. 투자전략과 금융자산의 특성에 맞는 데이터와 알고리듬 개발이 가장 중요할 것으로 생각됩니다. 이런 AI 모델을 이용한 펀드를 개발하시면서 추가로 고려하는 사항이 있으시다면 말씀해 주세요.

전통적인 퀀트 모델을 비롯해 일반 투자 모델은 시뮬레이션 결과는 좋으나 실제 운용성과는 시뮬레이션과 다른 양상을 보이는 경우가 꽤 있습니다. 이는 모델이 과거 데이터에 오버피팅돼서인데요. 물론 AI 투자 모델도 이런 경향이 있을 수 있지만 최대한 이런 성향을 배제하려고 노력하고 있습니다. 알고리듬 개발단계에서 Validation 및 Test 기간을 특정 시장 국면에 편중되지 않도록 하고, 펀드의 수익률 성과와는 별개로 AI에게 주어진 역할에 대한 별도의 성능지표를 만들어서 AI 펀드 및 ETF로 출시된 이후에도 시뮬레이션 기간 동안의 성능을 유지하는지를 모니터링하고 있습니다.

 라세 헤제 페데르센은 헤지펀드 운용전략에 관한 자신의 저서 『효율적으로 비효율적인 시장』(워터베어프레스. 2021)에서 계량적 주식투자 설명 시 퀀트 투자의 3가지 유형으로 '펀더멘털 퀀트 투자 퀀트', '통계적 차익거래 퀀트', '고빈도 매매 퀀트'로 유형을 분류하고 있습니다. 'AI퀀트'는 이런 3가지 유형에 대해 모두 AI를 활용할 수 있다는 본부장님의 의견에 동감합니다. 좀 더 추가적으로 설명해 주신다면?

3가지 종류의 퀀트 유형은 매매주기나 거래가 결정되는 방식, 백테스트가 가능한지 여부 등에 따라 구분되지만 모두 데이터에 기반한 과학적 접근방법이라는 점에서 인공지능이 적용될 수 있다고 생각합니다.

펀더멘털 투자는 가치, 모멘텀, 사이즈 등의 팩터를 이용해 거래를 하게 되는데 인공지능을 활용해 이들 팩터들의 비선형 관계(비중)를 분석해 투자 모델을 만들 수 있고, 알려지지 않은 새로운 팩터를 찾을 수도 있습니다.

차익거래의 경우에는 시장의 비효율성을 찾아내는 것이 핵심이라고 할수 있는데 데이터 간의 상관관계를 찾아내거나 패턴을 인식하는 데 인공지능이 강점을 가지므로 충분히 활용될 수 있으리라 생각합니다.

고빈도 매매는 알고리듬 실행속도 때문에 머신러닝이나 딥러닝 모델을 직접적으로 적용하기 어렵더라도 특정 알고리듬의 실행을 ON/OFF하거나 거래위험을 모니터링하는 데 사용할 수 있습니다.

 본부장님이 'AI SUMMIT SEOUL 2021'에서 발표를 하셨는데요. 주요 강연 내용과 AI 트랜스포메이션(Transformation)에서 금융권이 준비해야 할 부분은 무엇인지요?

AI Summit에서는 "AI와 금융산업의 융합: 어떻게 투자 모델이 만들어지나"라는 주제로 발표를 했습니다. 인공지능을 활용해 시장을 예측하는 것이 어떤 의미이며, 실제로 어떤 방법론이 있는지 그리고 미래에셋자산운용에서 개발한 인공지능 투자 모델의 개발 과정을 발표했습니다.

AI 트랜스포메이션을 위해서는 인공지능으로 어떤 금융 비즈니스를할 수 있을지에 대한 통찰이 필요합니다. 인공지능의 장점과 한계를 분명히 이해하고, 적절한 역할을 부여해야 한다고 생각합니다. 그렇기 때문에 자체적으로 AI 기술인력을 확충하고 전담부서를 만드는 것이 중요합니다.

자산운용사의 투자 프로세스에서의 여러 단계(투자 의사결정, 리스크 관리, 컴플라이언스 체크, 매매, 운용지원)에서 AI를 활용할 수 있는 것처럼 다른 금융 비즈니스에도 인공지능을 활용하는 분야가 많아질 것이고 결국 IT 부서와 같이 AI 전담부서가 이런 역할을 지원할 것이라고 생각합니다.

 전통적으로 금융권에서는 정형 데이터에 대한 분석이 이뤄졌습니다. 금융권에서 비정형 데이터 분석의 활용과 수요가 늘어나고 있는데 본부장님의 견해 및 준비해야 할 것들에 대해 말씀해 주신다면?

최근의 음성인식, 자연어 처리, 이미지 분석 등의 분야에서 인공지능이 좋은 성과를 내고 있고, 이를 활용해서 금융권에서도 기존에는 활용하지 못했던 비정형 데이터를 좀 더 체계적으로 쓸 수 있게 됐습니다. 하지만 비정형 데이터를 활용한다고 해서 좋은 성과를 보장받는 것은 아닙니다. 예를 들어 기업의 Earning Call이나 연준 의사록 등을 음성인식 및 자연어 처리를 통해 긍/부정 감성 분석을 하면 내용을 빠르게 분석할 수는 있어도 분석결과가 주가에 어떻게 영향을 줄 것인지는 또 다른 문제입니다. 내용이 아무리 긍정적이라도 시장의 기대에 미치지 못하면 주가가 하락할 수도 있고, 부정적인 내용이라도 이미 시장가에 반영이 된 이슈라면 오히려 반등할 수도 있습니다. 또 남들이 관심을 갖고 있지 않은 비정형 데이터에서 알파소스를 발견했다고 하더라도 외부에 알려지는 순간 금방 알파가 사라지기도 하고, 앞서의 예에서는 Call을 진행하는 업계 담당자가 긍정적인 단어나 뉘앙스를 더 많이 사용함으로써 AI 모델을 속이는 문제도 있습니다. 따라서 비정형 데이터에만 의존해 투자 모델을 만드는 것보다 여러 정형 데이터와 같이 사용하거나 기존 모델을 보완하는 데 활용하는 것이 바람직하다고 생각합니다.

🎙️ '르네상스 테크놀로지'처럼 이제 국내에서도 금융 분야에서 경상계열 전공자보다 이공계 전공자가 많아지고 있는 추세입니다. 미래에셋자산운용 AI혁신본부가 원하는 인재상은 무엇인가요?

인공지능 분야는 특히나 기술의 발전이 빠른 편입니다. 새로운 것에 대한 지적 호기심이 많고, 스스로 문제를 찾아서 해결하는 능력이 뛰어난 인재를 찾고 있습니다. 일정 수준 이상의 코딩 능력과 인공지능 알고리듬을 이해할 수 있는 수학능력, 통계 지식을 갖추고 있어야 기본적인 업무를 수행할 수 있을 듯 합니다. 그래서 아무래도 이공계 전공자가 유리하다고 말씀드릴 수 있습니다.

🎙️ 미래에셋자산운용 AI혁신본부에 입사하려는 학생과 직장인도 많을 것 같습니다. 면접 시 입사하려는 분들의 어떤 부분을 주로 보시는지? 그리고 'AI퀀트나 금융 데이터 과학' 부문에서 어떤 것을 준비해야 하는지요?

서류를 통과한 분들에게는 별도의 과제를 요청드리고, 제출받은 결과를 모든 팀원들이 다같이 평가합니다. 이 과정에서 기본적인 코딩 능력, 인공지능에 대한 이해 수준, 문제해결능력 등을 평가합니다. 면접에서는 특히나 커뮤니케이션 능력을 중점적으로 보려고 합니다. 일방적으로 자기가 아는 것을 잘 이야기하는 것보다는 상대가 원하는 것을 이해하고 그에 맞는 답을 찾아가는 과정을 주로 보고 있습니다.

AI 퀀트가 되려면 읽어야 할 도서나 도움될 만한 자료를 추천해 주신다면?

실제로 AI 기반 퀀트가 어떤 일을 하는지에 대해 궁금한 분들은 마르코스 로페즈 데 프라도의 『실전 금융 머신러닝 완벽 분석』을 추천합니다. 이 분의 『The 10 Reasons Most Machine Learning Funds Fail』도 참고하기 좋을 것 같습니다.[1] 시장가격은 랜덤하게 움직인다는 관점에서 예측 모델에 회의적인 견해를 갖고 있다면 마크 뷰캐넌의 『내일의 경제』(사이언스북스, 2014)와 같은 책도 다른 관점을 이해하고 AI 투자 모델의 지향점을 이해하는 데 도움이 될 것 같습니다.

 본부장님께서 앞으로 금융시장 발전을 위해 하시고 싶은 분야와 포부를 말씀해 주신다면?

지금은 대부분의 금융 프로세스가 컴퓨터와 시스템을 기반으로 돌아가고 있습니다. 향후에는 이런 IT 인프라처럼 인공지능이 여러 금융 분야에 자연스럽게 녹아들 것이라고 생각합니다. 인공지능을 전면에 내세우지 않더라도 좀 더 다양한 고객을 위한 경쟁력 있는 금융상품을 만들 수 있도록 노력하겠습니다.

---

1   마르코스 로페즈 데 프라도의 홈페이지를 참조하라. https://quantresearch.org. 국내에서 총2권(『실전 금융 머신러닝 완벽 분석』, 『자산운용을 위한 금융 머신러닝』)의 번역서가 나와 있으며, 홈페이지에서 관련 논문과 글을 참조할 수 있다.

차세대 블록체인 대표이사를 만나다

위베스트(Wevest) 안명호 대표이사

 대표님 소개를 간략하게 부탁드립니다.

저는 대학에서는 공학을, 대학원에서는 소프트웨어를 전공했습니다. 일본 컨설팅회사에서 4년 정도 근무한 것을 제외하고는 직접 회사를 창업해 다양한 분야를 경험했습니다. 증강현실, 그린에너지, 클라우드 컴퓨팅, 머신러닝을 거쳐 현재는 블록체인을 다룹니다. 각종 컨퍼런스에서 발표했고, 4권의 책을 저술했습니다.

 대표님이 개발하고 계신 위베스트 서비스의 특징에 대해 좀 설명해 주세요.

위베스트는 인베스트먼트 DAO 기반의 암호화폐 ETF DEX^{탈중앙화거래소}입니다. 투자는 미래의 불확실성에 베팅하는 것이기 때문에 결코 쉬운 게임이 아닙니다. 그래서 전통금융에서는 시장의 흐름을 따라가는 ETF와 같은 상품이 인기를 얻고 있으며, 액티브 투자^{Active Investment}보다 패시브 투자^{Passive Investment}의 비중이 점점 늘어나고 커진 것이 현실입니다. 암호화폐시장은 전통시장보다 ETF가 더 적합한 곳입니다. 극심한 변동성과 24시간 365일 거래할 수 있는 환경 그리고 정보의 비대칭성이 심한 시장에서는 패시브 투자가 훨씬 더 적합하다고 생각합니다. 위베스트에서는 누구나 ETF를 만들고 이를 거래소에서 상품으로 등록해 거래할 수 있습니다. 포트폴리오와 거래내용 그리고 투자실적 등이 투명하게 공개되기 때문에 ETF에 대한 모든 정보를 보고 투자를 결정할 수 있습니다.

또 투자성향이 비슷하거나 유사한 사람들이 투자그룹을 만들어 투자 포트폴리오를 구성해 운영할 수 있습니다. 혼자가 아닌 여럿이 함께 결정하기 때문에 뇌동매매, 뇌동매수 등을 방지할 수 있고, 다양한 정보를 취합해 논의할 수 있어 투자성공의 가능성을 높일 수 있습니다.

 개인적으로 대표님이 저술하신 『머신러닝 알고리듬을 이용한 알고리듬 트레이딩 시스템 개발』(한빛미디어, 2016)이라는 책을 인상적으로 봤습니다. 이후 관심을 가져 개인적으로 『퀀트 투자를 위한 머신러닝·딥러닝 알고리듬 트레이딩』(에이콘출판사, 2021) 책도 번역하는 계기가 됐습니다. 트레이딩 분야에 있어 머신러닝 활용에 대한 견해를 말씀해 주세요.

머신러닝을 트레이딩에 활용하는 것에 대해서는 처음과 지금의 생각이 많이 달라졌습니다. 초기에는 데이터를 적당히 클린징해서 머신러닝에 집어 넣으면 사람들이 쉽게 찾기 힘든 패턴을 찾아줄 것이라는 생각을 많이 했습니다. 하지만 매크로 이코노미와 트레이딩에 대한 이해와 경험이 쌓이면서 머신러닝은 내가 원하는 결과를 직접 가져다주는 것이 아니라 내가 원하는 결과를 만드는 데 활용할 수 있는 하나의 도구라는 쪽으로 생각이 굳어졌습니다. 물론 HFT와 같은 영역이라면 머신러닝이 훨씬 더 잘 어울릴 수 있는 영역이라고는 생각하지만 기본적으로는 내가 가진 이론을 활용하기 위한 도구라는 것에는 변함이 없습니다.

트레이딩에 대한 어떤 아이디어가 있을 때 이를 검증하고 모델화시키는 데 또는 문제의 성격을 바꾸거나 새로운 데이터 특성을 만드는 데 머신러닝을 활용하는 것이 좋다고 생각합니다. 어떤 아이디어 없이 나온 결과는 해석하기도 힘들고, 또 오버피팅이나 우연에 의한 결과가 상당히 많기 때문입니다. 그리고 머신러닝은 복잡한 데이터 처리나 알고리듬에 쓰기보다는 간단히 정리된 문제에 적용하는 것이 좋다고 생각합니다. 머신러닝 모델을 만드는 과정은 다르게 이야기하면 오버피팅이 될 수밖에 없기 때문에 원하는 결과가 나올 때까지 반복된다는 점이 문제라 생각합니다.

 스마트 컨트랙트 구현을 위한 언어로 '솔리디티(Solidity)' 프로그래밍 언어를 알아야 합니다. 블록체인 개발자나 기획자를 뽑으실 때 주로 보시는 관점은 무엇인가요?

블록체인 개발이나 기획은 다른 분야에 비해 역사가 짧고 인력층이 한정돼 있기 때문에 직접적인 경험보다는 유연한 사고와 학습능력을 많이 고려합니다. 블록체인은 제가 경험했던 어떤 IT 분야보다도 시장의 흐름이 빠르고 거칩니다. IT 분야 자체가 다른 전통산업 분야에 비해 변화가 빠르다고는 하지만 블록체인에 비하면 전혀 그렇지 않습니다.

그래서 기획자는 새로운 트렌드와 잠재적 사용자들의 욕구와 문제점이 무엇인지를 빠른 시간 내에 캐치해 서비스를 기획해야 합니다. 개발자는 한 분야가 아니라 다양한 분야에 경험을 가진 사람들이 보다 쉽게 적응하는 것 같습니다. 블록체인 개발의 대표적인 언어가 솔리디티이긴 하지만 이것만으로는 서비스를 만들 수 없습니다. 프론트엔드, 백엔드가 모두 필요합니다. 오히려 기존 웹 서비스보다 개발할 내용이 더욱 많죠.

더욱이 대부분의 블록체인 서비스들이 직·간접적으로 금융과 연계돼 있기 때문에 버그라든가 해킹에 대한 대비책이 필요해 여러 가지로 신경 쓸 분야가 많습니다. 그래서 한 분야를 경험한 개발자보다는 여러 분야를 개발해 본 개발자들이 훨씬 적응이 빠릅니다.

 개인적으로 스테이블 코인에 대해서도 관심이 있습니다. 최근의 문제가 된 스테이블 코인인 '테라'와 채굴 코인인 '루나' 사태에 대해 간단히 논평해 주신다면?

테라와 루나는 크립토 역사에 남을 큰 사건이고, 많은 분들이 다양한 이야기를 해주셨기 때문에 잘 이야기하지 않습니다만 제가 생각할 때는 거버넌스의 실패라고 생각합니다. 테라/루나뿐만 아니라 그 어느 것도 완벽한 것은 없습니다. 전통금융도 마찬가지입니다. 우리가 사용하는 전통금융은 몇백 년의 역사를 거쳐 문제를 해결해 가며 오늘에 이르렀습니다. 블록체인은 2008년 금융위기를 계기로 기존 금융 시스템에 대한 반발로 탄생했기 때문에 탈중앙화를 가장 중요한 가치로 내걸었습니다. 그래서 테라 역시 마찬가지였죠. 하지만 실제 테라가 운영되고 UST 가치하락이 발생했을 때 해결하는 모습은 탈중앙화가 아닌 매우 중앙화된, 기존 금융 시스템보다 훨씬 더 중앙화된 방식으로 처리됐습니다.

UST 알고리듬의 문제점은 이전부터 꾸준히 제기돼 왔었고, 과거 2차에 걸친 디페깅depegging이 발생했습니다. 만일 한두 사람의 독단적인 결정이 아니라 체계화된 시스템과 다수의 지혜를 모아서 대처했다면 지금과는 사뭇 다른 결과가 나올 수도 있었다고 생각합니다. 블록체인 업계에서 그동안 목놓아 외쳤던 탈중앙화의 가치를 제고해 보고, 소수의 독단에 의해 결정되지 않는 거버넌스 시스템을 만드는 데 총력을 집중해야 제2, 제3의 테라 사태가 발생하지 않을 것입니다.

블록체인 기술의 금융부문 활용을 많이 시도하고 있는데 괄목할 만한 성과는 나오지 않는 실정입니다. 어떤 문제가 해결돼야 할까요? 그리고 향후 전망을 해주신다면?

성과가 나오지 않는다는 것은 관점에 따라 다를 것 같습니다. 2020년 초 암호화폐의 시가총액은 $198B에서 2022년 최고치는 $2.8T에 달할 정도로 10배 이상의 초고속 성장을 했습니다. 하지만 이렇게 급속도로 성장하다 보니 문제점도 적지 않은데 가장 시급한 문제 2가지를 꼽으라면 첫째, 적절한 리스크 관리가 없다는 것, 둘째, 약탈적 자본에 기반한 성장이라고 생각합니다. 리스크 관리는 규제와 연관된 부분으로 누구나 쉽게 블록체인 기반의 상품을 만들 수 있고, 투자자 보호가 약하다는 것입니다. 이 부분은 블록체인 업계 자체에서 정화를 위한 뭔가를 만들거나 정부의 개입으로 해결될 것 같습니다. 제가 보기에 블록체인 금융 서비스가 다음 단계로 진화하는 데 정말 필요한 것은 가치창출이라고 생각합니다. 지금은 보다 높은 이자를 주는 서비스에 대규모로 자금이 몰리고, 투자자들의 코인을 락업시켜 공급을 제한하고, 서비스 발생이익에 대한 분배권을 매개로 거버넌스 코인의 가격 상승이 맞물려 급격하게 성장해 온 것이 사실입니다. 이 과정에서 자본의 정당한 분배도, 효율적인 분배도 일어나지 않았고 철저하게 머니게임의 논리로 움직였습니다. 테라 사건을 계기로 이런 머니게임은 시장에서 점차 힘을 잃어갈 것으로 예상하고 있고, 실질적인 가치를 만들어 내는 것이 중요하다고 생각되며, 전통금융과 새로운 경제와의 연계를 모색하는 서비스들이 발전할 것이라 생각합니다.

정부에서도 블록체인과 암호화폐 분야에 관심이 많습니다. 앞으로 어떤 방향으로 정부정책이 진행될 것으로 보시는지요?

정부정책은 현재 시점에서 보면 매우 명확해 보입니다. 첫 번째는 투자자보호를 위한 규제의 움직임이 본격화될 것으로 생각합니다. 테라 사태에서도 봤듯이 수십 조의 돈이 며칠 만에 없어지고, 수많은 투자자들에게 손실을 입힌 만큼 더 이상 정부에서 두 손 놓고 가만히 지켜보기는 어려울 것입니다. 두 번째는 암호화폐를 메인스트림으로 흡수하려는 노력을 할 것으로 생각합니다. 블록체인은 이미 변곡점을 지났고, 전 세계 MZ 세대가 가장 선호하는 기술이자 투자대상이기 때문에 외면보다는 제도권으로 끌어들여 새로운 경제의 성장동력으로 사용할 것 같습니다. 블록체인은 언제나 새로운 기술과 시장이 필요한 정부와 산업계에게 매력적일 것입니다. 세 번째는 기존 금융권의 블록체인 진출을 허가하는 방향으로 정책이 만들어질 것 같습니다. 검증되지 않은, 자신들의 영향하에 있지 않은 블록체인 업체들보다는 기존 금융권과 손을 잡고 블록체인 시장을 만들어 나가는 것이 명분상으로나 정책의 편이성으로나 좋은 선택이기 때문입니다.

 MZ를 포함해 많은 사람들이 가상화폐를 매매하고 있습니다. 변동성이 크지만 좋은 가상화폐를 고르는 기준과 가상화폐 트레이딩하는 사람들에게 조언을 해주신다면?

쉽지 않은 질문이지만 대답은 누구나 알고 있는 뻔한 내용입니다. 기술력이 있고 새로운 가치를 만들어 내는 암호화폐에 투자해야 한다고 생각합니다. 시간이 지나면 자연스럽게 옥석이 가려지고, 가치를 만들어 내는 암호화폐는 시장의 인정을 받을 수밖에 없습니다. 암호화폐 트레이딩에 있어 제가 생각할 때 중요한 것은 펀더멘털이 좋은 암호화폐를 선별하고, 분산투자, 리스크 관리 그리고 시장상황이라고 생각합니다. 암호화폐는 주식보다 위험성이 높고, 상폐되는 경우도 자주 발생합니다. 그래서 1~2개의 암호화폐에 투자하기보다는 5~10개 정도의 암호화폐로 분산시키는 것이 필수적이라고 생각합니다. 성공한 1~2개의 암호화폐 수익율이 손실보다 더 큰 경우가 많습니다.

암호화폐는 변동성이 크기 때문에 무작정 들고 있는 BAH로 대응하기보다는 "수익은 지키고, 손실은 잘라버려라."라는 주식시장의 격언을 반드시 실천해야 합니다. 그리고 마지막으로 암호화폐는 시장상황에 많은 영향을 받는 만큼 암호화폐시장이 상승장일 때 투자하는 것이 좋다고 생각합니다. 시장상황이 좋지 않을 때는 펀더멘털이 좋은 암호화폐도 무자비하게 가격이 하락하지만, 상승장일 때는 펀더멘털이 약해도 놀라운 상승을 보여줍니다. 그래서 무작정 암호화폐에 투자하기보다는 시장상황에 맞춰 하는 것이 좋다고 생각합니다.

 블록체인과 가상화폐 관련 추천할 만한 서적이 있으면 말씀해 주세요.

블록체인 관련 책은 이병욱 씨가 저술한 『블록체인 해설서』(에이콘, 2019)를 추천합니다. 비트코인의 기술적 내용과 토큰 이코노미에 대해 잘 설명해 놨기 때문에 블록체인 기술의 전체적인 그림을 보는 데 도움이 된다고 생각합니다.

하지만 앞서 이야기했듯이 블록체인은 기술 발전과 흐름이 빠르기 때문에 서적을 통해 지식을 습득하기보다는 블로그를 읽어보는 것이 훨씬 좋다고 생각합니다. 그중에서도 블록체인 VC들의 블로그들은 블록체인의 핫 이슈가 무엇인지, 앞으로 발전하려면 어떤 기술과 요소들이 필요한지를 잘 설명하기 때문에 일독을 추천합니다. A16z, Multicoin-capital의 블로그를 읽어보는 것이 많은 도움이 될 것입니다.

블록체인 분야가 어떻게 발전을 이어 갈 수 있을지에 대한 견해에 대해 말씀해 주세요. 아울러 블록체인 퀀트 분야로 진출하고자 하는 학생들에게 조언해 주세요.

현재 블록체인의 가장 큰 지상과제는 코인 또는 NFT로 실질적인 가치를 만들어 내는 것이라 생각합니다. 아직 기술이 완벽하지는 않지만 필요한 요소기술들은 어느 정도 갖춰져 있기 때문에 이를 활용해 우리의 삶에 새로운 뭔가를 만들어 내는 것과 접목해야 다음 단계로 진화할 수 있을 것입니다. 아마 그 시작은 NFT가 되지 않을까 생각합니다만 어떻게 될지는 두고 봐야 할 것 같습니다.

블록체인 퀀트는 기존 금융권의 퀀트와는 다른 모습으로 진화할 것이라 생각합니다. 가장 큰 이유는 온체인On-chain 데이터 때문입니다. 온체인 데이터는 블록체인상에서 발생하는 여러 가지 데이터를 말하는데 예를 들어 어떤 계좌에 얼마의 암호화폐가 들어가 있는지, 누구와 언제 얼마나 거래했는지 등을 알 수 있고, 트랜잭션의 처리 수, 난이도 등의 정보를 알 수 있습니다. 이런 데이터는 전통금융에서는 얻기가 매우 어려웠지만 블록체인에서는 너무 쉽게 획득할 수 있습니다. 블록체인 퀀트는 가격 데이터 그리고 온체인 데이터라는 2개의 큰 기둥을 바탕으로 발전해 나갈 것이라 생각합니다.

금융권 블록체인 전문가를 만나다

증권사 블록체인 전문가 미래에셋증권 **차두휘**

 자기소개를 부탁드립니다.

대형증권사에서 기업투자, VC출자 그리고 신사업을 담당하고 있는 차두휘입니다. 지난 10년 넘게 장외파생상품 개발, 판매, 운용, 해외진출 등을 담당했습니다. 2016년부터 블록체인을 통해 파생상품을 만들 수 있다는 데 매력을 느껴 이더리움을 비롯한 코인, 토큰에 투자를 했습니다. 2019년에는 디지털 자산과 블록체인에 대해 다룬 『넥스트 파이낸스』(스리체어스)를 공저했으며 저서에서는 탈중앙화금융^{DeFi, 디파이}에 대한 내용을 금융인의 관점에서 다뤘습니다. 블록체인 업계에서는 몇 차례 어드바이저 역할을 하기도 했습니다.

 금융권에서 비상장 주식과 비상장 채권 등 블록체인 개발 시도가 있습니다. 앞으로 금융권에서 블록체인은 어떻게 활용될 것으로 보이시나요? 물론 금융권 외에서의 발전이 더 기대되기도 합니다.

시각을 바꿀 필요가 있습니다. 금융권에서 다뤄지던 다양한 금융상품들이 이미 블록체인 상에서 다뤄지고 있습니다. 예를 들어 애플, 아마존 등의 주식형 토큰들은 이미 탈중앙화된 블록체인 상에서 전통금융권 이용 없이도 활발히 거래되고 있습니다. AirBNB 주식의 경우는 증권거래소에 상장되기도 전에 이미 pre-IPO 형태의 토큰으로 거래가 됐습니다. 예금, 대출, 브로커리지, LP, 자산운용업 등 이미 다양한 분야에 블록체인 산업은 단순한 시도가 아닌 유의미한 결과를 보여주고 있습니다. 전통금융권이 블록체인을 어떻게 활용하는가보다는 전통금융 채널이 필요하지 않은 새로운 물결에 대해 준비할 수 있느냐가 중요합니다.

 암호화폐의 기축통화인 '비트코인'은 탄생한 지 10년이 됐고, 알트코인의 대명사인 '이더리움'도 탄생한 지 5년이 돼 둘 다 상당한 수준에서 자리매김하고 있습니다. PB들도 자산배분 관점에서 이제 암호화폐에 대한 관심이 높다고 생각됩니다. 아울러 현재 규제가 있지만 투자자산으로서의 암호화폐가 금융상품으로 출시되면 좋겠다고 판단됩니다. 투자자산으로서의 암호화폐와 트레이딩 관점의 암호화폐에 대한 미래 견해를 말씀해 주신다면?

피델리티, 모건스탠리 등 외국계 금융회사들은 이미 금융상품을 제공하거나 준비 중에 있습니다. 투자상품으로 다루려면 기존 리스크 관리와는 다른 다소 생소한 부분이 있습니다. 머지않아 우리도 접할 수 있을 것으로 기대됩니다.

투자자산으로서 의미가 있으려면 자산운용 관점에서 3가지를 충족해야 한다고 봅니다.

첫째, 기존 자산군과의 낮은 상관관계입니다. 대표적인 전통 금융자산인 주식, 채권과 낮은 상관관계를 보인다면 상관관계 효과를 통해 동일한 리스크 대비 높은 퍼포먼스를 보일 수 있습니다. 비트코인과 나스닥의 최근 5년간 상관관계를 살펴보면 일정한 규칙성 없이 -0.3~0.5 밴드 내에서 유지되고 있습니다. 2020년 3월 COVID19로 모든 금융자산이 급락하던 시점에는 상관관계가 0.5 수준까지 급등했으나 이후 꾸준히 하락하는 모습을 보이고 있습니다. 이는 달러인덱스나 UST10년물에서도 절댓값 기준으로 비슷한 관계를 보이고 있습니다.

둘째, 적절한 변동성입니다. 비트코인은 전통 금융자산보다는 여전히 높은 변동성을 보이고 있습니다(비트코인 72, 나스닥 23, 원유선물 38/6개월 변동성, 2021. 3. 25 기준). 혹자는 무조건 낮은 변동성이 좋은 자산이라고 하지만 관리할 수 있는 수준의 변동성을 가진 자산이라면 자산에 편입 가능합니다. 실제로 Vol. target trading과 같은 변동성 목표를 갖고 자산관리를 할 수도 있습니다. 비트코인 6개월 변동성은 30~70 밴드 내에서 움직이고 있으며 3월 현재 전고점 수준까지 온 것으로 보입니다. 충분히 트레이딩이 가능한 수준에서 움직이고 있는 것입니다.

셋째, 변동성 대비 수익률은 별도로 언급하지 않아도 역사적으로나 모델적으로 다른 자산의 퍼포먼스를 충분히 상회하고 있습니다.

탈중앙화금융을 통한 다양한 디지털 자산이 지금보다 더 활발하게 다뤄지면 진입 관문격인 비트코인이나 인프라를 제공하는 이더리움은 더욱 수요가 증가할 것으로 보입니다. 또 공급량(채굴량)도 반감기마다 줄어들고 있어 가격적인 측면에서도 매력적일 것으로 전망합니다.

 디지털 자산과 전통자산을 연계한 자산 토큰화의 개념, 현황, 향후 발전상은 어떻게 되는지 궁금합니다.

디지털 자산은 전통금융자산보다 보다 넓은 범주의 개념입니다.

자산토큰화란 주식, 채권, 파생상품과 같은 기존 전통 금융자산은 물론 부동산, 미술품 등을 블록체인상에 토큰화해 접근 가능성을 높이는 것입니다. 최근 유행하고 있는 'NFT^{Non Fungible Token, 대체불가능토큰}'의 예로 미술품, 부동산, 희귀수집품, 게임 아이템 등이 디지털자산화돼 매매되고 있습니다. 특정인의 시간이나 기록물도 자산의 토큰화가 가능합니다. 이처럼 자산토큰화의 범주는 상당히 넓습니다. 기존 전통자산 연계 자산토큰화 중 대표적인 사례는 Mirror Finance가 있습니다. QQQ(나스닥 ETF), USO(미국 오일 ETF) 등의 다양한 ETF를 금융기관 없이 블록체인상에서 이용할 수 있으며 테슬라, 넷플릭스 등의 미국 주식을 손쉽게 매매할 수 있습니다. Compound Finance에서는 금융기관의 신용위험을 극도로 낮춘 서비스를 제공하면서도 미 달러 기준 연 10% 내외(2021년 3월 기준)의 수시입출금식 이자부상품을 이용할 수 있습니다. 이런 상품들을 시작으로 복잡하고 다양한 파생상품이나 부동산 연계 금융상품도 손쉽게 만들고 접근이 가능해질 것으로 전망합니다.

 앞으로 금융권에서 블록체인(스마트 컨트랙트)의 활용도 높아지리라 생각됩니다. 다만 처리속도의 문제, 계약수정의 어려움(불가역성), 금융상품 이벤트 처리(변경, 조기상환 등) 문제 등 해결해야 할 것들이 많다고 생각됩니다. 활용 가능성과 이에 대한 견해를 말씀해 주신다면?

처리속도 문제(스케일링 이슈 등)는 다양한 방법으로 문제해결 시도 중에 있습니다. 이더리움 체인에서는 이미 기존 POW가 아닌 POS를 통해 청사진을 제시했고 초입단계에 있습니다. 또 레이어2를 활용한 기법을 통해 처리속도 향상을 시도하고 있습니다. 결제나 송금에 필요한 서비스들은 현재 수준으로도 충분히 서비스 영역으로 생각되나 실시간 포지셔닝이 필요한 파생상품 등의 서비스에서는 이런 스케일링 이슈의 해결이 필요할 것입니다. 계약수정이 어려운 부분은 단점이 아니라 블록체인 상의 장점으로 여겨집니다. 계약 수정이 필요하면 기존

기록은 두고 개정Amendment을 통해 기록 및 관리가 가능합니다. 일부 초를 다투는 서비스가 아닌 영역 대부분은 블록체인 금융을 통해 충분히 다룰 수 있을 것으로 전망됩니다.

🎙️ **최근 '디파이'가 각광받는 개념인 것 같습니다. 디파이에 대한 개념과 장단점에 대해 설명 부탁드립니다.**

디파이DeFi, Decentralized Finance는 탈중앙화금융의 영문 약자입니다. 중앙화 기관이 아닌 탈중앙화된 특정 프로토콜을 이용한 금융 서비스입니다. 최근 디파이가 각광받는 이유는 여러 가지가 있습니다. 크게 3가지 정도를 들 수 있습니다.

첫째, 전 세계 누구나 제약 없이 서비스에 접근이 가능하다는 점입니다. 전 세계에 은행을 이용하지 않는 인구가 17억 명가량 된다고 합니다. 이런 사람들도 블록체인, 디파이, 스마트 기기를 이용해서 손쉽게 금융활동을 할 수 있습니다.

둘째, 금융중개자가 사라지고 금융기관 신용 리스크를 제거해 위험을 낮출 수 있습니다.

셋째, 프로토콜 경제를 활용합니다. 기존 플랫폼 금융에서는 플랫폼에서 대부분의 결과물을 가져가게 됩니다. 하지만 프로토콜 경제에서는 사용자가 기여한 만큼 보상을 받아갈 수 있습니다. 예를 들어 이자부 상품의 경우 단순히 예치 이자만 받는 것이 아닌 그에 따른 거버넌스 토큰(해당 서비스의 의사결정을 할 수 있는 의결권 토큰)을 추가로 받을 수 있습니다. 다만 디파이를 직접 이용하려면 블록체인에 대한 기본적인 이해와 동작방법, 블록체인 지갑 사용방법 등 접근성이 다소 떨어지는 부분이 있습니다. 이런 부분은 향후 서비스 개선을 통해 이뤄질 것으로 예상합니다.

블록체인과 디파이를 공부하기에 공저자로 참여한 『넥스트 파이낸스』가 좋은 책으로 판단됩니다. 저술한 부분인 '5장 신용과 화폐의 연결: 탈중앙화 금융'의 주요 내용을 소개해 주신다면?

금융기관 없이 금융을 할 수 있는 디파이를 간단히 소개했으며, 금융 위험관리 기준으로 이를 바라본 관점을 저술했습니다. 그 결과 기존 전통금융이나 핀테크보다 리스크 관리 관점에서 유리한 부분이 있다고 결론을 내렸고 이를 담았습니다. 이외에 블록체인을 대표하는 변호사, 애널리스트 등 다양한 관점의 내용이 담겨 있습니다.

『넥스트 파이낸스』 외에도 블록체인과 암호화폐에 대해 읽어야 할 도서나 도움될 만한 공부자료를 추천해 주신다면?

돈 탭스코트의 『블록체인 혁명』(을유문화사, 2018)은 입문서라고 하기엔 난해한 용어나 내용들이 있으나 블록체인을 제대로 접하고자 하는 분께 추천하는 정석 같은 책입니다. 윌리엄 무가야의 『비즈니스 블록체인』(한빛미디어, 2017)은 비즈니스 측면에서 블록체인 월드와 어떻게 접점을 찾을지에 대한 내용을 담고 있습니다. 블록체인과 디지털 자산 관련 정보는 대단히 빠르게 변화합니다. 업계에 있는 사람들끼리 하는 말로는 전통시장 개장시간의 3배이기 때문에 실제 세상 속 1년은 디지털 자산 시장의 3년이라고 합니다. 최신 정보를 얻고자 한다면 텔레그램이나 디스코드 등과 같은 커뮤니티에 직접 발품을 파는 것을 추천합니다. 대표적인 디지털 자산 커뮤니티로는 탈중앙화금융, 디지털 자산배분 등에 대한 주제를 다루는 'Digitalasset Korea'가 있습니다.

2016년 이더리움의 기본적인 내용이 담긴 백서White Paper를 접하게 됐습니다. 백서 17페이지에 '금융파생상품'이라는 내용이 직접적으로 언급돼 있습니다. 파생상품 개발자로서 자연스럽게 흥미를 갖게 됐고, 이런 금융상품뿐만 아니라 다양한 자산 및 프로토콜을 통한 서비스를 만들어 갈 수 있다는 점을 알게 돼 더욱 관심을 갖고 접근하게 됐습니다. 금융업은 국가 제도의 보호를 받는 업종이기 때문에 디파이를 통해 사라지거나 대체될 영역이라 생각하기엔 이르다고 생각합니다.

다만 몇 가지만 간단하게 생각해 보면 기존 금융 브로커리지 및 금융상품 일부분은 디파이 영역으로 흡수될 가능성이 있습니다. 현재 기준으로도 '애플'이나 '테슬라' 주식은 토큰으로도 구입할 수 있습니다. 경우에 따라서 토큰으로 구매하는 것이 수수료, 매입가격 측면에서 유리한 부분도 있습니다. 또 금융기관을 거치지 않기 때문에 이에 대한 별도의 KYC도 필요하지 않습니다. 이렇게 만들어진 주식형 토큰은 다양한 형태로 활용이 가능합니다. 디파이를 통해 자동으로 유동성을 제공하는 형태를 만들 수도 있고 이를 풀링해 ETF 토큰도 생성할 수 있습니다.

단기금융상품의 영역은 이미 활성화돼 있습니다. 2021년 3월 기준으로 자유입출금이 가능한 연 10% 이상 나오는 단기금융상품은 이미 많은 편이며 이 또한 기존 금융기관을 통하지 않고도 자유롭게 가능합니다. 아직 이런 디파이 상품에 맡겨진 금액은 약 $40bn(약 44조 원)

수준이며 국내만 국한해도 총 예금이 1,600조 원 수준임을 감안했을 때 아직도 높은 성장성을 예상해 볼 수 있습니다. 이처럼 그동안 금융업의 본질처럼 느껴졌던 업무들이 디파이, 블록체인 금융, 프로토콜 경제를 통해 대중화돼 언번들링될 가능성이 있습니다.

데이터 분석 경진대회 플랫폼 '데이콘' 대표이사를 만나다

"AI경진대회 플랫폼" 데이콘(Dacon) 김국진 대표이사

 데이콘(Dacon)의 예측 모형과 분석대회 플랫폼이 캐글(Kaggle)과 같아 개인적으로 '한국의 캐글'이라고 소개하고 있습니다. 데이터 분석 경진대회 플랫폼인 데이콘을 활용하면 기업과 개인에게 어떤 이점이 있을까요?[2]

기업 입장에서 인공지능을 통해 혁신을 이루는 것입니다. 가장 성공적인 기업조차 혁신을 이뤄내는 데 어려움을 느낍니다. 기업 담당자들은 새로운 고객의 요구를 찾아내기보다는 기존 고객의 요구에 주목합니다. 기존 전문인력과 자원만으로는 고정관념에서 벗어나 혁신하기 어렵습니다. 기업에서 혁신이란 우연성을 의도적으로 만드는 것입니다. 경진대회란 다수의 외부 비전문가와 협력해 우연성을 의도적으로 극대화하는 것입니다. 데이콘은 인공지능 알고리듬을 개발하는 시간과 비용을 줄이고 우수한 인재를 발굴하는 솔루션입니다. 개인 입장에서는 인공지능 해커톤의 궁극적인 목적, 학습입니다. 역대 데이콘 해커톤의 누적 참가 팀은 37,000팀이며 33개 대회가 개최된 바 있습

---

2   앞서 이 책의 본문에서도 소개한 적이 있는 위키북스에서 출간된 『데이콘 경진대회 1등 솔루션』(2021) 책을 참조하라. 이 책은 대회 문제 소개부터 시작해 도메인 분석, 환경구축, 데이터 탐색, 전처리, 모델 구축과 검증에 이르는 전 과정을 소개하고 있다.

니다. 또 교육대회를 29개 진행해 이를 바탕으로 약 10편의 논문과 책이 집필되고 있습니다. 해커톤의 참가 목적은 수상하기 위함도 있지만 참가자의 90%는 '학습'을 위함이라 밝힌 바 있습니다. 해커톤에 참가하는 과정에서 인공지능에 대해 더 빠르고 재미있게 배울 수 있다는 것이 가장 큰 동기가 되는 것 같습니다. 해커톤을 진행하면서 전국, 전 세계에서 강의와 학회가 많이 생겨나는 것 또한 좋은 파급력의 예시라고 할 수 있습니다.

 AI 경진대회(Competition) 플랫폼인 데이콘(Dacon)의 의미와 데이콘을 창업하게 되신 계기가 있으시다면? 그리고 다른 플랫폼과의 차이점을 말씀해 주신다면?

데이콘(http://dacon.io)은 지난 2018년에 국내 최초로 '데이터DAta'와 '사람을 잇다CONnect'라는 뜻의 DACON이라는 이름으로 창업을 했습니다. 2017년에 기업 웹챗봇 서비스와 데이터 구매자와 생산자 사이의 정보 비대칭에 따른 서비스를 기획하고 있었고, 2018년에 우연히 글로벌 인공지능 경진대회 의뢰를 받았습니다. 개인적으로도 기회다 싶었고 인공지능 경진대회에 흥미가 있어서 시도를 해볼 수 있었습니다. 차이점으로는 전 세계적으로 다양한 플랫폼이 있습니다. 데이콘은 아시아/아프리카 지역에서는 월간 트래픽이 가장 높은 것으로 보입니다(분석 툴 Semrush). 다른 플랫폼들과 달리 정성적인 데이터 시각화 분석 경진대회도 진행하고 있습니다. 국내 최대인 400~1,000팀이 참가하는 월간 데이콘이라는 순수 교육 목적의 대회를 소규모 상금을 걸고 진행하고 있습니다.

데이콘에서 주최하신 콘테스트에서 기억에 남는 것과 우승 알고리듬을 소개해 주신다면?

LG AI 연구소의 2회 대회입니다. 도메인 지식과 산업에서도 도전적인 문제를 기획했습니다. 참가자 규모와 결과물 성과에 대해 걱정을 많이 했습니다. 예상 밖으로 우수한 참가자들이 많았고 결과물들도 훌륭해 스폰서 측이 만족하셨습니다. 특히 1등의 결과물은 상용 솔루션보다 정확도가 10% 이상 높으면서도 속도 또한 빨랐습니다. Paul Berten 님은 고려대 박사 과정 중인데 이전 원자력연구원이 주최한 진동체 탐지 인공지능 경진대회에서도 1등을 한 바 있고 다른 연구결과물도 네이처 인텔리전스에 실린 이력이 있습니다.

 참가자들이 데이콘 경진대회에 참여하면서 어려워하는 점과 우승하려면 신경 써야 할 점이 있다면 말씀해 주세요.

가장 어려워하는 점은 학생이나 직장인 입장에서 시간을 내서 상당히 많은 노력을 기울여야 한다는 점인 것 같습니다. 평일 저녁과 주말 시간을 쪼개서 2달 정도는 인생의 다른 부분들을 포기하면서 학습에 매진해야 하기 때문입니다. 이런 시간관리부터 학습에 대한 꾸준한 흥미와 열정을 유지하면서 발전해야만 우승권 안에 들 수 있는 역량이 쌓이는 것 같습니다.

캐글을 활용하는 것처럼 데이콘을 활용하면 개인의 데이터 과학 역량 향상에 많은 도움이 되리라 생각됩니다. 데이터 전처리, 문제의 난이도 조절 등 경진대회 기획자로 신경 쓰실 것이 많다고 생각됩니다.

대회를 의뢰하는 스폰서 측 데이터는 결함/결측 및 출처로부터 발생하는 오류가 있습니다. 따라서 저희 데이콘 팀은 데이터의 품질검증과

객관적이고 정합성 있는 문제기획을 하는 것이 대회의 핵심가치라고 여기고 있습니다. 집단지성의 취지를 살린다는 점에서 데이콘은 대회의 흥행도 중요한 항목으로 보고 있습니다.

 국내에서도 데이터 과학자가 되는 데 많은 관심을 갖는 학생, 직장인이 많이 있습니다. 좋은 데이터 과학자가 되기 위한 '학습 로드맵'이 있다면 말씀해 주세요.

- 관심과 재미 방향 설정
- 학습목표 설정
- 팀 및 스터디 결성
- 개인과 팀의 지속적인 경진대회 참가
- 강사로서 강의 또는 프로젝트 참가의 지속 반복

자신이 관심과 재미를 느끼는 곳에서 방향 설정을 잘 해야 합니다. 지나치게 넓은 분야라서 학습목표 설정을 구체적으로 해서 뚜렷한 목표의식을 가져야 합니다. 팀 및 스터디 결성을 해서 서로 위안을 주고 격려해서 중도 포기를 방지하고, 개인과 팀의 지속적인 경진대회 참가로 객관적인 피드백을 받는 것이 좋습니다. 강사로서 강의를 하거나 또는 프로젝트에 참가해서 성장 포인트를 찾는 것도 좋습니다. 지속적으로 반복해 숙련도와 데이터에 대한 통찰력도 길러야 합니다.

데이터 학습 플랫폼 론칭과 해외 참가자들의 원활한 참여 및 국내 참가자들의 역량향상을 위한 글로벌 론칭이 있습니다. 데이터 학습 플랫폼 론칭을 통해서 인력 수요와 역량 강화의 간극을 메울 수 있는 서비스로 발전하고 싶습니다. 해커톤도 해외 참가자들의 원활한 참여와 국내 참가자들의 역량향상을 위해서라도 글로벌 론칭을 추진할 계획을 갖고 있습니다.

 2018년 창업해 2년 만에 20명의 직원이 일하는 곳으로 키우셨는데 AI 경진 대회 플랫폼인 데이콘을 창업하시면서 어려웠던 점, 행복했던 점을 이야기해 주신다면?

사업상 필요한 일과 직원 개개인의 성장이라는 부분에서의 간극을 조절해야 하는 점과 서비스 확충을 위한 유능한 개발인력을 구해야 하는 점이 어려웠던 것 같습니다. 그래도 위안이 되고 행복한 점은 팀과 팀원들의 역량이 동반 성장하고 있고, 고객들도 우리 팀이 기획하고 내놓는 결과물에 대해서 많은 칭찬과 격려를 하고 있다는 점일 것입니다.

김국진 대표님이 생각하시는 빅데이터와 인공지능의 미래에 대해 한 말씀 해주신다면?

지금까지 IT 분야에서 많은 부분들이 자동화돼 왔습니다. 인공지능 분야도 역시 많은 부분에서 자동화될 것입니다. 그렇다면 저희는 어떤 부분에 더욱 경쟁력을 갖춰야 될까요? 인공지능은 문제를 해결하는 데 특화돼 있기 때문에 저희 인간은 문제를 발견하고, 인공지능이 문제를 해결하는 방식으로 갈 것으로 생각됩니다. 따라서 기업 입장에서는 문제해결은 인공지능에게 맡길 것이고 문제를 발견하는 곳에서는 인간만이 갖고 있는 데이터 리터러시, 즉 문해력^{Literacy}과 통찰력^{Insight}이 중요해질 것으로 생각됩니다.

찾아보기

퀀트의 세계
금융 데이터 과학자를 위한 퀀트 실무·취업 가이드

발 행 | 2022년 9월 30일

지은이 | 홍 창 수

펴낸이 | 권 성 준
편집장 | 황 영 주
편 집 | 조 유 나
　　　　　김 다 예
　　　　　임 지 원
디자인 | 윤 서 빈

에이콘출판주식회사
서울특별시 양천구 국회대로 287 (목동)
전화 02-2653-7600, 팩스 02-2653-0433
www.acornpub.co.kr / editor@acornpub.co.kr